THE SOBER
IN THE CRISIS

苏 健 等 ◎ 著

危机中的清醒人
夏斌与中国经济金融政策演变

中国发展出版社

图书在版编目（CIP）数据

危机中的清醒人：夏斌与中国经济金融政策演变/苏健等著.
北京：中国发展出版社，2010.1（2010.3 重印）
ISBN 978 - 7 - 80234 - 513 - 3

Ⅰ. 危… Ⅱ. 苏… Ⅲ. ①夏斌—人物研究 ②经济政策—
研究—中国 ③金融政策—研究—中国 Ⅳ. ①K825.3 ②120
③F832.0

中国版本图书馆 CIP 数据核字（2009）第 228562 号

书　　　名：危机中的清醒人——夏斌与中国经济金融政策演变
著作责任者：苏 健 等
出 版 发 行：中国发展出版社
　　　　　　（北京市西城区百万庄大街 16 号 8 层　100037）
标 准 书 号：ISBN 978 - 7 - 80234 - 513 - 3
经 销 者：各地新华书店
印 刷 者：北京科信印刷厂
开　　　本：720 × 1000mm　1/16
印　　　张：17.5
字　　　数：235 千字
版　　　次：2010 年 1 月第 1 版
印　　　次：2010 年 3 月第 2 次印刷
印　　　数：7001—12000 册
定　　　价：32.00 元

咨 询 电 话：（010）68990692　68990622
购 书 热 线：（010）68990682　68990686
网　　　址：http://www.develpress.com.cn
电 子 邮 件：fazhan@ drc.gov.cn

前　言

　　2008 年岁末，夏斌与几位媒体、财经界的朋友闲聊。虽入冬寒，但茶室内，竹窗灯影，茶清声茂，一派热闹的氛围。夏斌一如既常，经济民生、国内海外，皆谈笑风生、挥斥方遒。在座的一位朋友说道："夏所长，您可以出本书啊。合时，合事，合人！"夏斌问："此怎讲？"朋友解释道："合时，指今年是改革开放 30 周年，您的研究、您的经历是对 30 年来中国经济、金融发展的参与与见证，出书是一种回忆与纪念。合事，指这么多重大经济、金融决策您参与其中，建言献策，百姓渴望了解其中的因由、故事。合人，指您这一生颇具理想主义和传奇性，出书，您可以为年轻人的价值追求树立榜样。"夏斌哈哈大笑，说："你们夸我呢，我没想过这些。自己做事、做研究，一是希望于国于民有所帮助，二是个人真心喜欢，乐在其中。"朋友劝道："现在正国强民富，经济、金融关系着老百姓的切身利益，国人也开始完善自身的知识结构。您在这方面造诣深，有贡献，介绍您，既解释过去、记述历史，也引领着他们补充知识、发现未来，实是一件多得之举"。夏斌听之慨然，至此，答应出书一事。

　　然自夏斌答允出书至笔者作此前言，一年又须臾而过。编书过程历时不短，一是因为夏斌数十年的钻研著述、笔耕不辍，可谓著作等身，其结集成册或散于各处的文字累计近百万字，编者删繁就简，摘轻择重，耗时不菲。二是夏斌平时做研究、写文章、参加演讲等，难得空闲，交流一些史故，所以有所拖延。三是本书追求以故事性、通俗性为主导，编者希望尽可能还原与描绘各种观点、事件的大背景，希望以通晓、形象的语言阐述经济原理，解释现象与结论，希望读者不存在阅读障碍的同时能增加一些经济金融知识。因此，对编者的写作能力挑战频频，不得不多费时日。

值得编辑人员庆幸的是，这是关于夏斌的书。夏斌曾言：经济学家大致分为三类，一类以原创经济理论为目标，众多诺贝尔经济学奖获得者是其代表；第二类以现实、具体的经济活动为研究对象，追求经济政策对于社会福利的极大化效应；第三类是"飞机场式"的经济学家，更多的撰写摆放在飞机场书亭的经济学普及读物。此三类都是社会的需要。夏斌认为，结合中国实际，以何种理论为基础，采用何种政策与建立怎样的制度，从而促进经济发展和国民福利提高，最具现实意义。夏斌志于此，兢兢业业、精耕细作，长期以来对中国各种经济、金融政策出谋划策，影响深远。全球著名智库美国兰德公司总裁汤姆森说过，写政策文章不能太学术性。夏斌的声音上达决策层，下贴升斗小民，在严谨逻辑的背后，非常注意通晓性，往往化繁为简，准确、严谨、平实的文字中透着至简的道理。"大家"的通俗语言，自然为本书的写作提供了很大方便。

"2006中国金融年度人物"关于夏斌的颁奖词为："知屋漏，他在宇下明察，成为中国金融政策研究第一人；知政失，他在草野直谏，彰现中国金融业的诤臣；知经误，诸子慎思竭虑，他是制度建设中的肱股。"夏斌为什么能被称为"第一人"、"诤臣"、"肱股"？我们编辑人员在进行资料整理和本书写作过程中深有体会，夏斌深孚此誉。概括起来，主要体现在三方面。一是夏斌的"前瞻性"，他总是能够基于现实需要又领先于他人，提出当下经济、金融最急需研究的课题。一青年经济学家曾感慨说，夏斌能引领中国金融问题的研究。早从 1987 年的国库券转让方案，晚到本世纪初的"中国'私募基金'报告"、"金融控股研究第一人"、"中国外汇储备最优规模应为 7000 亿美元"、金融系统"两万七千亿金融黑洞"等皆可说明。二是夏斌的"全面性"，其涉及的研究内容几乎涵盖货币与金融的方方面面，这从本书目录可一览无遗。三是夏斌的"预见性"，他无论是前瞻性地提出问题，还是对经济、金融形势分析后的政策建议，或者情势危急受人咨询的结果，夏斌的思想、观点及其智慧，都能在政府后的政策中找到其"影子"。像书中的"信托业的老船长"、"巨额外储怎么办"、"催生中投公司"、"07 年末 08 年货币政策定调太紧"、"化解四大国有银行风险的一揽子建议"等等比比皆是。书中体现这三方面的内容不胜枚举，读者可以在阅读中领略。正因此，夏斌深刻影响着中国经济、金融政策与现实的方方面面，正因此，他才被人称是"第一人"、"诤臣"、"肱股"。《中华英才》建国 60 年特刊所编的"60 年 60 人"中，又赞誉夏斌是"当之无愧的国之策士"，不枉名至实归。

2009 年 11 月 13 日，温家宝总理在中南海紫光阁亲自颁证授予夏斌"国务院参事"一衔，更使人想起，上世纪 80 年代中一美国经济学家访问中国时曾说，什么是我们美国关注的中国经济学家？不是把我们西方经济学理论知识普及到中国的学者，那我们不关注，因为那是教授。真正的经济学家，其思想观点是可以从中国经济政策演变轨迹中能找到他的"影子",可以影响政府的政策。

国内经济界流行一个说法:在中国经济金融学术界、实务界、官员界能够自由转换身份的,只有"老夏"一人;他是横跨货币、资本两个市场,兼具理论功底与实践经验的"稀有动物"。怪不得某国外大投行亚洲首席经济学家说过,他们有个内部小班子,日常专门跟踪三位国内经济学家的思想,夏斌是第一人。这足见夏斌的影响力。

因此,出版此书目的之一,通过整理、介绍夏斌的学术、政策思想,也许能帮助读者了解中国经济金融政策演变的轨迹,并以思其未来。

另外,在本书搜集资料和写作过程中,夏斌给予了诸多回忆、资料的指导与帮助,在此深表感谢。对于付出大量时间与精力的写作、编辑人员李莹、吕健、刘畅畅、徐学超、沈丹妮、曹静等,亦表示衷心的感谢。

苏　建

2009 年 11 月 7 日

Contents

目 录

① 货币政策"影子"

② 危机中的清醒人

❸ 不测股市行情，心系股市发展

❹ 信托业"老船长"的心路

❺ 破题"金融控股公司"

6 从私募证券基金到私募股权基金

7 四大行改革：背水还有几战

8 巨额外储怎么办

9 金融创新与监管协调

⑩ 不断求解金融改革"绊石"

⑪ 中国房市应以消费为主

⑫ 直指国际货币体系改革

1

货币政策"影子"

草绘"货币政策"蓝图

马克思认为货币是固定充当一般等价物的特殊商品，近代一些西方学者认为："如果一个物件事实上在支付中被普遍接受并普遍被用作支付中介，则不管它的法律地位如何，它就是货币。"有关货币的定义可能各式各样，货币本质的研究也艰难复杂。马克思曾引用美国一位议员的话来说明：受恋爱愚弄的人，甚至还没有因钻研货币本质而受愚弄的人多。尽管如此，在经济生活中，货币的重要性是不容置疑的。很难想象人们的日常生活离开了货币会如何运转。假设航空公司今天想让你用航空煤油支付机票，明天又想让你用空中小姐喜欢的唇膏支付，而你急匆匆地从机场赶往炼油厂或高档化妆品店时，人家又很平静地告诉你，你手中的咨询报告或商务策划不是他们想要的，他们想要的是钻探设备零件或者芦荟、珍珠等化妆品原料。那时的你可能连靠两条腿走着去纽约的心都有了。货币在经济中举足轻重，而货币的数量更是不可轻视，这就涉及货币当局（一般是央行）为经济体确定适当的货币存量和提供必要的货币供应量的问题。货币供应过多，较多的货币追逐较少的商品，便会有引发通货膨胀的危险。当你满怀喜悦地揣着提了20%的工资"踌躇满志"走进百货店时，惊讶地发现所有的商品价格都上涨了30%甚至50%时，即使工资提高了，但能购买到的物品却更少了。你肯定感慨"世事难料"，甚至还可能"抱怨"政府，"怨嗟"社会。通货膨胀就像阴湿的天气一样，让你的"货币"这件光鲜物霉烂减值，让人难以忍受。相反，货币供给过少，较少的货币追逐较多的商品，就有可能导致通货紧缩。当你的工资没涨，而物价却在普遍显著下降时，作为消费者的你肯定乐在心里，喜上眉梢。可是，企业主不乐意了，因为他的产品价格在下降，利润和预期利润就会降低，相应他就会减少生产或者延缓投资，说不定明天你的某几位同事就会收到老板"炒鱿鱼"的订餐。这样看来，通货紧缩对整体经济来说也不是好事一件，它提高了经济体的失业率，人们在失业中常常心情低落，容易怨声载道，这会给社会带来不稳定的因素。所以，宏观经济要想持续、稳健、良好地运行，央行就需要提供合适的货币供应量；并且，当经济在各种外在冲击或内在因素的干扰下偏离正常运行轨道，比如说，公众通胀预期很高或者经济下滑苗头明显时，央行就需要运用公开市场操作、调整法定存款准备金率、再贴现等货币政策工具来影响货币供应总量，进而调控宏观经济的走势，使其在保持一定发展速度的同时，尽量减少通胀通缩的波动性。在现代经济生活中，货币政策已经成为各国货币当局运用最频繁、效果非常显著的调控手段。从某种意义上说，货币政策也是一种"国之利器"。各方经济学家都非常重视货币政策的作用，理论经济学家研究"货币政策规则、货币政策传导路径"等"知"的一面；政策经济学家则探讨"当前适宜的货币供应量，利率该升该降"等"行"的一面，追求"知行合一"。站在时代经济大潮的前沿，心系万民，为国建言献策，谋富于天下，夏斌就是当代中国最杰出的政策经济学家之一。

夏斌在政策研究领域就像寒春时节破冰下水的领头鸭，"春江水暖鸭先知"，常常开风气之先，发钟磬之声。1990年初夏斌写了一篇对中国货币政策极富启蒙意义的论文——《中国：货币供给理论与实证研究》，后来被评为中国金融学会首届全国金融优秀论文一等奖。那时，夏斌任中国人民银行金融研究所国内金融研究室主任。此文可谓在当时中国经济的市场化改革方向还未明确之时，就指出了中国货币政策操作的市场化道路，在经济学者与政策官员中引起很大反响。夏斌从1985年硕士研究生毕业，到1990年写下这篇论文，五年左右时间里，钻研理论，结合实际，以真理为师，穿行于人们计划经济僵化思维的巨木深林里，在人总行内外，对西方货币供给理论已作了大量的宣传。但在当时的人总行内部，上至主管货币政策的副行长，下至相关的业务司局，对此问题认识仍不一，导致货币政策的决策难以跟上经济形势的新发展。在当时的政治环境下，有人甚至为此批评夏斌是"搞西方资本主义的东西"。

西方货币供给理论，简单说来，就是 $M = B \times K$，其中，M 为货币供应量，根据货币的定义，它包括流通中的现金和一定类型的存款（普遍被用作支付中介），B 为基础货币，是央行能够直接控制的，能够创造出多倍于货币供应量的货币，包括流通中的现金和商业银行的存款准备金。K 为货币乘数，是货币供应量 M 对基础货币 B 的倍数，其受经济中多种因素的共同影响。央行通过控制基础货币的数量，经过货币乘数效应的作用，最终产生数倍的货币供应量。在此篇论文中，夏斌采用实证检验的方法，用 1984 年中国人民银行行使央行职能以来五年的基础货币、货币乘数、货币供应量数据关系说明了"货币供给理论在我国现有中央银行体制下已具有生存运行的制度基础"。但是，夏斌也认为，"理论所展示的规律性现象可以不考虑你对它的'驾驭程度'仍在日复一日地演示着。承认某种理论的存在，并不意味着可以不加限制地按此理论简单地进行实际操作"。他从理论和实证两方面论述了"单纯按货币供给理论从基础货币入手，通过货币乘数控制货币供给的想法，在中国目前还很幼稚"。

夏斌建议，"以贷款规模为主要中介目标，以现金发行量和货币供应量作为监测目标"，并且"随着经济体制改革的不断深入，应逐渐摸索与国民经济宏观经济变量相关度高、易及时搜集反映的货币供应量指标，在具有对其调控的制度基础与手段之时，进行调控操作的道路，与信贷规模的限额控制交叉进行"。此外，夏斌指出，"信贷规模控制适宜于目前我国的体制，但抑制竞争、资金运用效益低"，其未尽之意就是信贷规模控制不符合我国市场经济的改革取向，在适当的时候要予以抛弃。

事实是，夏斌准确描摹了中国此后的货币政策操作框架蓝图。当时还在人民银行综合计划司（货币政策司前身）任处长的尚福林（现任证监会主席）对夏斌说："其实我在做信贷计划时，一边是按照你们（以夏斌、吴晓灵等为代表的被誉称'金融黄埔'的中国人民银行研究生部之人）讲的这套方法测算，一边是按照传统的1:8的公式（我国计划经济下的货币供给经验：每8元零售商品供应需要1元人民币实现其流通）测算。"当时的中国人民银行综合计划司司长于耐东还组织司里全体干部认真学习消化夏斌的这篇文章。今天这些人大都成为了人民银行的司局级领导，货币乘数、基础货币对他们来说也是最习以为常的文件词语，但他们对当前中国积极运用的西方货币供给理论的认识应该是来自夏斌。

1993年，时任人民银行副行长的戴相龙指出："随着金融机构的不断增多，信用多渠道，贷款规模作为中介目标已不适宜，因此，从长远看，要以货币供应量为中介目标，但现在处在过渡期，还要发挥信贷规模、现金的中介目标作用。同时，不断发挥货币供应量的中介目标作用。"自1995年起，中国人民银行尝试把货币供应量纳入货币政策中介目标体系，1996年正式把货币供应量和贷款量作为中介目标。1998年，人民银行取消了对国有商业银行贷款规模的限额控制，对国有商业银行不再下达指令性计划，改为按年（季）下达指导性计划。由此，货币政策中介目标转向以货币供应量作为唯一中介目标。可以说，夏斌等中青年学者在当时人民银行刘鸿儒副行长领导下，为我国的中央银行货币政策找到了一条到达"彼岸"的精确路线，为我国现代货币政策操作体系的建立和不断完善做了开拓性的贡献。

"副业"之作，获奖之文

2001 年，夏斌还在中国人民银行非银行金融机构监管司司长任上，主要负责非银行金融机构的监管业务，面对日常繁重的管理事务，他却能"居庙堂之高则忧其民"，"不在其位但谋其政"，心怀大政大策，抽闲写了《货币供应量已不适宜作为我国货币政策的中介目标》一文。此文不但在人总行内部引发了激烈争论，而且在决策层、学术界也引起了广泛反响，并且被评为当年中国经济学界最高奖——孙冶方经济学奖。货币政策要发挥作用，也不是立竿见影、一日千里的，你不可能奢望一觉醒来，所有的商品价格整齐划一地下降了，就是说货币政策产生效果存在一定的"时滞"。央行进行货币政策操作时，先运用各种政策工具，进一步影响到货币供应量、利率或汇率等经济指标，然后才作用于价格、国内生产总值（GDP）等最终目标。通俗地说，打个比方：良好的宏观经济走势就像水中的大鱼，央行就像垂柳岸边的钓者，货币政策就像诱"鱼"的金丝饵，而货币政策中介目标则是漂在水面上的"鱼浮子"。在实际操作中，我们并不是等发现"饵"被吃了或大鱼绷直了线，才恍然大悟，我们要通过观察货币政策中介目标这支"鱼浮子"来做到"先知先觉"，来研究当前采取的政策能否达到预期目标。如果预期不能达到目标，就需要对政策作出调整修正。经济指标要作为货币政策中介目标"鱼浮子"需要具备三个基本条件——可测性、可控性和相关性。可测性是指"鱼浮子"不是隐形的，指标统计数据能够及时得到；可控性指央行通过政策工具的变动，能有较大把握地将中介目标控制在既定的区间之内，就像把"鱼浮子"甩在凭经验认为多鱼的水域；相关性指中介目标与最终目标之间具有高度的相关关系，比如"鱼浮子"的沉浮就代表着大鱼咬钩与否。

实际中，最经常使用的货币政策中介目标是货币供应量和利率，我国于1996年正式引入货币供应量作为货币政策中介目标。从1998年开始，为了应对亚洲金融危机可能带来的影响，人民银行采取了适度扩张的货币政策，分别在1998年3月、1998年7月、1998年12月、1999年6月及2002年2月连续五次降息，一年期存款利率从1997年的5.67%下降到了1.98%。同时，在1998年5月恢复了公开市场操作，1998年与1999年通过公开市场操作共投放了基础货币2621亿元。而且，在1998年3月和1999年11月两次下调存款准备金率，由13%下调至6%。然而，上述措施对经济增长的刺激作用显然并不明显。在人民银行货币政策持续放松的情况下，物价水平却持续处于负增长状态，5年间居民消费价格指数（CPI）平均下降0.37%，最大下降幅度为2.2%，而且从1998~2000年初，出现了物价指数连续22个月负增长的情况，通货紧缩的现象持续存在。应该说，这一阶段放松银根的扩张性货币政策作用不甚理想。

夏斌的这篇"副业"之作，以货币政策中介目标为出发点，阐述和解释了这段时期的中国货币政策"失效"之谜。在该文中，他对比分析了1994~2000年各年货币供应量的实际值和目标值，发现两者相差显著，说明中介目标的可控性存在明显问题，就像"鱼浮子"在水流、风向等各种因素的影响下"非我所愿"地漂向了鱼少的水域。文中还说明了1998~2000年货币供应速度不减，尤其是M1（狭义货币供应量）增速更快，但经济增长速度却趋于平稳稍降，物价甚至出现了下跌势头的经济现象。这表明中介目标的相关性值得怀疑，就像"鱼浮子"下沉厉害，但实际并没有大鱼的上钩。夏斌深入分析了导致国内经济环境下货币供应量中介目标可控性和相关性弱化的各种原因，特别是给出了相关性不显著的一种解释——非一致性预期结构下的货币传导机制。即：央行增加货币供给，而股市在此利好消息下上涨，证券投资收益预期随之提高，并且在其他因素共存的条件下，证券投资预期收益大于固定资产投资预期收益，银行和公众就都没有动力大量增加固定资产贷款和投资；相反，新增货币大多通过合规的或种种"非合规"的途径流入股市。

　　这样就表现为，一方面货币供给增加，股市连创新高；另一方面，物价依然下跌，固定资产投资疲软，就业压力增大。这就导致了货币供给和宏观经济走势出现了背离。

　　针对当时货币供应量中介目标出现的问题和利率的非完全市场化，夏斌开出了自己的药方："放弃货币供应量目标后，暂不宣布新的中介目标，在实际操作中模拟通货膨胀目标，努力使物价恢复并稳定在一个合理范围内（按照一般理解，指核心物价指数上涨率在1%～3%区间内），同时将货币供应量、利率、经济景气指数等其他重要经济变量作为监测指标，建立一个通货膨胀目标下的货币政策操作框架。"夏斌认为，在处于转轨时期的中国经济环境中，简单一个中介目标并不足以完全关联和反映宏观经济的变化，有必要参考更多经济指标进行分析和决策。

　　文中还论述了要建立这样一个多变量的中介目标篮子，必须亟待研究和解决的诸多问题。夏斌这篇论文对其后人民银行货币政策操作水平的不断提高意义深远。文章发表后，央行党组召开会议讨论货币政策时，还专门请夏斌这个"外人"来参加。当时的戴相龙行长在作货币政策决策时想不明白为什么人民银行"劳而无功"，说把夏斌叫来，叫他说说他那篇文章到底什么意思。虽然因为多方面的原因，我国后来官方宣布的货币政策中介目标依然是货币供应量，但实证检验也发现，货币供应量中介目标的有效性是越来越弱。在货币政策的实践操作中，央行就像论文建言的那样，在动态监测货币政策实施过程中的效果时，比以往更加重视和更多参考信贷、利率、通货膨胀预期、经济景气指数等经济指标的变化。

"号脉"货币政策传导机制

2002 年 9 月，夏斌辞别了人总行，来到了国务院发展研究中心，开始专注学术研究。他辞庙堂之高，处书斋之远，"板凳甘坐十年冷，文章不著一句空"。但他又不愿做象牙塔里的理论经济学家，而以政策建言积极入世，"雅斋卧听萧萧竹，疑是民间疾苦声"，期望以"国之策士"的角色施展为国为民的抱负。夏斌不夸夸其谈，不好为妄语，思想独立、深刻、可行、平实，上达于决策，下贴于百姓，积益于国于民。他的报告递在国家领导人的案头，传阅于金融大计的决策会议，与国福祉相休戚；他关于各时期经济金融热点的真知灼见和深刻洞见见于报刊、电视访谈、经济论坛等各种媒介，为民所乐闻称道。

夏斌说过："我们改革不断走向成功最重要的一点经验，就是在改革进程中去发现问题，且针对问题提出相应的对策和措施。脱离现实经济生活中的矛盾、要求，理想地、简单地去按照西方成熟市场经济理论、制度套用中国的实际，结果往往是失败的，这已经被 30 年金融改革的经验与教训所证明。"夏斌既是中国金融探求道路上的"早起人"，积极吸收、借鉴和引进西方一切成熟且有益于中国经济金融发展大计的理论和实践经验，又始终牢牢把握中国实际，针对中国现实来运用西方的先进理念，从不"脚离三尺地，口若悬河垂"。1998 ~2002 年是我国通货紧缩、经济低迷时期，5 年间居民消费价格指数（CPI）上涨"正负交错"，国内生产总值（GDP）增长"七上八下"，平均为 7.6%，远低于海内外著名经济研究机构和专家一般认为的中国潜在 GDP 增长率 9% ~10% 的区间。为此，政府实施了积极的财政政策和稳健的货币政策（编者注：稳健不是经济学用语，实质是扩张性货币政策），但是，这一时期货币政策的效果很不显著。中小企业、民营企业一直在呼喊不能得到银行资金的积极支持，社会上樊纲等一批"海归"经济学家看到经济存在日趋低迷、不断衰退的危险，就批评人民银行货币"紧"了，批评央行"无为而治"。而以戴相龙为首的人民银行则以货币政策中介目标——货币供应量 M2 仍不断增长为"成绩单"，说"我的货币是'松'的"，倾向于将贷款增长的放慢解释为贷款有效需求不足。对此纠缠不结的争论，夏斌认为："按照传统经济分析理念（编者注：为了保持经济稳定增长，避免通胀通缩，一般认为货币存量增长率应等于经济增长率加物价增长率），近五年的货币政策是比较松的，是扩张型的，货币供应量并不少。1998 ~ 2002 年五年 GDP 年均增长 7.6%，消费物价指数（CPI）年均下降 0.06%，M2 年均增长 14.7%，即货币供应量比 GDP 增长加物价增长年均高出 7.16%。如果与通货膨胀比较严重的 1992 ~ 1996 年五年相比，那时 GDP 年均增长 11.7%，消费物价指数（CPI）年均增长 14.0%，货币供应量 M2 年均增长 29.1%，货币供应量比 GDP 增长加物价增长年均却仅仅高出 3.4%。但另一方面，当前中小企业、私营企业的发展在资金支持方面得不到满足也是事实，经济存在下滑的风险。"

夏斌在国内第一个把这一经济现象简练地概括为"松货币、紧信贷"。1998 ~ 2002 年，M2 年均增长 14.7%，但贷款年均增长仅 11%，货币供应确实是"松"的，但很多企业却难以通过银行获得贷款进行投资。夏斌认为"松货币、紧信贷"的产生源于金融改革正在进行、市场经济未完全建立这一独特的中国经济背景，西方货币理论与实践不能简单"复制"于中国经济现实，源于当前金融环境下人民银行宽松的货币供应难以进入实体经济。针对这一问题，夏斌认为有两点值得认真思考和及时解答：一是仍使用货币供应量作为货币政策唯一的中介目标在当前条件下是否适宜，如果不适宜，应该观察哪些可替代的经济指标；二是决策层、学术界也开始意识到中国的货币政策传导机制不畅，那么不畅的表现与特征是什么。货币政策传导机制的经济原理，就比如我们吃药打针治病的生理原理。当看到经济"发高烧"或机体某些部位"瘫痪"时，我们就会选用"药丸"或"针剂"来进行治疗。以"吃药"的货币政策操作为例，药物成分要经过口腔的吞咽、胃的碾磨、肠的吸收，从毛细血管到静脉、到心脏，再从心脏到动脉、毛细血管，最后到达病变组织发挥作用。货币政策同样需要这样一步步地吸收、传导、反应来发挥作用，这些步骤和过程就称为货币政策传导机制。经济体中的货币政策传导机制非常多，最普遍、最主要的一般认为是两条：货币供应量通过货币需求供给关系影响利率（利率是货币的价格），利率通过成本关系影响投资，投资最终影响国内生产总值（GDP）；或者货币供应量直接影响投资（通过贷款途径）和消费（手中的"钱"多了），进而影响国内生产总值（GDP）。就像毛细血管萎缩丧失输送功能，吃药和打针就无法起作用一样，当货币政策传导机制的某一环节出现障碍时，货币政策的作用就会大打折扣，甚至收效甚微。当前中国经济的发展就处于"障碍"比较多的阶段，所以适用于西方成熟市场经济和完善金融生态环境的"疗法"简单照搬于中国就会"疗效"降低，有时候反而出现"副作用"。对这样的问题，夏斌既会拿"手术刀"，又会"望、闻、问、切"，往往针砭时弊，一针见血。他针对"松货币、紧信贷"的经济现象，所提出需要思考的两点一是关于央行货币政策调控艺术的问题，一是关于中国金融改革深化的实质问题，对这两个方面，夏斌都做出了"漂亮"又令人信服的回答。

2003年8月由夏斌主持撰写的《中国银行体系贷款供给的决定及其对经济波动的影响》发表在《金融研究》杂志上，很好地回答了上面第一个问题。该论文运用经济计量学的方法，对1997～2002年的货币政策及运行情况进行了系统的经验数据检验后，得出了对中国经济分析和政策制定非常有意义的四点结论。

论文第一点结论是：将1997年以来贷款增长和货币供应增长对经

济的影响进行了对比，结果表明：前者对经济增长的解释能力明显优于后者。夏斌由此推断：在我国当前转轨时期，银行贷款的增长仍然应作为央行货币政策调控中重要的政策目标，而不能仅仅简单将货币供应量作为货币政策调控的中介目标。这一结论也与夏斌 2001 年获得孙冶方经济学奖的那篇论文的观点相一致。货币增长和贷款增长好比"中药"和"西药"的关系，中药崇尚天然，副作用小，但从"煎药"到"康复"，见效时间长，效果也可能因人、因环境而异；西药量化严格，见效迅速，但副作用大，也可能给经济体带来"引起其他部位不适，配置失当"的问题。夏斌既不当西医学的迷信者，也不当中医学的抱残守缺者，而是主张"兼收并蓄、中西合璧"，在政策选择上做一个"可爱"的实用主义者。

论文第二点结论是：从动态角度看，1996 年以来实际发生的贷款增长率比理想贷款增长率年均大约低 6 个百分点，即银行体系存在明显的惜贷现象。论文用严格的计量模型分析验证了这一时期人们普遍认为的银行惜贷行为，央行宽松的货币供应（表现为银行体系的存款）并没有通过银行充分转化为实体经济中的贷款投资，说明货币政策传导机制确实存在不畅。

论文第三点结论是：在其他条件不变的情况下，如果不良贷款率每下降 10 个百分点，将导致贷款增长率提高 14 个百分点，这说明我国银行体系目前巨额的不良贷款规模已明显制约了信贷的投放；不良贷款率不仅涉及我国的经济金融安全，而且已直接影响了我国经济的稳定增长。夏斌由此证明了银行巨额不良贷款是银行惜贷和我国货币政策传导机制不畅的一个重要障碍。关于不良贷款这一点，他从金融改革和货币政策角度都作过非常翔实和深刻的剖析，对中国相关政策的制定和实施确实帮助不菲。

论文第四点结论是：在存款利率不变的条件下，贷款利率向均衡水平每移动一个百分点，贷款增长将提高 3 个百分点。这说明如果通过适当扩大贷款利率浮动幅度和存贷款利差应该可以缓解信贷紧缩的局面，特别是中小企业资金偏紧的状况。因此，夏斌建言："进一步扩大对中小企业贷款的浮动幅度时机已成熟。"第四点的分析和结论对政策制定非常具有现实指导意义。

此篇论文发表不久后的 2003 年 12 月，人民银行宣布自 2004 年 1 月 1 日起，扩大金融机构贷款利率浮动区间。商业银行、城市信用社贷款利率的浮动区间上限扩大到中国人民银行制定的贷款基准利率的 1.7 倍，农村信用社贷款利率的浮动区间上限扩大到贷款基准利率的 2 倍，金融机构贷款利率的浮动区间下限保持为贷款基准利率的 0.9 倍不变，不再根据企业所有制性质、规模大小分别确定贷款利率浮动区间。在我国存在贷款利率浮动限制的情况下，一些中小企业的贷款需求可能因为风险比较高，真实的市场均衡利率高于管制的贷款利率上限，这样银行就不愿以较低的管制利率发放贷款。放宽贷款利率浮动区间，有利于一部分中小企业的贷款需求得到满足。央行评价此项政策措施"有利于营造公平竞争的市场环境，支持中小企业发展和扩大就业"。

2004 年 5 月，夏斌又写了一篇《六大因素影响货币政策有效传导》的文章，全面分析了影响我国货币政策有效传导的主要因素，一无所遗。论文让人感觉很"新鲜"，别出心裁，独树一帜。他不是完全从西方教科书的标准理论框架出发，分析货币供应量的增减如何通过投资、消费和国际贸易等渠道传导到国内生产总值（GDP）等宏观经济目标，而是分析中央银行调控的政策意图如何有效地传导并实现货币、信贷的预期调控目标，而不只是进一步的国内生产总值（GDP）等最终目标。

夏斌觉得："对于中国当前货币政策调控的现实困惑更需要探讨的正是这一问题。"论文深入阐述了"外汇占款不断增多的压力、国有商业银行现有盈利模式的制约、处理历史坏账和体制转轨的压力、总体流动性偏多、商业银行超额储备的不平衡、金融市场欠发展等六大因素，屡屡影响了央行的政策意图不能有效地在银行体系中得到传导，不能取得预期的政策效果"。在论文中，夏斌也有针对性地提出了有助于提高我国货币政策有效性的深化金融改革的中期和短期建议措施，这些建议大多在不久之后为央行所采纳或与央行政策相一致。像"进一步推进存贷款利率的市场化进程"，人民银行于 2004 年 10 月宣布放开金融机构贷款利率的上限、存款利率的下限；像"按照市场原则，相机抉择，确确实实推进有管理的浮动汇率政策，以提高央行货币政策的自主性"，人民银行于 2005 年 7 月 21 日实行人民币汇率形成机制改革，汇率的灵活性增强；像"减轻银行的资本充足率压力"，则准确预言了 2005 年新一轮的"松货币、紧信贷"经济现象等等。

　　夏斌在该文中同样说明了商业银行不良贷款对货币政策传导的影响："当 2002 年以前出现通货紧缩倾向时，恰遇我国不良贷款率、不良贷款额处于最高水平的时期，商业银行迫于降低不良贷款的压力，减少了贷款的发放，特别是对中小企业的贷款发放，表现为银行体系巨额的存贷差，出现了'松货币、紧信贷'的经济现象；而一年多（2002 年 8 月~2004 年 5 月）出现通货扩张，物价上升压力时，又恰遇不良贷款率、不良贷款额出现'双降'的时期，同样条件下，商业银行与以往相比会提供更多的信贷。"

　　夏斌指出："由于不良贷款的高低会直接影响商业银行实际信贷规模的增长，因此央行货币信贷调控目标的制定不得不考虑巨额不良贷款的水平。但长期以来这一状况并未引起人们的高度认识，即在制定货币信贷调控目标时，未能充分考虑巨额不良贷款的因素，客观上不会不对调控目标的实现打了折扣。"业内人心知肚明，夏斌这一在国内可能第一次进行的深刻分析，显然是大大有益于央行政策目标制定的切实性和操作实施的准确性。

运用之妙，存乎一心

即使在市场机制健全和调控经验丰富的西方发达国家，货币政策也不是包治百病的"灵丹妙药"，不可想象货币政策"法宝"一祭出，明天的经济就会"歌舞升平"，更何况在市场机制尚不完备、货币政策传导机制存在诸多不畅的中国。对于这一点，夏斌有着明确的认识，他从不认为货币政策可以"包打天下"，而是主张货币政策要与财政、法律、行政政策和制度改进相配合、相协调。在某些经济学家眼中"臭名昭著"的行政手段，有时夏斌也是"视之可亲"。2004年1月，夏斌说过："货币政策作为总量政策，不可能完全包揽解决中国经济中的结构性问题，对于局部过热的现象，央行实际上力不从心。比如针对全国6000多家开发区，最有效的遏制办法莫过于一纸'红头文件'，而绝非央行抽紧银根。"说得太明白、透彻、到位了。2004年一季度，在2003年固定资产投资高速增长的基础上，我国宏观经济出现了明显的固定资产投资过热迹象。全社会固定资产投资同比名义增长43%，比上年同期加快15.2个百分点；实际增长35.5%，比上年同期加快8.5个百分点；扣除价格因素的实际投资已接近1992～1993年经济过热时期的水平；某些行业和地区盲目投资和低水平重复建设问题相当严重。造成当时投资过热的原因主要有：地方政府换届后的投资冲动，国有企业投资预算的软约束，地方政府给予外资和私营企业过于优惠的土地、税收等优惠政策。针对这样的形势和原因，政府制订"区别对待、有保有压"的方针，通过"行政手段为主和市场手段相结合"的政策措施，在上半年取得了宏观调控的阶段性显著成效。2004年6～9月，夏斌一直呼吁："加息与行政手段不能同时上（编者

注：避免对局部过热的经济"下重手"）。考虑到在目前经济环境下，虽然使用行政手段来实施宏观调控见效可能更快，但行政手段对经济的负面影响大，调控力度一减小，就有可能引发投资反弹。前几个月行政手段的采用是基于中国国情的不得已，方向应是逐步减少行政手段；从长远看，市场手段比行政手段效果好。如果下半年项目清理见效，固定资产投资增幅等宏观经济指标改善的话，应及早撤行政手段，上利率手段，改善资源配置效率，实现供需总量平衡；同时充分运用银行监管手段，并注意与财政、税收手段的配合。"夏斌说得对，2004年10月29日，中国人民银行"为进一步巩固宏观调控成果"，决定上调人民币存贷款基准利率各0.27个百分点。古巴革命家切·格瓦拉有句名言——"让我们正视现实，让我们心怀理想"，用来形容夏斌的政策立场，形容夏斌本人都非常贴切。

即使在货币政策总的范畴，在各种货币政策操作工具的运用上，夏斌也是"老谋深算"，讲究"陆海空"各兵种的相互配合，追求协同作战效应。成熟的市场经济体系具有相对完善的"区别对待"的调节机制。比如，利率体系充分市场化，金融机构针对不同风险的企业贷款可以确定不同的利率风险溢价，有利于资金实现有效配置；市场上存在多种类型的金融机构，既能够为大企业提供全面服务，也可以对小企业进行融资支持。但对于处在多方改革进程中的中国经济，货币政策调控容易陷入"凡有的，还要加给他叫他多余；没有的，连他所有的也要夺过来"的"马太效应"困境。货币政策紧缩时期，在平时就资金"供血"不足的中小企业、民营企业更是"雪上加霜"、"嗷嗷待哺"、"满面菜色"。对此，夏斌认为："央行要充分认识到，宏观调控的有效性还不完全取决于货币政策单项设计的精确程度。在制定总量政策时，要充分考虑当今中国体制的诸多特点，应配套其他相应的政策措施，来增强其货币调控的有效性。"2003年，为对冲基础货币过快增长和有效控制货币信贷过快扩张，人民银行决定从当年9月21日起，将存款准备金率由6%调高至7%。央行公布调整存款准备金率的第二天，夏斌在接受《中国证券报》采访时，首先肯定了上调存款准备金率的必要性，然后指出"如果灵活的（配套）调整措施不到位，将对中小金融机构、资本市场影响较大"。由于各银行的网点吸储能力不一，货币政策总量目标难以与保证中小金融机构稳健运行的结构目标相一致。

自人民银行提高存款准备金率一个百分点后，社会资金趋紧，市场利率马上上升。一方面，有些中小金融机构头寸吃紧，另一方面，大银行基本不缺资金，但对央行下一步的调控意图预期不明确，不敢大胆出借资金。为此，市场上有时竟然出现了个别中小银行向证券、基金公司融资的反常现象。

面对这种情况，2003年11月，夏斌建议："可以不（再）上调存款准备金率，改用下调央行再贴现率，同时加大公开市场对冲操作力度调节市场的总体流动性。从调控方向上看，下调再贴现率似乎违背常理，但可以把再贴现对象基本限于中小金融机构持有的合格票据，解决央行在加大对冲操作后资金结构性偏紧的矛盾。通过再贴现率下调影响市场利率，引导国有大银行拆出多余资金，同时牵制市场利率，稳定市场预期。"12月10日，中国人民银行决定从2003年12月21日起将金融机构存在人民银行的超额存款准备金的利率由1.89%下调至1.62%，以"发挥宏观经济政策协调配合的综合效应"。虽然夏斌和央行开出的政策"药方"不同，但其内在的"调理机理"是一致的，他们的"良苦用心"和"独具匠心"是相通的。

货币政策的"魔术师"

夏斌既有深厚的理论学养，百忙之中不忘读书再学习，又长期身居要职，有丰富的金融实践经验，再加上他习惯于戴着似"显微镜"的眼镜观察剖析中国的现实问题，造就了他敏锐的经济直觉、对问题的深刻洞察力和对政策的准确预见力。这从他对 2005 年全年货币政策的把握我们可见一斑。2004 年 12 月初，夏斌在接受《南方周末》专访时预测，2005 年人民银行将实行适度偏紧的货币政策。他认为"不要太突出引用货币供应量指标，而要着重分析与实体经济密切相关的贷款指标"，分析央行基于"认为社会总体流动性过多、追求大体稳定的增长目标值、对物价传递有强烈预期、考虑投资反弹的压力很大"这些原因，预计"2005 年央行新增人民币贷款目标大约为 2.3 万亿 ~2.5 万亿元，增长幅度为 14% 左右"。当时有些经济学家用模型测算，预计 2005 年央行的人民币贷款增长目标会有 17% ~ 18% 那么高。2005 年 2 月人民银行发布《二○○四年第四季度中国货币政策执行报告》宣布，"央行 2005 年信贷预期目标是全部金融机构新增人民币贷款 2.5 万亿元"。由此可见夏斌的"先见之明"！

2005 年 1 月底，夏斌发文呼吁"（今年）信贷紧缩比货币供应更让人担忧"和"警惕 2005 年全国信贷紧缩"。他分析："过去大多数商业银行不讲稳健经营，盲目扩张，只要有存款就放贷款，资本金不够也照放。中国入世后，金融监管明显加强。银监会今年已明确要求，2006 年底各银行资本充足率（编者注：资本充足率 = 资产（贷款等）/资本，贷款越多，监管要求的银行自有资本就越多）要达到 8%。距此目标仅剩不到两年，而目前在全国约 130 家银行中，达标银行仅 22 家。据粗略统计，全国银行按风险资产规模计，资本金缺口达 1 万亿元左右，坏账准备金缺口也达 1 万亿元左右。在这样的困境下，今年只要金融监管真正加强，只要商业银行加强自律、稳健经营，而如果要求全国银行资本充足率再提高一个百分点，可以断言，年初央行公布的 2005 年信贷规模 2.5 万亿元肯定完不成。也许与 2004 年持平，为 2.3 万亿元左右，仅增长 13%。"一年多后，2006 年 2 月底，央行发布《二○○五年第四季度中国货币政策执行报告》称："2005

年全部金融机构人民币贷款余额 19.5 万亿元，同比增长 13.0%，比年初增加 2.4 万亿元，同比多增 871 亿元。"夏斌仿佛拥有预测经济未来的水晶球，气定神闲之际，尽在掌握中。如果真有这么一个水晶球，那也是融合了他的天赋、勤奋、理想、学养、实践等等，当然还有他为国为民的深深情怀，以及由这份情怀所衍发的对经济现实的热切关注和透彻了解。

夏斌认为，始终要认清经济国情，告诫"中国货币政策传导机制中扭曲的很多复杂现象，已远远不是西方教科书中一些理论所能概括、所能简单推理的"。2005 年各季度末，广义货币供应量 M2 同比增长分别为 14.0%、15.7%、17.9%、17.6%，金融机构人民币贷款同比增长分别为 13.0%、13.3%、13.8%、13.0%。从远的说来：夏斌在 2003 年、2004 年所概括、所解释、所预测的"松货币、紧信贷"现象再一次在中国的经济现实中发生了，只是这一次的原因不再是"降低不良贷款的压力"，而是"对资本充足率的监管要求"。更让人们感到惊奇和佩服的是，夏斌也曾经准确考虑到了这个原因。他在 2004 年 5 月《六大因素影响货币政策有效传导》的文章中提到"减轻银行的资本充足率压力"以改善中国货币政策的传导机制。从近的说来，2005 年上半年"松货币、紧信贷"现象还不是很明显，刚刚显现，夏斌就在下半年伊始陆续发表多篇文章论述需要警示这个问题，像《要警惕今年中国金融"松货币"、"紧信贷"》、《组合拳破解中国式"M2 迷失"》、《"松货币"、"紧信贷"还将持续》等。针对当时的经济形势，一些经济学家提出为了防止通货紧缩，"货币政策应该放松"。夏斌指出："如果看到经济有下行的苗头，作为对策建议，简单地提出就靠放松货币供应，有点不切时弊。准确地说，从目前市场利率水平可以看出，当前的货币供应量本身是充裕的。解决中国当前经济中的许多问题，就是要靠多项制度变革的'组合拳'，而不是单项的货币政策。对此，我们有些经济学家往往由于'信息不对称'，提出的对策建议未免'无的放矢'、'孤兵无援'，不具有可操作性。"夏斌针对性地给出了"发展小额贷款机构"、"发展企业债市场"、"发展融资租赁"等"加快发展非银行融资体系"的一系列措施。这些对策既有利于缓解当时"紧信贷"的经济形势，也是具有长效机制的金融深化改革。可谓：纸上谈兵非良将，对症下药为国医。

我国的货币政策还包括汇率政策。汇率政策是指一个国家（或地区）政府为达到一定的目的，通过金融法令的颁布、政策的规定或措施的推行，把本国货币与外国货币比价确定或控制在适当的水平而采取的政策手段。我国于1994年1月1日起对外汇管理体制进行重大变革，建立以市场为基础的有管理的浮动汇率制度，确定当日人民币对美元汇率为1美元等于8.70元人民币。从1994～2005年7月21日外汇管理体制再次改革，人民币汇率运行基本稳定，10多年时间，人民币对美元汇率只是从8.70小幅变动到8.2765，即便是在亚洲金融危机期间，人民币汇率也一直坚挺（贬值可以增加出口）。此段时间，国际货币基金组织（IMF）把人民币汇率制度划分为"盯住单一货币的固定盯住制"。由于中国经济的快速增长，人民币有一定的实体经济性升值因素；美国政客以解决本国巨额贸易赤字和就业问题为借口，把压迫人民币升值作为一种政治需要，中国多年的国际收支双顺差以及高额的外汇储备也自然授人以口实；再加上国际热钱希望在投机人民币升值中获取暴利，进行政治游说和大造国际舆论；所以自2003年起人民币面临极大的升值压力。人民币升值有利有弊，好处主要有国外商品的人民币价格更便宜，有利于中国进口；居民的国际购买力提高（升值使国人手中的人民币换美元变多了，可以多去几次美国旅游）；国内企业对外投资能力增强等。弊端主要有中国商品的外币价格提高，出口企业的利润率下降，对中国的出口贸易有所伤害，特别是对那些技术含量低、利润薄的外贸加工企业影响较大，升值多了，会造成一定的企业亏损破产和就业压力；不利于引进外商直接投资等。

中国政府为了缓解国际上不断增大的人民币升值压力，也为了逐渐向主要依靠内需的经济发展模式转变，于2005年7月21日进行外汇管理体制改革，主要内容有：实行以市场供求为基础、参考一揽子货币进行调节、有管理的浮动汇率制度，人民币汇率不再盯住单一美元；2005 年 7 月 21 日，美元对人民币交易价格调整为 1 美元兑 8.11元人民币；央行还将适时调整汇率浮动区间。此次改革，央行为了保持汇改的"主动性"，并未公布所参考的一揽子货币的构成和权重。对于汇率改革的方式，夏斌也仿佛"先知先觉"，2005 年 6 月 30 日在接受《第一财经日报》采访时称："从长期出发思考，近期、中期有管理的浮动汇率制度，新加坡模式的货币篮子不失为较好的选择；篮子货币权重可以对外不公开，适时调整。"当然，早在 2003 年 7 月，夏斌就建议央行："抓紧研究市场化的人民币汇率生成制度，特别是要研究人民币由现在盯住美元逐步过渡到盯住一揽子货币的方案。"2005 年 12 月，夏斌发表了《国际货币体系失衡下的中国汇率政策——2005 年中国汇率制度报告》，认为"人民币升值压力中，货币性因素远远大于实体性因素"，分析和给出了人民币汇率水平的走势判断，即"今明两年人民币汇率会在双向波动、小幅升值过程中继续保持相对稳定；并且，从更长时间看，要选择适宜时机适当扩大汇率浮动区间"。

现实再一次证实了夏斌的判断：2006 年，银行间外汇市场共有243 个交易日，其中人民币汇率有 135 个交易日升值、108 个交易日贬值，人民币全年对美元升值幅度为 3.35%。2006 年人民币对美元汇率中间价日均波幅为 40 个基点，较汇改以来至 2005 年末日均波幅 17 个基点明显扩大。2007 年 5 月，中国人民银行决定扩大人民币对美元的汇率浮动区间，由之前的 0.3% 扩大至 0.5%。在这篇报告中，夏斌已经提出了中国汇率问题背后的国际货币体系问题，论述了"在国际货币体系失衡的世界经济环境中，要解决好中国的汇率问题，不仅仅是人民币水平问题，也不仅仅是汇率形成机制问题，而且还是涉及中国经济结构调整和诸多方面改革的问题"。并且建议"对此，当前中国应做好七件事"。夏斌提到的"应做之事"对于政府应对 2005 年以后愈演愈烈的国际收支失衡和人民币升值压力非常有指导意义，这里不作详述。由上面这些确切事实可以看出，夏斌对 2005 年的货币政策像是带了"透视镜"一样判断准确，预知明晰，并且建议适时合理，体现了他高深的理论造诣、超凡的现实判断力和卓越的政策把握能力。其实，夏斌的这种"突出表现"并不仅仅在 2005 一年，在其他年份、其他时间也是屡见不鲜、历历可数。下面我们继续"夏斌魔术"的见识之旅。

走在前面的人

　　财经记者曾这样写夏斌："隔着镜片，眼神看起来有点'毒'。他总是能最先发现问题并找到问题的症结所在。"2006 年截至第一、二季度末，广义货币供应量 M2 同比增长分别为 18.80%、18.45%，金融机构人民币贷款同比增长分别为 14.7%、15.2%。"松货币"、"紧信贷"现象从数据指标来看仍在持续，但夏斌第一个跳出了自己所创立的经典分析和确切经验。"学我者生，似我者死"，最关键的是抓住事物的本质而非流于表面。2006 年 3 月，夏斌分析认为："'紧信贷'并不意味着经济运行中资金偏紧。目前企业的融资结构已经发生了明显变化，银行贷款比例明显下降，而外商直接投资（FDI）、企业短期融资券和商业票据等非银行融资方式的发展，使银行贷款在企业的外源性融资中所占的比重下降，由 2004 年的 59.66% 下降到去年的 52.44%。"他进一步认为："在目前条件下，贷款增长速度的放慢并不意味企业融资量的减少和通货紧缩的出现。关键要分析企业总体流动性状况。在目前制度变革频繁的转轨时期，央行的货币信贷调控目标切忌简单参考历史经验数据。近三年央行公布的货币、信贷调控目标与忽高忽低的实际执行结果差距较大，表明当前时期，央行调控水平的提高尚有相当大的空间，或者说央行货币政策的有效实施尚有一定的局限。"为此，夏斌建议："鉴于目前渐进性的汇率政策（编者注：国际热钱看好人民币升值前景而大规模进入国内，加剧社会上流动性过剩），应始终保持对货币供应偏多的高度警惕，严防积累通货膨胀隐患。后三个季度，应运用'组合拳'调控，择机、艺术地消化市场上已偏多的货币。在继续公开市场对冲操作的同时，央行可配合适度提高银行法定存款准备金率，收回市场多余的货币。如恐市场波动大，则同时下调银行超额准备金利率，诱使商业银行超存央行的资金进入市场，发挥结构性调整的作用。并且同时在继续发展非银行融资体系的进程中，加快对其管理和规范。"2006 年 4 月初，夏斌给出具体的政策建议："提高法定存款准备金率 0.5 到 1 个百分点，将银行超额储备金利率从当前的 0.99% 下调至 0.66%。"但是许多经济学家和市场人士并不认同夏斌的"超前"看法，亚洲开发银行高级金融学家张雪春表示，调整准备金率在货币政策中属于"重手"（编者注：按照夏斌的建议，法定存款准备金率提高 0.5 到 1 个百分点，会冻结银行 1500 亿到 3000 亿元资金），可能很难在近期推出。浦东发展银行的一位债券交易员承认：市场目前较普遍的看法是存款准备金率不会调，即使要动的话，也要到 5 月份，等一季度的统计数据出来后。人民银行当时也没有采纳夏斌的"诤言"。后来公布的一季度统计数据验证了夏斌之前的分析：2006 年第一季度 GDP 增长 10.3%，比 2005 年只多增长了 0.4 个百分点，居民消费价格（CPI）同比上涨 1.2%。似乎并无过热迹象；但在整体流动性方面，一季度整体流动性为 19225 亿元，比上年同比增加了 9286 亿元，增加幅度高达 93.4%；而在增加的 9286 亿元中，贷款增量仅占 45.6%。

夏斌认为："在前几年大量投资后产能过剩的情况下，货币供应多可能不表现为 CPI 的继续上涨，而表现为资产价格（股票、房地产等价格）长期上涨的压力。"2006 年 4 月下旬，夏斌要求货币紧缩的言语尤显迫切："今年第一季度的宏观数据已经为央行宏观决策提供了强有力的支撑，数据所蕴含的意味已经再明显不过。前瞻性的调控是央行的天职，前瞻性的调控在于抓住苗头，因此应当断则断。央行不能再犹豫，不能再错过机会了，要警惕经济过热。"但他并不赞成加息，理由是中美利差缩小可能强化人民币升值预期（编者注：人民币利率提高，可能会有更多的国外资本进入国内投机）。巧合的是，随后几天，中国人民银行决定从 2006 年 4 月 28 日起上调金融机构贷款基准利率 0.27 个百分点，存款基准利率保持不变。贷款基准利率提高，有利于抑制过度投资，引导资产的合理定价；而存款基准利率不变，则有利于促进消费，抑制热钱流入。这些都符合夏斌之前的情势思考和建议意图。但是，央行加息这"一锤子买卖"在夏斌当时看来，在大家后来看去，都是不够的，不足以充分紧缩经济体中过多的流动性。面对央行的"西线无战事"，2006 年 5 月，夏斌开始在财经媒体上"晓之以理、动之以情"。他告诫："根据我的初步研究，我们的宏观调控不能再按照过去的经验数据来办。经过长时期的金融改革，中国金融市场结构框架更加丰富，货币政策传导中的链条和环节更多，金融体系的效率正悄悄地发生重大变化，因此中央银行的宏观调控政策应该抛弃过去传统思维，洞察新的趋势。因为不同时期相同速度的经济增长，并非需要相同速度的货币与信贷增长。打个比方，原来经济增长 10%，需要 17% 的货币供应和 15% 的信贷增长，有可能现在 15% 和 13% 照样可以实现 10% 的经济增长。反过来说，央行现在的宏观调控还有许多需要改善的地方，这与汇率本身并不相关。可以说，研究新情况，洞察新的趋势，将是正确实施货币政策调控的出发点和关键。"2006 年上半年，我国国内生产总值（GDP）增长 10.9%，达到了当时一轮经济周期新的高点，居民消费价格指数（CPI）同比上涨 1.3%；6 月末，广义货币供应量 M2 余额同比增长 18.4%，人民币贷款余额同比增长 15.2%。除了居民消费价格指数（CPI）很好外，其他主要经济指标都呈现偏快增长的态势。人民银行在《二○○六年第二季度中国货币政策执行报告》中谈到下一阶段主要政策思路时，也承认"控制货币信贷过快增长的任务仍然比较艰巨"。夏斌对此感言："个人体会，如果4月份央行就采取偏紧的政策，6月份的宏观数据就不会是现在这样子了；从近几个月货币政策动向看，现在中央银行货币政策决策体系该到完善的时机了，应该通过完善制度来进行科学的决策。"可谓"情之深，责之切"。2006年6月16日和7月21日，中国人民银行两次宣布上调金融机构存款准备金率0.5个百分点，分别从7月5日和8月15日起生效。两次上调存款准备金率合计1个百分点，大约可冻结银行体系流动性3000亿元。央行此举给人"亡羊补牢，犹未晚矣"的感觉，只是这时人们在"收拾羊圈"时，应该会想起那位老到的"牧羊人"曾经的谆谆提醒吧。

2006年8月，夏斌又有了新的"警觉"。他诗意般地表达自己的观点："我国的经济像是一个粗犷的北方男人，只上调一点点利率或者准备金率，对于这个男人可能无关痛痒。存款准备金率虽然被认为是杀伤力很大的调控工具，但当一个国家流动性泛滥时，通过上调准备金率收回流动性并非一剂猛药。鉴于央行此前上调存款准备金率的紧缩政策对宏观经济影响并不大，不排除央行再动利率和存款准备金率的可能性。"不知是不是"自古贤者皆寂寞"、"曲高和寡"，还是有许多人不同意夏斌的"激进"观点。国家发改委宏观研究院的一位经济学家主张，从近两个月的数据看，宏观调控举措对抑制流动性和信贷过度投放已发挥巨大作用；政策要坚持"双稳健"，经济增长没有偏离近三年的平均水平，通胀水平较温和，因此我国经济并非过热。大家争论的话音还未落，中国人民银行决定自2006年8月19日起上调金融机构人民币存贷款基准利率各0.27个百分点。下半年，人民银行又决定从11月15日起再一次上调金融机构存款准备金率0.5个百分点，达到了9%。

货币政策就要尽可能地"见微知著"、"明察秋毫"，就要尽可能地"防微杜渐"、"防患于未然"，就要尽可能地做到"前瞻性"、"预防性"调控。只有这样，才能充分发挥货币政策"熨平"经济周期波动的作用，才能避免宏观经济的大起大落、过热过冷，才能保证国民经济的持续、快速、健康发展。货币政策也要看准经济苗头，当断则断，疾速施行。否则，瞻前顾后，优柔寡断，一旦"火势燎原"，或者"冰雪封山"，就不易挽回。接到请柬喝喜酒，在喜筵前到和在喜筵结束后到，虽然都是来了，但主人和客人的各自感觉肯定都非常的不同。2006年国内生产总值（GDP）增长11.1%，居民消费价格指数（CPI）上涨1.5%，截至12月末，广义货币供应量M2增速由年度最高点的19.2%降至16.9%，金融机构人民币贷款增速由最高点的16.3%降至15.1%，全年经济保持了平稳较快增长和价格总水平基本稳定，单从当年来说，货币政策的调控还是可以的。但是，2006年货币政策调控呈现出明显的"前松后紧"的局面，经济体中的流动性也未得到更适量更有序的控制。当前中国资本市场发展不成熟、不稳定而形成的对宏观经济调控的影响，是央行为什么要关注资产价格的着眼点。2006年，中国股市一扫前五年的颓废，走出了一波让全世界都感到震惊的行情。这个行情的起点是1月4日的1163.88点，到12月29日的2675.47，整整上涨了129.87%。过去的五年，在一年内就全部收复了，而且还屡创新高，成交量不断放大。央行在货币政策执行报告中承认："房屋销售价格涨幅趋于平稳，但部分城市房价上涨依然较快。（经过全年国家各部委不间断的联合出击、'重拳'整顿）2006年第四季度70个大中城市中，部分城市房价涨幅仍然较大。"绝对不能否认2006年股市"飘红"主要是股权分置改革成功完成、国民经济前景被广泛看好这些原因的推动；大中城市引领房价上涨有房地产供求的因素。但不能不考虑到资产价格上涨中的货币因素，经济体中充足的流动性是资产价格上涨的必要条件。在资产价格过快上涨启动之后，过多的流动性更会对资产价格泡沫化起到推波助澜的作用。在人民币升值的预期中，价格高速上涨的股票、房地产等资产更成为国际资本"偷渡"中国、"购买"中国、"升温"中国的"最佳载体"

和"绝对诱因"。再看之后的 2007 年、2008 年这一轮经济上行区段，股市"直上重霄 6000 点"，又"飞流直下 2000 点"；广大居民在"翻跟头"的房价面前简直"一贫如洗"；被广泛认可的存在大量国外资本"潜入"中国，"投机"股票和房地产；央行不得不为之的"急促"调控等等，这些是否与 2006 年的货币政策调控存在某些联系呢？还值得人们去思考。

求解"国际收支失衡"

当今的世界进入了"环球同此凉热"的全球化时代，"鸡犬相闻，老死不相往来"肯定不可行。美国经济一感冒，中国就会打喷嚏；中国经济一头痛，世界也开始"嘘寒问暖"。中国 30 多年的改革开放，是不断发展、不断融入世界经济的过程。2007 年以后，随着加入世界贸易组织（WTO）五年过渡期届满，国内经济金融与世界经济金融的关系更加密切。在过去，尤其是在将来，这就要求国内的经济调控政策和金融改革政策既要着眼于本土，又要关注国际因素的影响；也就相应地要求我们的官员和经济学家能有国际视野，综合国内国外考虑问题。早在 2003 年，学者们还在就国内因素谈物价时，夏斌就指出："经研究发现，1997 年前，中国的工业品出厂价格指数与美国生产资料价格指数的走势毫不相关，但从 1997 年开始，两者却存在明显的强烈的同步变化走势，这绝非偶然。其原因是 1996 年底央行宣布中国经常项目下实行人民币可兑换（编者注：简单理解就是国际贸易自由），而且人民币汇率处于相对较固定的水平。这可以启示我们，央行在货币政策调控时，考虑物价上涨的压力，分析视角已经不能仅仅局限于分析国内市场的供给与需求了，也要研究国际市场的供求。"夏斌

"善于言，更敏于行"，他在观察分析国内物价水平变动时，总是一只眼睛关注国内因素对物价变动的影响，另一只眼睛观察国际因素对国内物价变动的影响。近些年来，中国的物价大致保持稳定，他关于物价的解构分析和政策建议基本上都符合实际，也与央行的调控思路和政策措施相吻合。

经济学上的"均衡"，通俗说来就是生产的产品都能够卖出去，没有积压。开放经济条件下的宏观经济均衡等式是：$C + S + T$（总收入用于消费、储蓄和缴税）$= C + I + G + (E_x - E_m)$（产生总收入的所有产品被购买用于消费、投资、政府采购和净出口）。其中：I 为国内投资需求，S 为国内储蓄，T 为政府税收，G 为政府购买，E_x 为出口，E_m 为进口。由上式得：$(S - I) + (T - G) = E_x - E_m$，由此可知，在 $(S - I)$ 和 $(T - G)$ 不能平衡时，可通过调节对外经济活动来实现宏观经济均衡；货币政策在调节国内投资和储蓄的同时，必须考虑进出口（即对外贸易）和政府支出，尤其是进出口的影响。由于我国国民的储蓄传统比较强，最主要的是各项社会保障制度还不完善，国民不放心大胆花钱，导致我国"高储蓄"的国情，进而有 $S > I$，国内储蓄大于国内投资需求。一般说来，政府会追求财政收支平衡，即 $T = G$，避免对自由经济的过多干预和政府配置的低效率。这样就简化为：$S - I = E_x - E_m$；此外，国内生产总值 GDP $= C + I + G + (E_x - E_m)$。这说明当前国情下，我国要想维持经济的均衡和快速发展，就必须积极进行国际贸易，且维持一定量的贸易顺差（$E_x > E_m$，出口大于进口）。我国人口多，特别是国内市场经济还处于初始阶段，劳动力的工资要求很低，这使得我国生产的贸易品在国际市场上非常具有价格优势；还有国家积极进行出口导向战略（鼓励出口，控制必要适量的进口）；再加上人民币汇率很长一段时间内保持稳定等因素；保证了在大多数年份我们一定规模的经常项目（主要是进出口贸易）顺差。另外，改革开放以来国内政局稳定；国家采取积极引进外资政策，给予外资土地、税收等各种优惠条件；国内的劳动力成本较资本富裕国家低很多；这些使得外资在中国内地投资收益更加可观。"天下熙熙，皆为利来；天下攘攘，皆为利往"，因此外资纷纷涌入内地，导致长时期内我国资本与金融账户〔主要是固定资产国际购买出售、国际直接投资（FDI）、国际证券投资（例如 QFII）等〕的顺差现象。经济学上，国际收支由经常项目和资本项目两部分组成。因此，我国的国际收支基本上都处于顺差状态，简单地说，就是收到的美元大于支出的美元。当前我国资本项目还未放开，不像美国等发达经济体那样允许国际资本进入国内，"不干实业"，还可以随时"拍屁股走人"，目的是避免"不靠谱"的国际短期资本"云里来，雾里去；今日来，明日去"，对尚未成熟的市场经济和金融体系的干扰和冲击。在人民币升值背景与预期下，世界更是"看好中国、投资中国、购买中国"，国际游资通过各种"旁门左道"偷入中国，投资股市、房地产等，冀求在人民币升值和资产价格上涨中赚得"红光满面"、"盆满钵满"。这种情势下，国际收支顺差会更加扩大，国际收支失衡非常严重。

2005 年 7 月以前，我国人民币汇率制度的官方说法是"以市场供求为基础的、单一的、有管理的浮动汇率制度"，实质是紧盯住美元的固定汇率制度。2005 年 7 月之后，我国开始实行"以市场供求为基础、参考一揽子货币进行调节、有管理的浮动汇率制度"。人民币汇率的浮动区间变大，人民币走上小幅、渐进、双向波动的升值道路。但是，由于政府想在人民币升值过程中继续保持汇率的基本稳定，以避免短时间内大幅升值对进出口贸易的冲击（若如此，出口产品外币价格立即提高很多，进口产品人民币价格则正相反，净出口下降厉害，影响 GDP 和就业），不得不对冲回收经济体中的外汇。否则，外汇留在市场上，国际收支"双顺差"，外汇供大于求，自发形成另外的价格，会给人民币带来更大的升值压力，冲击当前的汇率形成机制。

为保持人民币汇率的基本稳定，人民银行就需要通过商业银行用人民币按即时汇率价格收购国际收支顺差产生的外汇收入。这样，这部分被称为"外汇占款"的人民币投放就成为基础货币的一个重要来源，经过货币乘数的放大作用，增加数倍于基础货币的货币供应量。可以看到，在这个过程中，央行对货币供应量的投放是被动的，市场上有多少结售汇需求，央行就要"开闸"注入多少人民币。为经济体良好运行提供适量的货币供应量是央行最基本的职责。这种情况下，央行会通过公开市场操作（央行与商行等进行国债、中央银行票据等证券买卖）、提高存款准备金率等货币政策工具来对冲回收或冻结这部分货币供应，减少商业银行的可贷资金，维持经济体正常的货币供应量和贷款量。但一般说来，央行的"补回"政策都是被动、有成本、不及时或者不充分的。所以说，国际收支顺差过大就会损害货币政策的独立性。2003～2007年我国每年的国际收支顺差分别是986亿、1793亿、2238亿、2599亿、4453亿美元，增长非常迅速，对人民银行货币政策操作的影响也越来越大。2006年12月，中央经济工作会议着重指出，必须把促进国际收支平衡作为保持宏观经济稳定的重要任务，这反映了国家宏观经济管理的新动向。

夏斌先忧天下，从2005年底、2006年初起，陆续发表多篇文章阐述国际收支失衡的相关问题，并提出了系统性、切实性的政策建议。夏斌指出，"解决中国的国际收支失衡问题，首先要放到全球经济失衡，全球流动性过剩的背景下来研究"。全球经济失衡以"中国'高储蓄、低消费'，美国'低储蓄、高消费'为代表"。中国"高储蓄、低消费"，就像一个拼命劳动、挣了钱也不敢"大手大脚"，多想着为"明天"预备的一心致富的人。而美国呢，则像一个追求享乐的"月光族"或"负翁"，大胆花钱，"寅吃卯粮"，自有政府"老爹"一系列保障制度"兜底"。"一个巴掌拍不响"：便宜的东西，美国人"穷奢极欲"，"欲望无止"，"多多益善"；中国人自然愿意"乐享其成"，大量出口。这就导致了美国的巨额经常项目逆差。美国人消费得多，储蓄得少，自然"建房办厂"投资的钱就少了，正好中国等发展中国家因为净出口攒了美国签发的大量"白条"，都留在手里有些浪费，就借给美国许多，美国也因此可以多搞投资，维持其一定的就业率。

"尽管目前全球经济的失衡不可能长时期维持，但在短期内又不可能迅速打破这种'失衡中的平衡'。"夏斌论述了"人民币汇率调节贸易差额的影响已弱化"，认为，"就全球经济失衡的角度来看中美逆差的问题，媒体、学者不要把眼睛盯住中国的汇率。中国的汇率不能彻底解决全球经济的失衡问题。全球经济失衡的调整，不是一年半载的事情，不是中国一国政策所能左右的。因此，解决中国国际收支失衡的对策也就不只是人民币汇率政策问题，而是应该采取综合的对策。我把它概括为五个字，即'改、疏、堵、冲、内'。"夏斌这一概括，基本上就划定了解决国际收支失衡问题的讨论和政策圈子，后来再有的也是对其的细化论述和政策验证。

"'改'，就是要改革汇率的形成机制和外汇市场本身。随着形势的需要可以把汇率浮动的幅度区间稍微放大一些；人民币有管理浮动背景下的升值水平还可以适当加快一些。"夏斌的主张总是很切合实际，我们看看相应的政策和现实：自2007年5月21日起，中国人民银行调整银行间即期外汇市场人民币兑美元交易价浮动幅度由之前的千分之三提高至千分之五。2006～2008年人民币对美元汇率每年升值幅度分别为3.35%、6.90%、6.88%。

"'疏'，指疏导多余的外汇资金加以运用。简单讲就是要进一步'藏汇于民'和'藏汇于企业'。可以取消强制结售汇制，改为意愿结售汇，让老百姓出去旅游消费、企业出去收购。另外，我认为应该积极运用超适度的外汇储备。按照目前情况，我们有7000亿美元外汇储备足够了，对超额部分要'疏'，要花掉。"

一个国家所需要的适度外汇储备水平对经济学家来说，是见仁见智的问题。"一千个人就有一千个哈姆雷特"，但夏斌是对当时经济形势下我国所需要的适度外汇储备水平给出明确、清晰计算的第一人，这对我国存量巨大且高速增长的外汇储备管理方法的改进具有现实意义。

"'堵'，指随着汇率改革的深入，外汇管理的难度在加大，但是并不意味着放弃外汇管理，该管的还要严格管。第一，要坚决查处违法违规外汇资金的流入；第二，中国开放政策的策略要进行适度调整。"夏斌认为："视情况变化，迫不得已时可引入在国际上比较成功的无息存款准备金制度（URR），要求特定项目的资本流入交存一定比例的无息存款准备金，以抑制短期投机性资本的进入。"

从2005年12月开始，夏斌不断呼吁："中国房地产市场是国际热钱的'腥物'，采取措施，尽快改变海外资金进入境内房地产市场毫无限制的现象，这是当务之急。"接着，2006年7月11日，建设部、中国人民银行等六部委联合发布《关于规范房地产市场外资准入和管理的意见》，从市场准入、经营管理、机构和个人购房等方面对外资进入我国房地产市场进行规范，并对监管责任提出了明确要求。2008年4月，夏斌又指出："有关部门对外资进入普通住宅项目限制的同时，不能对商业地产没有限制，因为对热钱而言，普通住宅和商业地产仅仅都是工具和手段，他们的目的是希望资产价格快速上涨。所以，对商业地产、对普通住宅市场政策有差别，在这方面应该尽快按照宏观调控的要求加以调整。"

对于"堵"字诀的第二点"中国开放政策的策略要进行适度调整"，2006年上半年，中国金融业全面开放的前夕，夏斌有过专文——《新形势下金融开放政策应实现八方面调整》论述，谈到了新时期新形势下中国对外开放政策调整的方方面面，其中多是有远见有价值的建言献策。夏斌认为："当今，国内资金非常充裕和资金有效供给不足共存，对外开放政策不能仅停留于引资金，应该重点转向引管理、引技术。一切有利于吸纳国外先进技术和管理的资金仍要大胆引进，一切无助于吸纳国外先进技术和管理，只能给宏观货币调控制造压力的外资，尽可能'拒之门外'。"他建议，"相关部门要加强协调，继续放慢除香港市场之外的海外上市节奏，鼓励好企业、大企业在国内上市。"2006年8月8日，商务部和证监会等六部委联合出台《关于外国投资者并购境内企业的规定》，对谋求海外上市但2006年9月

8 日之前尚未完成将境内权益注入境外特殊目的公司以进行相关重组的民营企业，按照新规定的要求由有关部门对其境外上市实行审批。自此一年多，没有任何一家企业能够根据新规定的要求获得审批通过。虽说国内监管部门从来没有出台正式的政策限制国企以 H 股形式在海外上市，但鼓励首先考虑在境内上市的精神很多市场人士都深有体会。夏斌主张："可以试点发展国内的外币债市场。通过采取相关的措施，鼓励外资企业在境内股权投资的同时，发行外币债券筹集外汇，引进海外生产线与先进设备，以国内的资金配合国外先进的管理、技术，促进经济增长。"2008 年 7 月，国家发改委发布《关于 2008 年深化经济体制改革工作的意见》指出，鼓励银行、保险机构创新金融品种，发展境内外币债券市场，为对外投资合作提供信贷、保险等金融支持。

"'冲'，指央行的对冲操作仍然有余地，这方面工作还要加强。工作还要做细，更加有艺术性。与此同时，解决国内的经济问题，有很多市场基本制度没有健全，这些措施跟上，同样有助于'冲'字工作的落实"。

"'内'，是发展内需，主要是发展以消费为主的内需。除人们已认识到在方向上，社保、收入分配、住房、教育、医疗等问题需抓紧解决外，重要的是如何筹资？如何解决？国家外汇储备能注资工行、建行、中行解决资本金问题，为什么不能用来解决中国 28 年改革以来长期存在又难以解决的问题？比如社保基金缺口问题，央行可以和社保签个协议，产生的收益用来弥补社保缺口，国家如有急情，央行可以再拿过来用。'内'是解决我国国际收支失衡的根本之策。"关于货币政策与解决国际收支失衡的关系，夏斌认为："广义的货币政策仍然要打'组合拳'，即汇率改革、资本管制、疏导外汇走出去和加强对冲操作。在这过程中，央行货币政策不能迁就内需政策和结构调整（编者注：在拉动国民经济增长的'三驾马车'中，减少净出口，扩大投资和消费的内需份额，尤其是消费）的迟缓，而是一定要坚持按市场规律应该采取从紧政策，敢于暴露矛盾，要使货币政策成为结构调整的推动器。"

"改、疏、堵、冲、内"五字诀，明确精练；夏斌若古之名士，大计于胸，予国咨议，举重若轻。

献计"对抗'过剩流动性'"

2006、2007两年有关"流动性过剩"的议论，从官方走进民间，从学术殿堂延伸到了寻常餐桌，堪称彼时最流行的一个经济金融话题。货币流动性过剩，简而言之，就是货币当局货币发行过多，货币供应量增长过快，银行机构资金来源充沛，居民储蓄增加迅速。流动性过剩，往往在宏观经济上表现为货币增长率超过 GDP 增长率；而就银行系统而言，则反映为存款增速大大快于贷款增速。当时有人这么说："这注定是一场持久战。作战的一方是中国人民银行，另一方是总额逾 11 万亿元人民币的'流动性'。"2006 年末，金融机构各项存款余额 34.8 万亿元，各项贷款余额 23.9 万亿元，存贷差是"令人瞠目"的 11 万亿元。

资本是经济的"血液"，对外贸易盈余与国际直接投资（FDI）源源不断地流入，使中国经济由以往的"贫血"状态一下变为"血气充盈"。另外，在全球流动性过剩的背景下，国外资本出于投机人民币升值预期，而纷纷进入内地，致使中国国际收支账户下资本和金融账户盈余进一步快速膨胀，金融血管里"血压"进一步升高。在中国当前的汇率制度下，这就是导致我国流动性过剩的主要原因。客观来说，适度可控的流动性过剩带来的也并不全是祸。经济体犹如生命体，多血质的人一般好动活泼，金融"血液"充沛的经济体也常常能进一步激发经济运行的活力，形成繁荣的局面。但如果经济体"充血"过度、"血压"过高，就比较危险。严重的流动性过剩所吹起的资产泡沫就像昙花之一现，短暂的膨胀绚烂之后，剩下的便是一地鸡毛、满眼狼藉。其形成机理很简单，先向经济体内大量注入超过实体经济所需的流动性，然后抬高房地产资产价格，形成财富效应，从而向实体经济释放出一系列资源错配信号。当实体经济增长点缀了一串串大大小小炫目耀眼的泡沫之后，股票市场又开始演绎新一轮的资产泡沫化进程。当泡沫一旦破灭，整个经济体流动性急剧收缩，如人之大量"失血"，必然进入休克状态。

为了对付"流动性过剩"，2007 年是央行货币政策"出拳"最密集的一年。法定存款准备金率被称为货币政策的"巨斧"，在这一年中，人民银行罕见地挥舞了 10 次，除了 3 月和 7 月，是每月一次。法定存款准备金率从年初的 9% 提高到年末的 14.5%，共深度冻结流动性约 2 万亿元。此外，人民银行大力灵活开展中央银行票据、正回购等公开市场操作（卖证券，收货币）。2007 年人民银行累计发行中央银行票据 4.07 万亿元，年末中央银行票据余额为 3.49 万亿元，比年初增加 4600 亿元；全年共开展正回购操作 1.27 万亿元，年末余额 6200 亿元，比年初增加 5600 亿元。为了缓解"流动性过剩"带来的国内投资过快和物价上涨压力，2007 年人民银行先后六次上调金融机构人民币存贷款基准利率。其中，一年期存款基准利率从年初的 2.52% 上调至年末的 4.14%，累计上调 1.62 个百分点；一年期贷款基准利率从年初的 6.12% 上调至年末的 7.47%，累计上调 1.35 个百分点。与"过剩流动性"战斗，央行其心昭昭，其意切切。

2007 年 4 月，夏斌在《关于当前货币政策的八点看法》一文中谈道："尽管央行目前仍具有通过对冲手段调控基础货币增加的一定空间与能力，但当前一季度的货币供应仍是松的，央行调控之手仍然有些软。究其原因，无非是下述但不限于某一种原因：一是忽视了货币、信用创造能力的上升因素。金融市场深化和银行改革逐步深入后，相同的基础货币投放对存款货币的创造能力和社会信用的创造能力已经不同了。货币内生性比改革以来任何历史时期都增强了。二是央行不敢动利率，始终认为中美利差过小影响热钱流入。许多案例证明：即使热钱愿意涌入，更多地不是追求 2～3 个百分点的利差，而是追求中国经济增长高回报与资产价格的迅速上升。相反，一定幅度的利率上升，有助于控制资产价格过快上涨，反而有利于抑制热钱的流入。三是怕在股市结构性繁荣（包括理性与非理性繁荣）时，恰当的货币调控力度会带来全社会上下对央行不恰当的责备和责任。"

夏斌认为："央行货币供应调控目标仍是基于对过去经验的判断，未进行适时的调减，流动性过剩和当前央行较高的货币供应量目标有关。当央行认识到 16%～17% 的增长率目标本身助长了流动性过剩，必然要采取政策手段进行调控。单从货币供应量的角度看，近两三年的货币供应量目标应定在 14%～15%，甚至可以更低。国际收支的严重不平衡，并没有引起基础货币的大投放。但是货币供应量是基础货币乘以货币乘数之积。这几年，由于金融深化，金融改革程度加深，货币乘数在不断提高。在调控技术方面，还要研究很多问题。"面对"流动性过剩"背景下的股市、房市节节冲高，夏斌满怀忧切地提醒道："央行以稳定物价为依据调控货币供应，是世界各主要央行遵循的原则。但中国目前与英、美等国资本项目可兑换完全开放不同，恰与日本、亚洲国家资本项目可兑换放开初期相同。后者惨痛的教训，恰恰不是担心商品物价的上涨，而是担心资产价格的快速上涨。因此调控货币供给，不能不重点关注资产价格。央行必须有'热股市下的冷思考'。面对银行流动性过多，应采取谨慎适度的调控手段以正常调控经济，给市场以明确的紧缩预期信号，而不是相反的信号。坚持从紧的货币政策不能动摇，在中国经济崛起的关键历史时期，我们决不能犯其他国家曾经犯的历史性错误。我们要防止今后 10 年、15 年回头看中国股市、房地产和货币供应量三条不断上升的曲线斜率几乎吻合而遗憾的现象出现。要看到，如因措施不力，央行即使能躲开眼前风险，但难以躲开 10 年后历史的重新评说。"夏斌拳拳之心，溢于言表。2007 年下半年，人民银行行长周小川发表谈话称："央行现在非常关注资产的价格。当我们制定政策的时候，常常都会关注这一点。央行是否选择加息政策，主要是关注一般物价指数变化，但央行也会对资产价格给予高度关注，防止资产价格出现泡沫。央行货币政策主要工具不直接针对调节资产价格，但资产价格剧烈波动时，货币政策能够减缓其对实体经济的过度影响。"

一段时间以来，人民银行依据"利率平价理论"，刻意在中美两国之间保持 2%~3% 的利差水平，以阻止国际热钱流入中国，从而减轻人民币升值的压力。这是因为，比如，美国的实际利率是 5%，人民币对美元汇率每年升值幅度为 6%，国际热钱进出成本及其他成本为 4%，假设在国际游资进入中国市场炒作人民币只有银行存款收益，不发生其他收益来源的情况下，如果中国的实际利率大于 3%，即中美利差小于 2%，那么国际热钱就没有"空手白来"；如果中国的实际利率小于 3%，即中美利差大于 2%，国际热钱就成了"偷鸡不成反蚀把米"。央行此举用心良苦，但成效如何，有待思考和商榷。直接看来，保持中美之间一定的利差水平，抑制了国外投机资本进入，相应地减轻了国内"流动性过剩"和人民币升值的压力。但是，对赌人民币升值的国际游资在实际中并不主要借助于利率平价来决定其对赌行为。事实上，在中国存在许多中短期投资项目来抵补国际游资在利率上的成本损失，如内地房地产投资、进入中国股市投资和期货投资等。如果按照西方教科书"利率平价理论"，单纯地维持国内低利率水平，就会对房市、股市的上涨产生助推作用，进而吸引更多的国际热钱"抢滩"中国、"投机"中国、"淘金"中国。

一个硬币总是有两面，中美利差，也是一把双刃剑。夏斌认为："控制流动性过剩应尽快克服利率误区。近几年央行不断努力地进行对冲操作，国内流动性仍然偏多，就货币政策操作技术而言，根子可能在于用利率平价理论简单套用于中国的实践，一边努力进行对冲操作，一边恐怕'热钱'涌入更多，人为压低、维持较低水平的市场利率，其结果抵消了央行的政策操作效应，换来的是流动性偏多的代价。"从 2007 年全年，特别是从下半年央行利率政策取向的变化来看，央行在淡化"利率平价理论"的影响。2007 年 3 月、5 月、7 月、8 月、9 月、12 月，人民银行先后六次上调金融机构人民币存贷款基准利率，其中，一年期存款基准利率分别调到 2.79%、3.06%、3.33%、3.6%、3.87%、4.14%。对比看来，2007 年 9 月、10 月、12 月美联储总共进行了三次联邦基金利率调整，从 2006 年的 5.25% 到 4.75%，到 4.50%，再到 4.25%。可以看到，中美之间的利差水平逐渐缩小。应该说，我国利率政策的应用主要是针对实体经济中价格水平和信贷投资情况，但维持较低的利率水平肯定不利于在"流动性过剩"背景下抑制资产价格的过快上涨，进而不利于流动性的后续控制，最终还会对保持物价和投资的适当水平造成不良影响。在维持利差减少国外热钱流入和提高利率抑制资产价格飙升的选择上，央行是"两害相权取其轻，两利相衡取其重"，最终走向了夏斌的建议之路。2007 年 4 月，夏斌在谈到"要加息"时说："与央行其他调控措施相配合，在加息时，可考虑加存款利率，不加贷款利率，或同时动存贷款利率时，存款利率幅度可大于贷款利率幅度，适当缩小银行利差。理由是：目前的银行利差是 20 年来最高的，放出缩小利差趋势信号，有利于刺激银行发展中间业务，减少贷款冲动；另外，当前 3.3% 的通货膨胀率，已使居民储蓄实际利率陷入负利率，我国公众开始形成一定的通胀预期，更易刺激居民存款盲目进入资产市场，'存款搬家'推动资产价格上涨的现象已较明显，坚持正利率方向有利于抑制通胀预期和资产价格的过快上涨，有利于资源的有效配置。"2007 年 5 月，人民银行实行"不对称加息法"，一年期存贷款基准利率分别上调 27 和 18 个基点。2007 年 8 月和 12 月，人民银行采取的也是不对称加息方式。老子曰："天下难事，必作于易，天下大事，必作于细。"夏斌大处着眼，小处着手，既可运筹帷幄，把握全局，又可"精细作业"，不疏细节，上可大略谋国，下可小计安民，积功于世，惠及于民。

反思"人民币升值"

人民币升值预期诱惑大量国际投机资本"巧立名目"、"乔装打扮"，混过中国资本管制的"封锁线"，潮水般地涌入内地，继而导致我国国际收支失衡加剧和国内流动性严重过剩。人民币汇率问题是关系我国经济内外均衡的重大问题，因此，既要正确思考诸如人民币汇率水平这些大的战略问题，又要合理把握诸如人民币升值方式这些艺术性的细节，是人民银行和国内经济学家们所面临的不小挑战。夏斌不遑多让，于 2007 年 7 月发表《关于当前人民币汇率调整策略的思考》一文，认为："从理论上讲，能够寻找到充分体现市场均衡的人民币汇率水平，但是，这是以具有充分的外汇供给与需求的市场条件为假设前提的。因此，在我国人民币资本项下未完全开放的条件下，要寻找在一定时期内正确、合理的汇率水平，是一件较困难的事。在此情况下，要决策较合理的人民币汇率水平，可以从以下三个方面综合考虑：一是从我国经济的可接受能力考虑。从维持我国今后两三年内可接受的 GDP、就业的最低增长水平和资源约束等宏观经济目标出发，研究、汇总各部门、各行业在人民币升值幅度不同水平下的反应，在此基础上提出今后一段时期内宏观经济可接受的、较合理的汇率水平。同时，以经济模型计算结果作参考。二是从我国目前仍能维持的对冲与调控能力考虑。人民币到底升值多少为宜，升值行为何时结束，取决于经济结构调整的速度和货币调控能力。重要的又是货币调控能力，因为结构调整的速度不可能太快。所以短期内我们必须回答：对冲与调控的空间还有多大？还能维持多长时间？然后根据测算，提出人民币升值幅度的'渐进性'阶段目标。三是从我国政府对美国政府的'博弈'能力考虑。解决人民币汇率问题并不能从根本上消除中国对美国的巨额贸易顺差，但是美国一些国会议员仍出于政治性诉求，不断鼓噪要求人民币大幅升值。在这场博弈中，我们首先要认识到，人民币汇率形成机制和外汇管理体制改革，是中国经济长期发展的内在需要。我们不能因为有压力而改革，也不能因为没有压力而不改革。当前我们持有的四千多亿美元美国政府债券是博弈的有力筹码，今后还可按照国际市场上的游戏规则，择机调整外汇投资的策略、力度和方向，以掌握中美政府间合作、谈判的主动权。我认为，在'中国和平崛起'过程中，人民币应始终保持微弱升值的压力，实施'以我为主'的金融开放战略。"夏斌既目光如炬、高瞻远瞩，对人民币汇率合理水平给出了独到且建设性的分析，又察细观微、不疏细节，深入考虑人民币升值方式存在的问题和改进策略。在此文中，夏斌讲："当前的着力点就是要打破市场上可测算的升值预期。近两年来，人民币汇率较均幅地、缓慢地爬升，使市场上形成了强烈的、可测算的升值幅度预期。因此，热钱流入压力不断增大，给控制股票、房地产价格的快速上升以及调控偏热的经济，带来很大困难。因此，打破市场上强烈的、几乎可测算的预期，至关重要。如何打破这种预期呢？目前，若全面答应美国议员关于人民币升值40%或27%的鼓噪，将对中美经济和世界经济带来灾难性的伤害。若根据中国今后两三年内经济内外均衡的需求，一次性较大幅度地进行出其不意的调整，将汇率水平直接调到我们认为较合理的水平，将有失中国政府的公信力，也可能引发美国议员得寸进尺。因此，较合适的策略是，根据政府内部测算的今后两三年内人民币汇率的较合理水平，在汇率升值的频率与幅度上，以时密时疏、疏密不均，时高时低、高低不均的方式进行调整，以打破市场上的可测算预期，在较短的时间内将汇率调整到在今后一段时期内能够保持的相对合理的水平。"国与国之间的利益"博弈"就像是战场，无多少道理可言。夏斌身存"谋利社稷"的道心，不辞"兵者，诡道也"的机心，堪为国器。

2

危机中的清醒人

2008 年的"绝唱"

　　货币政策是科学，也是艺术。货币政策研究属于宏观经济学的范畴，而追求理论的科学性是现代宏观经济学的一个梦想，并由此广泛引入数理方法来增强经济学的可检验性，来弥补经济研究不能进行可控实验的缺陷。一般来说，科学是客观而明确的，要求逻辑性、规范性，而艺术则更多地体现在个体对感觉、经验、认知等的非规范性、创造性运用上，以达到主观上的审美效果。货币政策的艺术性基于货币政策在多数情况下受到政策制定者的主观判断和价值取向所制约，而缺乏一般性的严谨规则。即使在实践中抽象出一些所谓的货币政策规则，从根本上讲，也会被放回到复杂的、由大量本质、非本质的经济因素组合的实际中，最优的货币政策规则也是不存在的。央行所能够做的，仅仅是在不同的货币政策目标与手段的组合中进行次优选择，即寻找政策效果最大而政策成本最小的组合。货币政策的艺术性特征，就要求政策制定者在充分把握货币政策在一国经济运行中的地位、传导机制与作用的基础上，经验性、创造性地运用相关工具来实现政策与经济的和谐共鸣。诸如需不需要实施、怎样实施、实施力度，就像音色、音调、音高等；货币政策何尝不是"央行"的个人专场音乐会，音乐会的主题写着"经济和谐"。如果这样比喻，那么夏斌就是一位非常杰出的音乐家，听声辨色，发表乐评，谱曲演奏等等，无所不通，造诣精深。在"2008 年经济"这个主题音乐集会上，夏斌以其"整体的创造性、细节的优美性"而成为这场"嘉年华"熠熠生辉的名角。只是最美的音乐总是感念天下，忧怀国事，寄心黎民，以其真诚和呼喊打动人心，"余音绕梁，三日不绝"。

2007 年 12 月，中央经济工作会议在部署 2008 年的经济工作时明确提出，要实施稳健的财政政策和从紧的货币政策。10 多年来，我国货币政策的提法先后出现过"积极的货币政策"、"稳健的货币政策"和"适度从紧的货币政策"，而这次直接提出了"从紧"的货币政策，是 10 年来的首次，透露出十分强烈的政策信号。2007 年，我国实现国内生产总值（GDP）24.7 万亿元，增长 13%，比上年加快 1.9 个百分点，达到这一轮经济从 2003 年以来的最高点；居民消费价格指数（CPI）上涨 4.8%，比上年提高 3.3 个百分点；11 月份，房价上涨 10.5%，创该统计以来的最高点。全部金融机构人民币各项存款余额 38.9 万亿元，人民币贷款余额 26.2 万亿元，经过一年"艰苦卓绝"的回收流动性战役，存贷差却由 10.9 万亿增长到了 12.7 万亿元。2007 年，固定资产投资继续保持高位运行，全社会固定资产投资增长 24.8%；贸易顺差 2622 亿美元，比上年增加 847 亿美元。这一年中，居民消费价格指数（CPI）各季月平均同比涨幅逐步扩大，分别为 2.7%、3.6%、6.1% 和 6.6%，虽然仍属于结构性上涨（2007 年食品价格上涨 12.3%，拉动 CPI 上涨 4 个百分点，对 CPI 上涨的贡献率达到 83%），但通货膨胀压力明显加大。国内海量的"流动性过剩"就像"达摩利里斯之剑"，成为经济运行和政策调控的纠结所在。投资增长过快、贸易顺差过大加剧了对国外需求的依赖程度，"掣肘"中国经济增长模式的转变，严重威胁中国经济的"软着陆"。2007 年，尽管央行 10 次上调存款准备金率，6 次提高存贷款基准利率，6 次发行定向央行票据，紧缩力度不断加大，这充分表明央行高度关注市场上流动性过剩的状况，但是，从经济实际运行情况看，还是没有"紧到位"。正是在这个背景之下，中央决定把"防止经济增长由偏快转为过热、防止价格由结构性上涨演变为明显通货膨胀"作为 2008 年经济工作的首要任务，相应作出"双紧"的政策调控安排。"双紧"政策的细化措施众多，凡举一例：当局决定，2007 年 12 月不再发放贷款（2007 年中央经济工作会议于 12 月 3～5 日举行），以 1～11 月的贷款增长额作为 2008 年全年的贷款控制额度。如此算来，计划 2008 年人民币贷款余额同比增长 13.5%，从 2007 年的 16.1% 到 13.5%，政策紧缩力度不可谓不紧。

如果一位经济学家只能从经济数据、经济现实中"见人所见"，只能"人云亦云"，只能跟从主流力量安排"细枝末节"，分析与建言没有透视力，没有自我思考、超脱他人，没有"众人皆醉我独醒"的情操，没有"道之所存，虽千万人，吾往矣"的气魄，那他最多是一名匠师，而绝非艺术家。艺术家要求创造性，要求"一曲歌罢"众人"美已哉"的恍然。虽然这是第三者的旁白音，确实夏斌也当得起货币政策方面"道艺纯熟、自有所持"的艺术家美誉。面对中央的决策，2007 年 12 月，夏斌赶紧在《金融时报》上发表了一篇题为《密切关注不确定性，相机抉择从紧政策》的文章，概括性地阐述了他对 2008 年经济形势和政策调控的看法。文章标题本身有些矛盾，经济学上，从紧是指"斩钉截铁"、"雷厉风行"，相机抉择是指"有所观望"、"待机而动"，这是两种截然不同的政策。夏斌把这两种逻辑上矛盾的政策组合在一起，体现了他原则性与灵活性的统一。2008 年，经济"沧海桑田"后，记者曾就这篇富有远见的文章采访过夏斌，他说："当时经济中的'过热'迹象确实比较明显，但是美国危机刚显现，2008 年不确定性也非常多。既然中央已经确定了从紧的政策取向，我作为有官员背景的学者，不能推翻中央的说法，所以就用了这个有些模糊和矛盾的题目。具体不是看标题，具体要看内容，标题有些遮遮掩掩，内容是直截了当地提出人民银行代表中央提出的 2008 年的信贷计划太紧（人民币贷款增长 13.5%），矫枉过正！因为 2008 年存在'制动'经济增长的诸多不确定性。"在这篇文章中，夏斌分析经济不确定性时认为：

"第一，应该看到，双紧的政策意图更多的是基于今年下半年以来的经济形势分析而作出的判断。美国经济的不确定性在加大，次贷问题并没有彻底暴露与解决。美国更多的专家认为，美国经济明年衰退的概率为 50%。如果明年美国经济出现较大的波动，尽管次贷问题对中国经济的直接影响不大，但由次贷问题引发的美国消费问题，不能说对贸易依存度极高的中国经济影响不大。最近，人民银行有关调查报告反映，出口订单指数已出现连续两个月下降。这种变化，也许是相关贸易政策主动调整的结果，但不能不关注美国经济的继续下滑，对中国外贸结构调整进一步的推波助澜作用。

第二，要看到今年年中出台的一系列结构调整政策对明年贯彻从紧货币政策的助推效应。例如，加工贸易政策、出口退税政策、房地产调控政策、新开工项目联合审批政策、节能减排政策等一系列政策，有的是在今年 7、8 月份制定，有的是前不久刚刚制定的，政策的集聚效应更多地将体现在明年。如果这一系列政策能够认真贯彻落实，对投资速度的抑制、对外贸增长方式的改变、对内需的刺激以及对减轻流动性的压力，将起到相当大的作用。可以预计，会出现许多与今年经济运行不同的不确定现象。

第三，今年的物价上涨势头较猛，明年预期物价上升压力仍较大，所以需要实行从紧的货币政策。但是仔细分析，目前结构性的上涨，有输入性因素，有成本推进型因素。从滞后一年的 M2 与 CPI 的相关关系看，今年下半年以来 CPI 的上升并没有伴随 M2 的增长（编者注：指物价上涨并不主要是货币供应过多的因素推动）。另外，很多人认为 2007 年货币供应很多，应该是消费大踏步上升，但是扣除物价因素之后消费增长得并不快，甚至在下降。这一现象需要引起我们思考。实际上，当前物价上涨，很多是由供给因素造成的，如养猪的政策、我们的能源价格受世界能源价格的影响、国内资源价格调整、我们的劳动力成本提高等都在推动物价上涨，还有海外输入性等因素的影响。所以，起码从目前看，物价的上涨还主要不是由需求扩张型因素造成的。任何价格上升都是货币现象，货币是物价上升的载体。但是推动物价上升的具体原因是复杂的。传统意义上总量从紧的货币政策，并不能完全解决当前的物价问题，其意义在于防止物价由输入型、结构性为主导的上涨转化为以需求为主导的上涨。货币政策的这种局限性或者说不确定性，以及物价上涨因素的发展变化，明年状况如何，还需进一步观察。

中国经济运行中的不确定性不仅仅局限于上述三条，还有美元贬值速度如果加快引起的世界物价上升压力和中美、中欧之间的贸易汇率摩擦压力、中国自身资源、能源价格主动改革等政策因素，都会给明年的中国经济运行带来复杂性和不确定性。

有鉴于这样的思考，夏斌主张："鉴于今年11月底新增贷款3.6万亿元，同比增长17.03%，12月份如果基本只收不贷，按明年13.5%的增长率控制贷款规模，肯定会对正常的经济增长引起过度冲击。在这方面，历史上因贷款规模大起大落对经济冲击的教训很多。因此，为稳定经济增长，明年的贷款增长目标定为14.5%左右比较合适。这是预期目标，不应该是行政指令。因为推动经济与投资增长过快因素不能仅看贷款指标。当M2控制较严，非信贷资产同样得到有效控制时，视GDP和CPI的动态发展，适当超过14.5%的贷款增长仍是可以接受的。"文章的最后，夏斌嘱告："我们需要坚持从紧的货币政策目标，制定一个从紧政策的预期目标。但是如何执行，这是一个几乎接近于艺术的操作。货币政策的具体操作，不应该出现年初制定目标，一年内一成不变的命令式经济行为。在坚持从紧货币政策的过程中，仍需要重视相机抉择的原则。"

老子曰："为之于未有，治之于未乱"，正所谓"愚者暗于成事，智者见于未萌"。2007年末，众多经济学家和财经媒体都在寻找"双紧政策"的意义和襄助参赞谋划，夏斌却有所保留，不唯上，不唯主流，"安不忘危、治不忘乱"，颇有远见地逆向思考经济运行中的不确定性和下滑风险。孔子曰："人无远虑，必有近忧"，同样的，"国无远虑，必有近忧"。2008年4月，温家宝总理在全国人民代表大会总理记者见面会上谈到经济问题时说："今年恐怕是中国经济最困难的一年。难在什么地方？难在国际、国内不可测的因素多，因而决策困难。最近因为美国次贷危机的影响，造成美元贬值，几次降息，石油价格居高不下，已经达到每桶110美元，这对世界股市也造成很大影响，出现了震荡。我对世界经济，特别是美国经济十分关注，而且深感忧虑。我现在所忧虑的是，美元不断贬值，何时能够见底？美国究竟会采取什么样的货币政策，它的经济走势会走到什么地步？"人代会开过，新一届政府领导成员组成之后，研究了国务院2008年的工作要点，提出"既要防止经济由偏快转为过热，抑制通货膨胀；又要防止经济下滑，避免大的起落"。似对刚制定的"双紧"政策又作了新诠释。"若待上林花似锦，出门俱是看花人"，短短几个月，夏斌所曾经分析强调的2008年经济不确定性都浮现出来，众多经济学家开始讨论和认识经济形势的变化，总理对世界经济表示忧虑，对国内经济感觉艰难，政府也相应调整了经济工作方针。

为百姓鼓与呼

国际货币基金组织2008年4月预测，2008年全球经济增长3.7%，比2007年下降1.2个百分点；美国经济增长将从2007年的2.2%降至0.5%；2008年和2009年全球增长率降至3%或3%以下（即相当于全球衰退）的概率为25%。以前美国的主流派、美国官方不敢承认美国经济存在衰退的可能，学术界早就在讨论，这时美国财政部长保尔森、美联储主席伯南克等高级官员也不得不承认有50%的可能性出现衰退。与此同时，受国际市场能源和食品价格大幅上涨影响，世界主要国家和地区消费价格指数涨幅趋升，全球通货膨胀压力加大。国际能源、食品和金属等初级品市场供求关系偏紧，石油、玉米、小麦和金属等初级品价格大幅度上涨，创历史新高。据世界银行的统计和判断，由于物价上涨，全球有 33 个国家发生了或潜在发生动荡、不稳定事态，有些国家运粮甚至使用军车。各国纷纷推出限制粮食出口的举措，包括我国在年初对粮食出口提高关税和实行配额制度。这些世界经济金融形势的发展变化还将持续，中国经济面临的不确定性会更加复杂。美国经济衰退减少中国出口，进而降低经济增长，对就业造成压力；全球物价上涨进一步推动输入型、供给型的物价上涨；美元贬值，刺激全球物价上涨，再影响中国；2007 年以来，政府出台的一系列结构调整政策，直接或间接对出口、对投资、对增长都会有影响，比如出口退税政策、加工贸易政策的出台，自然对出口有一定的抑制作用，比如节能减排、土地政策的出台，自然对投资有一定的抑制，这些政策的效应将越来越集中地反映在 2008 年。

　　"闻鼙鼓而思良将"。2008 年 4 月，夏斌在参加第四届中国金融改革高层论坛时作了题为《对当前经济金融形势分析与改革政策建议》的报告，全面深入地分析了当时的国内、国外宏观经济形势，认为国民经济有陷入"经济大幅下滑、物价上涨过快"困境的危险，并就经济时局、对策给出了自己方方面面的观点。这些观点一如既往地反映了夏斌在货币政策调控领域经验的老道和思维的出新。夏斌认为："关于物价，政府提出 4.8% 的居民消费价格指数（CPI）控制目标，我个人认为，我们一定要把物价控制在社会可接受的程度内。至于是 4.8%、5%、7%、8%，在今天没有绝对的标准。这是因为，既然大家都认为在全球物价上涨的背景之下，物价上升有一定的必然性，所以关键就是要看在一定的物价水平下，中国政府能不能保证低收入群体的实际收入水平基本不下降，因为有些物价上升的因素，很难被我们的政策所左右，我们调控不了。既然调控不了，硬要调控的话，可能形成物价管制、货币供应锐减，进而就会影响就业。我们要稳定社会，关键是要确保低收入群体的生活水平不要下降，这是当前调控物价应该掌握的度。换句话说，如果物价上涨指数超过了 4.8%，到了 5%、到了 6%，但是我们的财政对低收入群体的生活水平安排得很好，老百姓的生活水平很好，我们又怕什么呢？这是经济决策的一个出发点。另一个出发点是，一定要基本保证经济仍然是相对高速的增长，由此实现一定的就业水平，这不是纯粹的经济理论，是社会问题。货币政策总量过于从紧，未必能够压制物价，只会影响就业。解决输入型的物价上涨，有效的手段是税收政策、财政政策。通过税收、补贴，尽可能保证国内商品供给，尽可能保证低收入老百姓的生活水平不要下降。目前在内外日益加大的压力下，我们从紧的货币政策还要保持。但是，一方面要保证实体经济的增长，比如是 10% 的高速增长；另一方面，根据国外的教训，要防止出现资产价格的上涨过快，防止资产泡沫。"

美国经济学家舒尔茨有句名言："世界上大多数人是贫穷的，所以如果我们懂得了穷人的经济学，也就懂得许多真正重要的经济学原理。"老子曰："圣人无常心，以百姓心为心。"夏斌有经国济民的情怀，思考的问题多与民生息息相关，所作建言皆以寻常百姓的利益为中心，由此追求与实现着经济学和个人的极大价值。夏斌对事关国计民生的"三农"、中小企业给予大量关注。在《对当前经济金融形势分析与改革政策建议》的报告中，夏斌建议："2008 年除了实现对'三农'的已有政策之外，对村镇银行、小额贷款公司、农村信用合作社等小额金融机构，不能停留在去年极少试点的阶段（据说 2008 年 9 月有关部门决定大量放开试点），应该加快发展，鼓励竞争；有关部门应该对此加强协调，在结算、存款准备金等方面，给予农村小额金融机构更多的支持。在从紧的货币政策下，要照顾中小企业，第一是加快中小板市场的发展，尽快推出创业板市场，使有效益、有活力的企业，如果在银行贷不到款，在市场上能获得资金。第二是公司债和短期融资券的管理部门，要研究方便有效益的中小企业实现融资需求的制度。我认为，在企业融资问题上，在企业资本规模上不必要求过高，关键是看企业的效益指标、现金流指标和环保节能指标等，只要这些指标达到，就让它发债。要坚决打击审批过程中的腐败行为，方便中小企业尽快融资。第三是中央银行可以尝试分类调控商业银行政策，在提高存款准备金率的同时，对于贷款资产中中小企业贷款达到一定比例的中小银行，央行和财政部合作，给予一定的优惠。如果四大银行这么干，也给支持，慢慢调整到位，满足有效益的中小企业的发展需求。"

国以民为重，政府虚怀纳谏，这方面的扶持政策陆续出台。2008年9月，人民银行公布了加大金融机构对"三农"、小企业和灾区重建信贷支持的指导意见，要求"各金融机构优化信贷结构，支持重点领域和薄弱环节发展，确保新增信贷资源向'三农'、小企业、灾后重建倾斜。其中，力争2008年涉农贷款增幅高于各项贷款增幅，增量高于去年，比例也相应提高；使2008年小企业信贷投放增速不低于各项贷款增速，增量不低于去年；并在再贷款额度、利率、存款准备金率和提前支取特种存款等多方面对地震灾区实行优惠政策"。

同是在这篇报告中，夏斌也谈到了当时的汇率问题。2008年4月10日，人民币对美元汇率首度破"7"，也就是1美元兑换6.992元人民币。2008年一季度，人民币升值步伐明显加快，全季升值幅度高达4.06%，大幅刷新了2007年第四季度刚刚创下的汇改以来季升幅2.77%的记录。2006年5月15日，人民币兑美元首度升值破"8"；这之后用了近一年半时间，也就是在2007年10月24日，首次涨到7.5元；而这次人民币再升值0.5元，却仅用了不到6个月时间。人民币加快升值，一方面使出口企业的订单和利润受到影响，2008年2月外贸出口同比增速只有6.5%，一季度出口增速比上一年同期下降了6.4个百分点。有关研究数据显示：人民币每升值1%，纺织行业的营业利润将下降2%至6%，服装行业下降约13%，我国造船业将损失约20亿元。另一方面将带来国内外人民币更快速升值的预期。出口企业人士这么说"我们估计今年汇率至少要到6.7左右，现在对新订单的报价都已经按照这个标准调整"，还有的这么说"由于升值速度不断加快，机电设备出口行业货款回收周期又比较长，现在开始谈的订单就会按照6.5左右的心理预期进行核算报价"。海内外人士普遍预期2008年人民币兑美元升值幅度在10%左右，而2007年，人民币兑美元汇率升值是6.90%。

此间人民币加速升值有央行政策主导的因素，人民银行在《2007年第四季度货币政策执行报告》中认为："经济学的理论分析和各国的实践均表明，本币升值有利于抑制国内通货膨胀。"这是央行为采取人民币加速升值策略遏制国内物价较快上涨做铺垫。2008年4月，人民银行行长周小川明确表示："人民币适当升值或者稍快一点，有助于抑制国内的通货膨胀。"对于此项政策的看法，经济学家们是各占立场、莫衷一是。理论上讲：人民币升值能够在一定程度上导致出口商品的数量减少，原来出口的商品一部分转为国内销售，使得国内商品供给增加，有利于缓解国内物价上涨的压力；此外，人民币升值使得进口商品的成本降低、数量增加，也能起到抑制物价的作用；还有，此间美元加速贬值，以美元计价的国际大宗商品价格高涨，而中国作为大宗商品净进口国，国际市场原材料、能源价格上涨容易传导至国内，人民币升值可以使得进口成本相对降低，抑制输入型物价上涨；最后，人民币升值将有助于减小外贸顺差，从而减少基础货币投放，流动性过剩的状况也会由此减轻，这将有助于缓解通胀压力。但是，也有许多人对以人民币加速升值的方法处理通胀压力问题持有异议。中国社会科学院金融实验室主任刘煜辉认为，中国作为一个巨型的经济体，人民币升值带来的原材料、能源价格的骤降将会大大激发国内企业的需求，将升值效力消弭无形。另一个众所周知的反对理由是，人民币加速升值过程中，国际投机资本更加大肆进入国内，加剧了央行的对冲难度和国内流动性过剩，进而推动物价的快速上涨和资产价格的泡沫膨胀，对我国经济安全形成潜在威胁。此项政策的实际效果可以说并不显著，2007年人民币就处于不断升值中，但通胀率却一直居高不下，居民消费价格指数（CPI）上涨4.8%，工业品出厂价格指数（PPI）上涨3.1%。2008年一季度各月，CPI同比依次上涨

7.1%、8.7%和8.3%，平均为8.0%，同比提高5.3个百分点，PPI同比依次上涨6.1%、6.6%和8.0%，连续三个月创三年来新高。

对于央行这一政策，夏斌指出："人民币加速升值对抑制物价有没有作用？不要过分夸大它的作用。有作用，但更多的是长期作用，短期作用比较慢。所以在短期内防止经济下滑的压力之下，在短期内汇率上升对抑制物价上升作用有限的背景下，我们汇率的调整，个人认为，应该通过一定的汇率幅度调整之后，尽可能按一揽子货币要求，相对稳定汇率水平。现在很多出口企业不得已，干脆把结算由一个月改为两周。该调则调，调成以后，尽可能按照一揽子汇率水平，给市场、给生产者以一定的汇率预期，从而稳定生产。我们有关部门要影响市场预期，而不是受市场预期的影响考虑应该怎么办；应该在尽可能短的时间内，完成给市场以明确的、相对稳定的汇率水平信号，而不是按照市场预期想象的汇率空间和上升的频率与幅度来调整汇率。"夏斌这么说是非常有道理的，深悉民情。2008年4月15日，浙江宁波斐戈集团董事长兼总裁施云接受记者采访时说："现在简直是在跟汇率赛跑，只接一两个月内的订单，而更远一点的订单根本不敢接。只能接些小订单维持公司正常运转，大订单碰都不敢碰。这几天我刚否决了一个500万美元的大订单，今年前段时间还拒绝了一个，真是不敢接啊。如果人民币继续按照这个速度升值，那就意味着，接下这个订单，三个月后不仅赚不到钱，还将连本金都损失掉。如果仅仅是一段时间的升值，我们还可以扛得住。真正扛不住的，是升值的界点在哪里？要是能够一次调整到位，我们咬咬牙挺一挺就过去了。现在几乎是束手无策，每天都像把心放在油锅里煎熬着。我现在只有两个愿望，一是人民币升值一步到位；二是出口退税不要再下调了。"施云的话代表了大多数中国外贸企业的心声，而夏斌则是想他们之所想，急他们之所急，为民请命，不遗余力。2008年后三个季度，人民币对美元汇率环比分别升值2.33%、0.60%和 - 0.24%（负号指贬值），全年升值幅度为6.88%。对比第一季度的4.06%，可以说，人民银行在后期正是考虑到夏斌所宣讲的"经济下滑风险"和听取了出口企业的呼声，最终采取了夏斌所建议的"快调快稳"的汇率政策。

大家风范——"一揽子"政策

2008 年 7 月，夏斌受"中国经济 50 人论坛"委托，在新浪长安讲坛上作了《当前的经济形势政策分析》的主题演讲。"中国经济 50 人论坛"是由经济学界有识之士共同发起设立的学术论坛，聚集了具有国内一流水准、享有较高社会声誉并且致力于中国经济问题研究的吴敬琏、林毅夫、樊纲等著名经济学家，夏斌自然亦在其中。新浪长安讲坛是 50 人论坛与新浪网合作设立的网络视频经济政策讲坛，每一期由一位知名经济学家或政府要员主讲，向普通群众传递经济信息和政府决策，体现了经济学家们的亲民意识。在讨论物价的形成原因中，夏斌坚持"要理清对形势看法的思路，不能单就国内的情况来看，应该国内、国际结合，应该是短期和长期结合，应该是实体经济链和虚拟经济链共同结合来探讨"。他深入地解析了"全球物价上涨"的成因，即：在全球化的进程中，发达国家的资本与发展中国家的劳动力、资源相结合，生产出大量的便宜商品，维持了很长一段时间世界经济的"高增长、低通胀"；在这过程中，发展中国家得到发展，人民逐步富裕，对世界资源、能源、产品的需求放大；而美国由于"高消费、低储蓄"，为了维持一定的经济增长和就业，长期实行低利率政策，结果向世界经济提供了过剩的美元流动性；世界需求膨胀，美元供应量过多，再加上能源供给紧张、自然灾害因素等，成为当前全球物价上涨的主要逻辑。夏斌认为："就中国和世界的物价关系来讲，中国物价上涨中间有世界因素，世界物价上涨中间有中国因素。中国已经是这么大的一个经济体，我们的石油进口占了半数，我们的铁矿石60%靠进口，大豆70%靠进口，钾肥60%靠进口，这种情况下是全球需求，国内物价自然受全球物价的影响。"

　　"莫道君行早，更有早行人"。夏斌总是更"披衣早起"一些，细查经济运行的"天象人迹"，寄心国民生息忧乐。在7月长安讲坛上，夏斌这么说："最近一段时期以来，各种媒体都在说我们现在的不确定因素太多，经过自己一段时间的研究，我认为对不确定而言，当前经济形势的趋势是确定的。而对于全球经济调整的程度来说，可能是不确定的。"夏斌意思是："我们不要再讲不确定性了，形势已经明显是往下走。如果不尽快调转方向，中央对经济下滑过快的担忧，在今年年底、明年年初一定会变成严酷的现实。"事实看来，夏斌的判断是正确的，2008年上下半年经济"热冷截然"、"白黑泾渭"；夏斌"及早采取措施"的呼吁是明智的。不无遗憾的是，政府和央行11月、12月才开始密集、全力采取"救市"措施，2008年下半年、2009年上半年的经济萎靡也就成为了必然，令人扼腕。"国难倚长城，庙谋资大贤"。面对众多学者还在争论不休宏观调控的方向是"两防"、"双紧"政策时，夏斌鲜明指出："当前宏观调控的首要目标绝对不能是压物价。应该是尽可能在保增长和压物价中间取得平衡。控制全年居民消费价格（CPI）4.8%有点难，在考虑就业大局和补贴低收入老百姓的情况下，物价突破一些，无妨大碍。比如取经济增长为9%到10%，取物价上涨为6%到7%这样的组合，这是我们宏观调控的目标。"面对政府内、经济学家的各种声音，2008年奥运会前的中央政治局会议一锤定音：宏观调控的方向是"一保一控"（保增长、控物价）。又一次显露出夏斌观点为国之策士之言。我们不知道这样的数据是夏斌经过精确测算得到的，还是凭经济直觉给出的，不能不让我们感到惊叹的是，2008年，我国国内生产总值（GDP）增长9%，居民消费价格（CPI）上涨5.9%，正好是夏斌所给目标值的下限组合，可谓巧矣。"国难思良将，家贫念贤妻"，当时夏斌具体主张："单独一项政策都解决不了当前中国经济的问题，解决当前中国经济的问题，主要取决于各项政策的协调效应，这是关键。简单讲，我认为今年的调控思路应该是'紧货币、稳汇率、调价格、松财政、补穷人'。"2008年下半年开始显性化的这一轮经济态势，可与1998年因亚洲金融危机而起的经济困顿相提并论，甚至更有过之。2008年末，政府为应对经济时局采取了力所能及的所有措施，细细看来，将发现这些措施的思路和方法与夏斌更早的建言基本上是一致的。

国逢时艰，戮力以成。夏斌所讲"紧货币"不是针对实体经济，而是针对除与实体经济增长相应的合理货币需求之外、由于外贸与外汇储备增长双过高引发的多供应的货币进行对冲。夏斌说："假设前面所说的调控目标组合：经济增长9%至10%，物价上涨6%至7%，如果目标确立了，我们的货币应该尽可能地有利于实现这个目标，保持这种掌握程度，这就是从紧货币政策应该掌握的力度或者说平衡点。面对外汇大量进来，兑换人民币需求这样一种流动性的增加，对这个来说，我们要从紧。"从2007年末中央定调2008年经济工作方针起，夏斌就一直认为信贷政策过紧，并且"首当其冲"、"受祸最甚"是民营中小企业。2008年上半年有6.7万家规模以上中小企业倒闭，超过2000万工人被解雇。除了受外贸需求萎缩的影响外，融资难成为中小企业进入发展"寒冬"的一个重要原因。据银监会统计，2008年第一季度各大商业银行贷款额超过2.2万亿元，然而只有约3000亿元落实到中小企业，仅占全部商业贷款的15%，比2007年同期减少了300亿元。中小企业所面临的困境也进入了政府高层的视野，整个炎热的7月，国家领导人密集地赶赴沿海省市，实地调研中小企业存在的问题。胡锦涛在青岛，走进了海尔、金王等企业，同一天，温家宝正在广东的企业里深入调研。同时，贾庆林、习近平、李克强、王岐山分别赶往天津、广东、浙江、山东，在做着同样的事。如此高密度地对中国经济状况巡诊，非常少见。此时，夏斌在长安讲坛进行"当前的经济形势政策分析"时认为："在从紧的货币政策中间，我们要充分关注货币贷款增长的名义值和实际值的关系。因为企业得到了贷款就要买生产资料进行商品生产，在不同的生产价格指数（PPI）之下，同额的贷款可买的东西可不一样，物价涨得少了就买得多，物价涨得多了就买得少。如果按照去年底的贷款实际增加额作为今年的调控目标，2007 年生产价格指数（PPI）上涨 3.1%，名义贷款增长 16.4%，实际贷款增长 13.3%（编者注：名义贷款增长减去 PPI 上涨）。今年 1 到 5 月份 PPI 已经上涨了 7.4%，有的专家预计全年可能更高，要到 8%。如果按照去年名义贷款增长计算，应该是 16.22% 减掉今年 PPI 上涨幅度，实际贷款仅仅达到了 8.82%，比去年低了 4.5 个百分点，低了多少？快低出 1/3 了。这就是为什么贷款的名义增长好像不慢，但是据媒体的报道，我们的总理、副总理到了浙江、山东调研时，很多企业反映，特别是中小企业、民营企业反映，资金紧，很多企业破产了。关注贷款到底要增长多少，我们在今年物价指数不断上涨的情况下，一定要讲实际贷款。我希望人民银行也要关注这个问题。"

为此，夏斌基于在 2008 年 4 月份曾给出从紧货币政策下扶持中小企业的多项建议，7 月在长安讲坛上他更是大力呼吁，这些建言献策在不久之后大多成为现实。2008 年 7 月，北京中小企业创业投资引导基金正式启动，计划年内先投入 3 亿元基金，以解决处于创业期的中小企业融资难问题。夏斌"信贷紧"的呼声"言犹在耳"，8 月，人民银行同意调增 2008 年度商业银行信贷规模，鉴于小企业融资的主力银行是地方金融机构，这次调增采用"区别对待"的方式，对全国性商业银行在原有信贷规模基础上调增 5%，对地方性商业银行调增 10%。此外，央行还放宽中小企业贷款额度，对个人小额担保贷款的最高额度从 2 万元提高到 5 万元，对劳动密集型中小企业小额担保贷款的最高额度从 100 万元提高到 200 万元。"区别对待"政策反映了央行缓解中小企业融资难的政策意图，也正与夏斌早在 4 月份的扶持建议思路一致。夏斌讲："要对部分行业的出口退税率进行调整，这是一个原则，应该给予减税支持。"2008 年 8 月，财政部、国税总局对涉及大量中小企业的纺织品、服装出口退税率由11%提高到13%。10月，财政部、国税总局再次提高纺织品、服装出口退税率到14%。两次举措在2008年内将增加退税120亿元左右，对众多中小企业确实有"雪中送炭"、"解燃眉之急"之效。

"稳汇率"的问题，夏斌在2008年4月就呼吁过。此时2008年7月，人民币自2005年汇改以来已累计升值近20%，严重侵蚀了出口企业利润，一部分出口企业已经站在"生死线"上。据报道，出口大省浙江、广东等地工业经济在高速增长多年后，正呈现拐点。纺织、服装等劳动密集型商品出口企业利润率大幅下滑，面临生存困境。据海关统计显示，2006年和2007年我国出口总额增速分别比上年回落1.2和1.5个百分点，进口总额增速分别比上年提高2.3个百分点和近1个百分点。从2008年至此，出口增速回落、进口加速的态势更加明显，上半年，我国出口增速为21.9%，进口增速为30.6%，分别比上年同期下降5.7个百分点和上升12.4个百分点。同时，不少企业在原材料成本、劳动力成本及汇率、退税率的多重压力下，开始出现亏损。据了解，2008年一季度，江苏省新增了2016家纺织服装出口企业，但同时，1066家停止了出口业务。夏斌忧民忧时，他认为："当前人民币已累计升值近20%，减少部分行业出口过快的效应已凸显，但是企业进一步的结构调整、升级尚需一个过程，进而对当前经济下滑过快的负面影响在慢慢出现。短期内，人民币升值对抑制输入型物价上涨作用有限。我们的汇率升值是持续单边升值，给全球市场、国内市场一个明确的信号——还能升多少，再加上境外很多专家不断在市场上说还有5%、6%或更大空间，诱导市场夸大了升值预期，这样就刺激更多的国际热钱纷纷进入中国，增加了我国货币政策调控的复杂性和难度。根据上述诸因素，我认为，当前汇率调整的重点与目标，不应是追求汇率水平充分市场化，而是要尽快打破市场上夸大的升值预期，在较短的时间内将汇率调整到一定水平，然后保持一段时间的相对稳定。"夏斌的言下之意是人民币不要再大幅升值了，要尽快稳定下来。2008 年下半年，人民币累计微幅升值 0.36%，其中，三季度、四季度分别升值 0.60% 和 -0.24%，央行的汇率政策与夏斌的主张完全一致。现实来看，夏斌此建议可以说为 2008 年下半年受累于美国和全球经济衰退而订单减少、"叫苦不迭"的中国出口企业未雨绸缪了一把，使其不至于同受人民币升值之"雪上加霜"、"火上浇油"之苦，可谓救"企"于水火之中。

关于"调价格"，夏斌既有长远考虑，又有"权宜之计"。夏斌讲："从可持续发展战略角度，从节省能源、资源角度，从控制需求角度，中国要进行价格调整。油价、电价，前一阵子刚刚调了一次，还没到位。在这两三年中间，价格的调整市场应该理解，肯定要调。但是怎么调？我认为有十个字：规划、调价、补贴、管制、舆论。要制定两到三年的规划，一下子调到位，中国经济短期内接受不了。把我们需要调整的幅度分摊到两三年之内，把压力分散，每个季度、每年大概调多少比例，应该结合 GDP 的增长情况，应该考虑到人均 GDP 的收入情况。在调价过程中间，为了确保企业生产的增长和居民收入水平的不下降，财政必须给予适当税收和补贴的支持。低收入群众特别是弱势群体，下岗的、退休的、大学生等，他们这些人的收入水平如何保证不下降？应该给补贴。我个人很赞成东莞现象，东莞地方财力为应对物价上涨，拿出钱给低收入老百姓发红包，这值得其他地方政府借鉴和效仿。规划、调整、补贴中间，对部分行业和产品的价格仍然要实行暂时的管制，暂时不调。方向要调，从可接受的程度来考虑，要执行临时的管制。舆论方面，我个人认为要有安民告示，将我们价格调控的规划、将我们的调价方案、财政如何补贴企业与群众和我们如何加强价格管制，包括价格指数是怎么统计的等等，如实告诉老百姓。告诉老百姓的同时就是正确引导了媒体的舆论。要加强舆论引导，加强媒体上主流声音的发布。我认为有些媒体做得不错，不排除有些媒体在这方面进行负面宣传，给大家感觉物价要大涨了，老是这个感觉，没有给老百姓一个完整的全面的信息。"

美国前总统罗斯福说过："我们唯一值得恐惧的是恐惧本身。"看来夏斌也深知"知之者不惧"的道理。2009 年 3 月，国家发改委鉴于国际市场原油价格持续上升，决定自 3 月 25 日零时起将汽、柴油价格每吨分别提高 290 元和 180 元，并首次披露成品油定价新机制——国际油价连续 20 天日均涨幅或跌幅超 4% 即考虑调价。这正好体现了夏斌"民可使知之"的人文精神。

财政政策是实现经济宏观调控的重要手段，夏斌主张："'松财政'可以大有作为。2009 年上半年数据表明，企业利润、GDP 增长、物价等各项宏观经济指标都在经济下滑方面压力越来越大，唯独财政收入指标还是非常漂亮，政府财政盈余高达 1.19 万亿元，比上年同期增加 3728 亿元。有些国家出现危机，财政不行，外汇储备也少了，货币供应量又多，物价又涨了。我们其他指标都有压力，都在往下，唯独财政指标、财政收入相当好。这意味着政府在压物价、保增长方面仍然有相当大的空间和实力，不用担心。最有效的财政手段是减税，可以增加有效供给，来帮助抵制物价，也可以增加居民收入，以扩大消费需求。有人说从增值税角度，有人说从营业税角度，有人说提高个税起征点，怎么减税可以研究。若是下半年或者明年经济下滑过快时，我们还可以发行赤字国债。批准赤字国债的全国人大，在这方面应该想通，现在发行赤字国债和 20 世纪 70 年代、80 年代那个时候的财政状况已经完全不一样了。只要在 GDP 和财政收入增长率远远高于利率水平的情况下，我们发行少量赤字国债是没有风险的。"

孟子曰："民为重，社稷次之，君为轻。"夏斌是有着"民本"思想的经济学家，相信"官轻民重"。他说："汶川地震以后，中央有关部门和地方政府都纷纷表明要缩减行政开支，这很好。根据我了解，财政部在安排预算盘子的时候，这个也缺，那个也缺，都缺钱，都压不下来。真正到了机关，有些机关是花不完的，到年底就要'突击花钱'。我从机关出来，我敢说我们在缩减财政支出上有余地。我们应继续汶川地震中的做法，再维持两到三年主动缩减行政开支。缩减这个钱怎么用？可以补贴企业，增加商品供给；也可以转移支付，提高群众收入；可以发展'三农'。国民经济'保增长'用钱的地方很多。"夏斌的建议深得民心，也为政府所认同。2009年2月，中央下发通知明确要求各级党政机关实行"厉行节约"政策：2009年，因公出国费用压缩20%，公务接待费用削减10%，机关用车支出在近3年平均数基础上降低15%；严禁各地机关2010年年底前新建办公楼等等。

《尚书》有云，"民惟邦本，本固邦宁"、"穷年忧黎元，叹息肠内热"，什么是"补穷人"？夏斌建议："在物价继续增高的同时，继续实施和提高对低收入群众的补贴。中央政府应该支持和鼓励地方政府，让地方政府自己增加对当地低收入群众的补贴，提高最低生活保障的最低温保线。同时国家有关部门能不能提高个人所得税起征点，变相进行国家的补贴，稳定居民预期，引导内需、扩大消费。"2008年12月，成都率先向30万优扶对象发放总价值3800万元的消费券。2009年1月，杭州陆续向市民发放消费券上亿元。消费券政策令商场、超市、餐饮、电影院等场所的消费额大幅度上升。一时间，发放消费券成为许多地方政府拉动消费的重要举措。2009年2月，商务部表态：地方政府发消费券拉动内需可行，各地可以学。"紧货币、稳汇率、调价格、松财政、补穷人"，夏斌的众多政策建议符合理论，切合国情，虑于政府，贴于百姓，益国益民。

再出奇计救危澜

2008年7月以后，美国次贷危机，然后金融危机对全球经济的影响，开始波及中国。对美国和欧洲的出口占我国对外出口总额的40%

左右，受这些国家和地区经济衰退的影响，中国经济开始下滑。从经济先行指数来看，都在持续下降。发电量从6月份的同比增长8.3%，降到10月份的负增长；煤炭的库存、港口的铁矿石库存，曾经一度很紧张的这两项重要物资都已经堆满仓库；港口吞吐量直线下降；出口订单、工业产值也在明显下降；从财政收入看，5月份当月还是同比增长42.6%，到9月份则为3.1%，到10月份是负增长。第三季度GDP同比增长9.0%，CPI同比上涨5.3%，经济增长减速，价格上涨压力明显减轻。面对经济形势的转变，政府开始采取"提振"经济的措施。中国人民银行分别于9月和10月两次下调金融机构人民币存款准备金率，合计1.5个百分点；于9月16日、10月9日和10月30日连续三次下调金融机构存贷款基准利率，释放保经济增长和稳定市场预期的信号。其中，一年期存款利率累计下调0.54个百分点，一年期贷款利率累计下调0.81个百分点。2008年10月，夏斌认为："中国经济下滑的势头已经形成，对此我们必须要有相应的政策调整。可喜的是，政府有关部门已经采取了一系列措施。但是，我认为如果政策调整得慢，调整不到位，政府对经济过快下滑的担忧，在明年上半年就会变成现实。从这个意义上讲，货币政策，比如说减息0.27个百分点，根本不管用。利率如果看准了，就该一步到位，我认为应该降1个百分点，把市场、企业、居民的信心树立起来。因为看准了经济往下滑的势头，作为前瞻性的货币政策，出手当然就要重一点。"2008年11月26日，人民银行决定下调一年期人民币存贷款基准利率各1.08个百分点。夏斌又一次向我们展示了他高超的货币政策艺术水准。2008年12月15日，人民银行行长周小川表示，在2009年之前还有进一步降息的空间；并且，是否降息要考虑CPI下降速度而定。伟大学者的生命意义在于发出不同的声音。第二天，12月16日，夏斌在参加一报告会时说："市场都在预计利率和存款准备金率的下调空间，央行作为前瞻性、预见性的决策机构，利率也好、存款准备金率也好，晚动不如早动，尤其是利率不能简单地尾随物价而定，不能物价跌了才动。"大家话音未落，12 月 22 日，央行决定，从 2008 年 12 月 23 日起，下调一年期人民币存贷款基准利率各 0.27 个百分点；从 2008 年 12 月 25 日起，下调金融机构人民币存款准备金率 0.5 个百分点。这一次，夏斌又猜中了"谜语"。12 月 22 日，夏斌在接受《凤凰财经》采访时表示："本次降息是对上一次 108 个基点大降息的补充，也说明央行决策层已经意识到物价上涨的压力并不像此前部分人士所讲的那样严重。我们没有必要学习美联储的宽松政策，美联储大幅降息（12 月 16 日基准利率降到 0 ~ 0.25%）是为了避免重蹈上世纪大萧条覆辙的局面，但会将自己陷于无息可降的被动局面。"事实是，2009 年以后一段时间，尽管政府频频出手，救治经济，央行也没有再动用利率政策，应该是想保留后续宏观调控的主动权。

2008 年，我国国内生产总值（GDP）同比增长 9%，增速比上年低 4 个百分点，分季度看，第一季度到第四季度分别同比增长 10.6%、10.1%、9% 和 6.8%。居民消费价格指数（CPI）同比上涨 5.9%，分季度看，第一季度到第四季度分别同比增长 8%、7.9%、5.3%、5.9%。经济下滑态势明显。2008 年 10 月，温家宝总理在第七届亚欧首脑会议的记者招待会上表示，我国已经调整了宏观经济政策，把保持经济稳定增长放在了首要位置，同时兼顾抑制通货膨胀和保持国际收支平衡。凡成大事者，处困境而不馁；凡成大国者，见危机反昂扬。况且，信心是经济分析和经济态势中的一个重要变量。夏斌通透明达，以自己对中国、对党和政府的认知，发出声音积极鼓舞国民信心。他表示："只要政策调整到位、调整及时，2009 年中国经济仍然很有希望向又好又快方向发展，确保 8% 以上增长是没有问题的。当然，应该理解这些政策效应的发挥会有一个时滞，在今年的第四季度甚至明年的第一季度或者上半年，宏观经济指标可能还不是很乐观，但我相信，从现在开始的这些政策以及明年初不断实施的各种政策，其到 2009 年下半年会发挥明显效应。"又一次与社会舆论相背，在大家都担忧、论证"不确定性时"，他鼓信心、鼓士气，对中国经济持谨慎乐观态度。夏斌认为：

第一，2008年我国还能保持近20%的财政收入增长，并且，财政还没有出现赤字，意味着如有需要，完全可以适当地通过赤字来确保经济的增长。如果财政赤字为3个点，加上配套资金，可能有3万亿或4万亿元资金可用于内需增长。所以，政府的财力雄厚，我们有能力通过积极的财政政策来拉动经济的增长。第二，在金融领域，仍然实行了资本项下有限的管制，我们没有因为全球金融危机而出现资金大进大出的动荡现象。与此同时，整个银行体系的流动性是充裕的，贷存比在65%以上。现在不是担心银行的流动性不够，而是担心银行在全球经济下行的过程中不敢向中小企业贷款。另外，在国内资金富余的情况下，境外还有近2万亿美元的外汇储备，这是30多年来改革开放财富的积累。第三，2008年和前几年全国粮食连续大丰收，2009年全球大宗商品的价格将仍然处于下行趋势，这对于我国采取力度较大的积极财政政策和宽松货币政策过程中防止物价上涨，提供了相当大的空间。只要我们把握好时机，充分调整好政策，是能够继续保持经济比较快的增长的。

2008年11月，国务院常务会议确定了进一步扩大内需促进经济增长的十项措施，包括全面实施增值税转型改革，鼓励企业技术改造减轻企业负担1200亿元；加快农村基础设施建设；加快铁路、公路和机场等重大基础设施建设；提高城乡居民收入；加大金融对经济增长的支持力度等。初步匡算，实施上述工程建设，到2010年底约需投资4万亿元。2009年2月，政府出台十大产业振兴规划，涉及钢铁、汽车、船舶、电子信息等九大制造业和现代物流业，以降低企业负担、增加企业收入为目标。短期来看，这些规划有利于缓冲世界金融危机对中国经济的影响；长远来看，又对中国产业技术升级改造、经济结构调整等具有深远的意义。财政部预计2009年将减轻企业和居民税收负担5000亿元，2009年中国财政预算赤字将达到9500亿元，创建国以来60年之最，这些财政措施充分体现了政府"保增长"的决心和魄力。针对政府密集出台的经济刺激方案，夏斌提议："要及时评估其效果。政府可以在一个或者两个季度之后及时对投资作动态评估，看 4 万亿元的总体效益是什么，这有助于政府根据经济动态和走势出台更多的政策。"消费是国民经济的最终可持续推动力，此时面对全球经济衰退的冲击，靠出口拉动经济增长是指望不上了，民间投资也是"见风使舵"，政府只能亲自操刀上阵，大搞建设，并且希望能"鼓动"消费这个终极救兵。2008 年末，河南出面鼓励多消费，从 2009 年元旦至 2 月底，包括批发市场、餐饮店在内的全省商业企业，将响应政府号召，进行持续两个月的全员大促销活动。2009 年 1 月，《瞭望》杂志登载文章称"积极消费就是爱国"，消费被提升到爱国的高度。2009 年 3 月，有政协委员作出提案：全民发消费券，有效拉动内需；商务部部长陈德铭表示，正在进行全民消费券发放的讨论调研。4 月，国家开始实施"家电下乡"政策以刺激农村消费，同时惠及农民、拉动内需。夏斌建议："要千方百计形成内需主导、消费为纲的发展模式，想方设法提高居民消费率，可以借鉴节能减排的做法，要求地方政府在提高居民消费率上立军令状，比如每年提高两个百分点。"

　　"时穷节乃现，国艰士则显"。我们看到，政府所采取的一系列"拉住经济大船下行"的行动措施都有夏斌建言献策的影子。政府开明务实，虚心纳谏，为"救民生，图发展"殚精竭虑，政策频出，使出浑身解数。在进谏和看到这些大政大略之后，欣慰之余，夏斌还有另外一些思考和提醒，很有意义。2008 年 12 月，夏斌在《中国金融安全与实体经济增长策略的完善》一文中认为："在非常时期，应该有非常规的思考，采取非常规的措施，不能再按部就班来保增长。即使在美国，在这样高度市场化的国家，现在都有很多非常规的思路、措施，比如有些金融机构被国有化。最近我在报纸上看到，因为美国某个州某个企业多少人都面临下岗失业，最后某个银行给了工资贷款。用贷款发工资，就像我们当年救大型国有企业、东北放'饺子贷款'

一样的性质。所以在当前背景下，非常时期要有非常手段。当然还要长短结合，同时考虑经济结构调整的长期方针政策。就非常规思考，我想谈四点。"

第一点，夏斌讲："应该尽快营造一个比较宽松的货币环境，关键是尽快营造。在经济往下走的时候，我们担心的是货币容易松，贷款仍然是紧的。银行往往跟股民一样，买涨不买跌，当经济往上走的时候是拼命贷款，当经济往下走的时候它拼命控制风险，惜贷。就像美国，美国现在各个银行互相不敢拆借。美联储没有招，就抛开了商业银行，直接买企业的商业票据。尽管如此，美国经济最近还是不行，这给我们什么启示？中央银行当前在进行货币调控时，不要按照经济稳定发展时期的那些指标、那些数据、那些经验来处理特殊时期的货币供应操作问题。而且整个市场都在预测，明年初的CPI可能为负值，PPI12月份就变负值了，所以在这样一个市场环境下，如果说要降息，要降存款准备金率，我认为看准了预期，与其晚降，不如早降，尽快形成宽松的货币政策环境。至于担心物价上涨，不用担心。中央银行在调控中间，应该密切关注物价走势，如果货币乘数有异常表现，经济有所反转，央行同样可以悄悄采取前瞻性的收紧措施，不矛盾。就是说，我们应该有更加前瞻性、预见性的想法。""凡事预则立，不预则废"就是这个道理。

第二点，夏斌主张："应该在中小企业融资环境上，加快制度创新和政策创新。现在如果央行银根放松，更多资金进入大银行，大银行业务主要是大企业贷款，中小企业的问题还是解决不了，怎么办？就要尽快推行制度创新和政策创新。比如说中小企业板的上市门槛，现在是3000万元资本金要求。3000万元资本金以下效益好的中小企业多的是，能不能降低门槛让更多的企业上市融资。比如说政府在企业债、短期融资券、中期票据等债务融资上向中小企业倾斜。比如说吸引民间资金投资未上市公司，我们的信托投资、私募股权投资（PE），他们都投资了未上市公司的股权，但是当上市审批的时候，证监会说，这些人不能作为股东。为什么不可以？我认为应该改变这个制度，以鼓励更多的民间资金通过各种金融工具，比如信托、私募等成为上市公司股权，扩大中小企业的资金来源。"夏斌对"中小企业"呵护有加、关怀备至。2008 年内，他在 4 月、7 月提请过政府重视中小企业生存和发展问题，这里，以及之后他都一如既往地为它们的利益和前途大声疾呼。2008 年 11 月 20 日，温总理召集经济学家开座谈会，会上夏斌"命题作文"，又作了"关于支持中小企业融资的 12 条建议"的发言。会后，李克强副总理称赞夏斌：你讲的全是"干货"。2008 年 12 月初，国务院常务会议确定，要创新融资方式，通过并购贷款、房地产信托投资基金、股权投资基金和规范发展民间融资等多种形式，拓宽企业融资渠道。而这些融资方式，一段时间以来夏斌一直致力于论证其可行性和呼吁尽早规范放开，比如：早在 2005 年，夏斌就讲："与其放任不管海外的房地产信托投资基金（REITS）进入国内，不如发展中国自己的房地产信托投资基金。"2009 年 3 月 31 日，《首次公开发行股票并在创业板上市管理暂行办法》公告，并于 5 月 1 日起正式实施，要求公开发行前净资产不少于 2000 万元。8 月 14 日第一届创业板发行审核委员会成立，9 月 17 日青岛特锐德电气等 7 家企业获得创业板首次发审会审核通过，10 月 30 日首批 28 家创业板公司集中在深交所挂牌上市。这一直是夏斌"牵挂于心、萦绕于怀"的事情，心愿告成，感不欣然？

夏斌非常规思考的第三点是："我认为应该鼓励地方政府少搞一个大项目，多培育上百个中小项目。大项目，几十亿、上百亿元一个大项目，还不如把这个钱拿出来，支持上百个中小企业的发展，扩大担保公司的资本金，成立再担保公司等等。又比如说拿出财政资金，在税收，在贴息优惠上面给予中小企业更多的扶持，这些措施有些地方政府都在做。这里我想说的是两件事，第一，有些银行对中小企业不敢放款，是因为没有本事看准哪些中小企业是好的，风险识别能力差，很保守不敢贷。在这个背景之下，我认为地方可以拿出投资大项目的钱，搞中小企业发展基金，和银行共担风险。比如看准了好企业，能不能鼓励银行贷款，政府承诺，如果企业还不了钱，政府按20%、30%甚至40%的本金来赔。其实，正常情况下，大部分贷款中小企业还是能还的。这样，把银行和政府的风险捆在一起，鼓励、引导银行拿出钱往更多不错的中小企业投。第二，现在很多中小企业有抵押品，想贷款，但目前国内不动产流通不便，市场不发达，当银行贷款收不回来，银行拿着企业的房产、土地等抵押品不好处理。而且真正要拿到这些不动产，到法院打官司，在地方法院打赢很难。我认为地方政府应该利用手中的投资公司等，向银行作出承诺，比如说贷款收不回来，抵押品政府帮你兑现。政府在不断引进新项目中，可以把这些房产、土地等资源整合。这样，银行无后顾之忧，可以放心给中小企业贷款。"我们看到，夏斌在已有中小企业扶持政策基础上又有所策略创新，并且颇具可行性。正是"三思三谏自难忘，一计一策总关情"。

第四点，夏斌更是构思巧妙，他考虑："在美国金融危机之下，全球经济都在受影响，世界银行预测2009年全球经济增长率是0.9%，IMF预测是2.2%，世界银行对中国的预测是7.5%。在这个背景下，中国现在很多企业是设备过剩、产品过剩，工人面临下岗的威胁，而同样受危机影响的有些发展中国家、新兴国家，外汇短缺，搞投资没有钱，没有原材料，没有中间产品。我建议，能不能搞人民币的海外贷款，来共同推动世界经济往好的方面发展。我们的银行，主要是政策性银行，在政府有关部门的配合下，充分考虑风险，向困境中国家的企业发放人民币贷款，鼓励其用人民币购买我国中小企业产品。在这一过程中，由对方政府作担保，或者由其用我国急需的物资或资源作抵押。人民币还在升值，到期是还美元，还是还人民币都可以讨论。还人民币，对方的汇率风险怎么办？能不能通过汇率风险产品来处理？这些技术问题都可以解决。当然，一定要坚持双赢，一定要坚持对方自愿和双赢自愿的原则来做这个事。"对于这样做的意义，夏斌指出："第一，对当前充分利用中国过剩的设备、过剩的产品，推动中国经济发展有好处。第二，推动了对方国家的经济发展。第三，国际货币多元化是国际货币体系发展的大趋势，随着中国经济的复兴，人民币肯定要走出去。人民币海外贷款可以在探索人民币区域化方面，积累一些宝贵经验。"夏斌善于谋奇策、出奇兵，往往能收奇效。这里，人民币海外贷款，也很值得考虑。夏斌关于人民币海外贷款的一套思路从未提"马歇尔计划"，但据熟悉他的人称，其实在脑子深处不乏"马歇尔计划"的影子。不过时机不充分，只是稍有动作想法，不说而已。几个月后，国内一些学者对人民币"马歇尔计划"的讨论却热闹起来了。

思深忧远，为国为民

"多难兴邦，逸豫亡身"，"常将有日思无日，莫待无时想有时"，"大道行思，取则行远"。在危机中，夏斌信心坚定，又抱有深沉的忧患意识和长远的战略考量。夏斌说："在目前经济形势下，毫无疑问，当务之急是反周期，防止经济严重下滑，确保经济增长在8%以上。但我相信，只要政策调整及时、到位，中国经济仍然可以保持相对较快的增长。另一方面，尽管当前国际经济金融形势的动荡对中国存在很大的负面影响，但是从较长的时间来看，反而是很好的机遇，关键是看我们能不能抓住机遇。"面对美国危机已冲击影响中国经济，股市下跌，企业家信心受挫，国内上下都在大讲特讲"不确定性"时，夏斌在2008年下半年、2009年初的多次场合，以历史、战略的眼光，宣传"中国经济存在两大历史性机遇：第一大机遇是指，中国经济开始出现迈向成熟经济体经济结构的重要机遇。我国的经济结构很不合理，是高储蓄、低消费。而这次全球金融危机恰恰给我们制造了改变这种状况的历史性机遇。第二大机遇是指，在中国复兴的关键时期，世界给予了我们参与重建国际货币体系的历史性机遇。"

有关夏斌对中国参与国际货币体系改革的思考，本书后面有专题介绍。对于第一大历史性机遇，夏斌满怀自豪和激情地讲："过去中国长期高储蓄、低消费，出口导向型经济，以及带来了资源浪费、环境污染，既牺牲了中国的长期利益，也牺牲了眼前利益。这次美国出事了，小布什总统批评在这轮危机中'华尔街喝醉了'。我接着这句话说：'华尔街喝醉了，酒是谁送的？'相当部分是中国送的，即大量出口，出口主导，美国高消费，我们高储蓄。现在美国不喝了，我们生产酒的怎么办？必须自己喝，不喝，工人就要下岗，企业就要破产，这意味必须扩大内需，特别是扩大消费。过去送的是洋酒'XO'，中国北京人喝'二锅头'，江浙人喝'花雕'，这意味自己喝，国内的产业结构、产品结构要调整。就是说，从美国这面镜子照中国，可以看出中国长期以出口为导向的模式，经济增长严重依附于别国是不可持续的，中国必须走发展国内市场和内需的道路。从这个角度讲，金融危机对中国来说可能是好事。因为从长期以来，我们党代会、政府不断发'红头'文件号召，要求调整结构，扩大内需与消费，就是效果不大；现在金融危机使得全国人民都看到这条路走不通，'逼'着我们去调整，也许一逼就会逼出一个好结果。从历史看，30年前国民经济处于崩溃的边缘，小平同志带领中国共产党'摸着石头过河'，'逼'出来搞改革开放。30年过去了，我们成了世界第三大经济体，人均GDP达到2000多美元。世界上各方人士不得不承认中国这30年是非常成功的。从近的说，中国经济在过去30年中发展最快的年头是在亚洲金融危机之后。亚洲金融危机发生时我们经济也较困难，但是一'逼'，中国经济不是变弱了，反而更强大了。这一次美国发生危机，又逼着我们发展国内消费市场。我相信在这样一个历史机遇面前，中国会逼出一个新的经济格局，会逼出一个和大国经济体相适应的大国消费市场，会逼出一个和世界上大国经济体逐步相近的经济结构特征。当然，这需要时间。再过五年、八年来回顾美国金融危机对于中国的影响，我相信我们会感谢，是这场危机给了中国一次重大的历史性机遇，逼着我们逐步走上了以内需为主的经济格局和形成了大国消费市场，基本完善了民生制度框架，使得我们经济结构更加合理，经济总体实力更加强大。这些转变继而对世界经济格局的重塑和世界经济稳定的意义，现在都是难以估计到的。风雨过后是彩虹，我对中国充满信心！"言语之中，夏斌的大国豪情喷薄而出，同时激荡鼓舞着国民。夏斌同时务实地讲："国家在目前已经出台十个行业振兴规划的基础上，应抓紧研究出台振兴消费的规划，明确'内需主导、消费为纲'的发展方向、发展目标、发展内容与发展计划，花几年时间，尽快解决集中体现国民经济各种结构矛盾的居民消费率偏低的问题，一揽子解决包括社会保障、教育、医疗等各种经济问题。"

经过全国上下一心，尽心竭力，在一系列货币、财政等"猛药"政策刺激下，国内宏观经济形势在 2009 年第二季度开始有所好转。2009 年上半年，国内生产总值（GDP）同比增长 7.1%，比第一季度加快 1 个百分点；居民消费价格（CPI）同比下降 1.1%，但剔除季节和不规则因素后的环比出现止跌迹象。社会各界大多认为国民经济正在企稳向好，全年实现 8% 的经济增长基本没有问题。但是喜中还有隐忧，2009 年上半年，人民币贷款增加 7.37 万亿元，已超过历年贷款增量；广义货币供应量 M2 同比增长 28.5%，也是历史最高值。在货币和信贷供给充沛的情况下，在经济复苏的同时，股票、房地产等资产价格突飞猛涨。住宅商品房价格上涨 16.34%，北京上半年房价上涨近三成，上证指数则攀升了 62.5%，这可以说都是由于资金在作怪——社科院发表报告称，上半年约有 1.47 万亿信贷资金流入股市。如果对此不加遏制，不仅未来存在通货膨胀的风险，资产价格也将形成泡沫化发展。2008 年 12 月，夏斌在呼吁央行"尽快营造比较宽松的货币环境"时，已谈到"如果货币乘数有异常表现，经济有所反转，央行可以悄悄采取前瞻性的收紧措施"。

　　见于微，知于远。2009年7月7日，总理又一次在中南海召开经济专家座谈会分析形势，几位副总理及各主要部的部长都有参加。面对上半年的复杂形势，会上夏斌以负责任的态度作了题为《在维护复苏趋势中，着力'消费主导'的结构调整》的发言。他提出："在经历一场全球性危机之后的数年内，全球经济不会再简单重复2002～2007年那样高增长的繁荣环境。今后几年，世界经济必将处于低速增长阶段。而政府集中投资的财力空间在缩小，复苏过后不能持续采取复苏前的非常规政策。国内的消费上不来，高储蓄、低消费的结构问题不解决，中国经济真正复苏的基础就不稳固、不扎实。"夏斌在多种场合一直强调："危机中要注重结构调整，而这个结构调整不是对一两个行业的产能过剩的结构调整。当前中国经济最大的结构问题，而且能集中反映其他结构问题的是'高储蓄、低消费'的结构问题。因此，只有'消费为纲'，才能'纲举目张'。"为此他不断琢磨促进消费的"点子"。他建议："要解决促进消费的资金来源问题，政府应确立国家资产负债表和国家收入的概念，而不仅是财政部当年财政收入的流量概念。政府手中掌握了中央、地方国企及金融企业优质资产十几万亿元，处理好这些都可以变成老百姓'碗里的肉'。除了对央企继续执行国企资本分红制度外，对各级地方国资企业也应执行国企资本分红制度，以充实地方财力或者减少中央财政转移支出。另外，可以在目前国企持股的上市公司部分股权划拨社保基金的基础上，进一步对上市公司的国资控股母公司以及未涉及上市的一切国有企业（除需要保持绝对或相对控股之外的），可以有选择、有计划地逐步减少政府持股比例，向市场竞售。中国储蓄率高，可接纳民间资本投资入股，整个社会投资率并不降低。政府减持部分股权后所获资金，全部纳入财政预算，以用于提高居民消费和公共财政统一安排。还有，对政府新增投资项目，包括这一轮中央和地方的'4万亿'刺激安排，只要有盈利回报，除需要贯彻国家战略意图之外的，各级政府应该坚决做到'不与民争利'，让民间投资，各级财政也可省下一大笔资金或者增加一大笔收入，集中用于扩大消费。特别是如果进一步放宽市政设施、休闲娱乐、文化教育和医疗卫生等服务行业的投资门槛与限制，将会提高居民服务性消费水平，有助于形成投资与消费的良性循环。"

对于适度宽松货币政策问题，夏斌建议，"从下半年到明年，央行应发出稳定货币的信号，但不是紧缩货币的信号。""适度宽松的货币政策口号可以不变，但允许央行的操作在'适度'两字上做文章，以确保适度宽松的货币政策主要作用于实体经济的发展。"8月5日，央行发布《2009年第二季度中国货币政策执行报告》，报告表示，下一阶段央行将坚定不移地继续落实适度宽松的货币政策，根据国内外经济走势和价格变化，注重运用市场化手段进行动态微调。市场将此解读为央行准备对资金流动性采取大行动，第二天，沪深股市跌幅双双超过2%，上证综指失守3400点。随后的六天内，央行三次发表言论解释，"动态微调"不是对货币政策的微调，是对货币政策的操作和货币政策的重点、力度、节奏进行微调；央行不会采取规模控制的办法来控制商业银行的贷款规模；坚持宏观政策取向不变，维护经济健康发展。夏斌所言"信号"、"适度"正好对应了央行的心思行为，可见功底。

"一片冰心在玉壶"

墨子有云："是故国有贤良之士众，则国家之治厚；贤良之士寡，则国家之治薄。故大人之务，将在于众贤而已。"正因为我们的党和政府民主开明，制定的发展政策和策略保持正确，又有着以夏斌为代表的一批"德能双馨"的国之智囊辅助，从而国家欣欣向荣，正大步迈进在盛世之路上。不久的将来，中华民族也必然再次崛起于全球。

1993 年 7 月，夏斌出任深圳证券交易所第一任总经理，他在一到深交所的员工大会上慷慨激昂地讲过："我们正在干着一件伟大的事业，我们的努力在中国证券史上即使写不上几句话，哪怕是划上一个标点符号也足以自慰。"现在看来，夏斌在资本市场，在货币政策等中国经济金融许多方面可不是只写下了几句话，而是大有建树、贡献卓著。关于资本市场等方面的实践和思考先不论，夏斌在货币政策领域的建言献策可是掷地有声，如黄钟大吕，如锵金鸣玉，深深影响和塑造着从无到有、从简单到逐渐成熟的我国货币政策的决策和实践。如果问到夏斌他最倾注的研究领域是什么，他肯定回答是货币政策。因为货币政策是"显学"，是他梦想带来社会福利最大影响力的报国报民之路。"成大国之器，贴小民之心"是夏斌一生的追求。货币政策"路漫漫兮"，他将继续"上下求索"！

3

不测股市行情，心系股市发展

深交所的峥嵘岁月

　　1993 年初，首任证监会主席刘鸿儒把可以说已长期从事金融市场研究，时任央行金融研究所副所长的夏斌从人民银行要到证监会，任交易部主任和第一届发审委委员。当年 7 月，夏斌奉命南下，出任深圳证券交易所首任总经理。他在刚到深交所的员工大会上，就说出一番豪言壮语："我们正在干着一件伟大的事业，我们要玩命地干，我们的努力在中国证券史上即使写不上几句话，哪怕是划上一个标点符号也足以自慰。"当年的慷慨陈词兑现如何？夏斌给出的注解是，"至少，深交所从区域性交易所变成了全国性交易所"。他说，当时那番话更多是自然情感的流露，那是一段峥嵘激情的岁月！

　　当时，中国股市尚处起步阶段，1992 年初证监会才刚成立，对股市也没有明确系统的监管思路。股市的发展与推动，更大程度上，取决于上交所和深交所的发展理念、一举一动，有人用"两大诸侯割据"来形容上交所和深交所。在这样的背景下，"更多的是两个交易所老总在'指挥'整个股市。"夏斌慨然，"交易所可以'呼风唤雨'。"

　　夏斌刚到深交所时，一直下跌的股市突然开始飘红，因为有人传言，夏斌是朱镕基副总理派来的人，还带了几十个亿来救市。当然这是子虚乌有。在股市形势不妙时，四川股民传言说"夏总病重病危了"，一时间，股市乱了方寸。为了辟谣稳市，夏斌第二天赶紧出来接见外宾，《证券时报》随即头版头条刊登了他接见外宾的照片。这居然成了镇静剂，股市也随之稳定下来。有一次，夏斌去民族证券北京营业部转了一圈，正恰股指上升，第二天，报纸就拿这件事情做了头版大标题——《夏斌到，股市涨》。

坐在交易所总经理的位置上，拥有的不仅是对股市的巨大影响力，同时还有危险甚至是性命之忧。当股市下跌时，有的股民就直接把责任推到夏斌身上，有一阵，深交所几乎每天都会收到恐吓信。"后来，恐吓信越来越多，为了不影响我的工作情绪，秘书干脆就不让我看了。"认识夏斌的人实在太多，有些股民的行为比较偏激，出于安全考虑，有人还不得不去香港给他买了假胡子，但一直没有用过。当时夏斌最忧虑的是交易大厅出险情。他跟保安说："如果你们看到有人抱着什么东西往大厅里冲，就先用警棍把他放倒，不要出人命，把可疑的东西往门口广场扔，一切后果由我负责。"

1995年的327国债期货平仓案，更是将夏斌推到了风口浪尖上，有人跟夏斌说："327事件也就出在上海，如果出在深圳，你就有可能进监狱，没人保你。"当时，上海、武汉等地很多股民都在闹事。为了谨慎起见，夏斌一直没有宣布价位。突然有一天，市政府门口被大批股民围堵，当时正处于"两会"期间选李子彬当市长。于是，在两车警察的护送下，夏斌赶到现场。夏斌回忆道："我记得当时群众集会搞了两天，分别是多头、空头两方轮番来闹，可能是怕我被其中一方的眼泪所迷惑，所以轮番'进攻'施压。一方面，我对双方进行安抚，同时又派人在底下调查详情，对照上海的平仓价位，经过仔细研究，后来终于敲定了一个价位。"他心中有数了，于是向市府反映处理意见。而此时的市府、证管办则愿意将决策权交由夏斌。"越这样放权，我越是知道压力只能自己扛了。"

那段时间，交易所旁经常聚集很多股民，夏斌最担心的是有人会炸交易所。在市府派人来交易所察看时，夏斌对公安局长说："一旦交易所被炸，要惊动的不仅仅是深圳市政府，那么多股票交易的资料如果被毁了，股市一定会大乱，会影响全国的安定团结，会震惊全世界。"公安局长听完这话慌了，因为事情的严重性远远超过他的预料。"夏总，你给我顶住8分钟的时间，只要8分钟，防暴警察就能赶到。"

当然，真出事，凭着夏斌"三寸不烂之舌"，应付8分钟绝非难事。

最后，夏斌宣布了一个让大多数散户不赔钱的价位，深市平仓相当稳定。如今回忆起来，当时的分分秒秒依旧是惊心动魄，夏斌颇有点自得："大家以为会出事，结果没想到事情竟如此顺利。我们做了一件很漂亮的事情。"当然，旁观者叹服夏斌精心的策划、成功出色的平仓，事后，相关领导没有半句的赞扬，有点郁闷。

"当时根本就没有证监会的概念，就是沪深两个交易所在拼命竞争。"夏斌感慨道。市场传"早看深市，晚看沪市"。为了让股民中午也能看深市，夏斌调整了深市的交易时间。1993年11月，《证券时报》在深圳创立。尽管是交易所创办了报纸，但这却非他的本意。在创刊新闻发布会上，夏斌语出惊人，致词仅说两句话："第一，鄙人不赞成深交所办《证券时报》；第二，由于中国证监会不管上交所办《上海证券报》，所以我也要办《证券时报》。"此话一出，顿时博得全场的掌声。

27个月以后，在夏斌手里，深交所从一个地方性的证券交易所，发展成可以和上交所相抗衡的全国性证券交易所。27个月的深交所总经理生涯，留给夏斌一个永久的纪念——糖尿病。最终，夏斌没能实现"把深交所办成中国最大的交易所"的愿望，带着满身的疲惫离开了深交所。夏斌透露说，他走后，有三件事没做完，有点遗憾。第一件事：他本来是有绝招可以打败上交所的，"准备采用让利给各地政府的方式，吸引全国各地企业到深圳上市，这绝对是一个狠招。只可惜，没有机会去实施"。第二件事："深交所是中国最早做网站业务的。原网通老总田溯宁的第一桶金好像就是赚的我们交易所的钱，后来在网络股最火的时候，深交所的巨潮公司却没声音了。"第三件事："我当时已策划在深市搞中国股市的离岸市场，与香港方面已谈妥，利用他们的通道，扩大中国的就业与税收，又不违背当时朱总理的外汇管理规定。唉，因一些原因也没办成。"

刚回北京时，尚福林对夏斌的印象是"面带菜色，说话有气无力"。当时，夏斌的糖尿病很严重了，为此，夏斌在家里休养了10个月，虚弱的病体才稍加恢复。"每天看看小说或是历史书，做做饭，很多人都想不到我能如此安静下来。"看《曾国藩传》看到激动之处，按捺不住心情向当时建行行长王岐山打电话，因他学历史的，约他吃饭聊历史。那段时间，夏斌的妻子是最满意的，"终于没那么忙了，而且每天回家还能吃到我做的饭"。

这是夏斌的一段传奇岁月。他曾在中国证券市场权重一时，看大势不出偏差，但夏斌至今居然连怎么开户都不知道，也从没炒过股。然而，这并不影响他对中国股市发展所作出的努力和成就。他离开了中国资本市场实践的第一线，却并没有放弃对股市的关注。此后，仍以超然的地位、精妙的识见，勘股市之大势，察制度之缺失，继续为中国证券市场发展贡献着力量。

漫漫熊途

2001年7月21日，国有股减持方案正式出台，宣布以市价减持国有股。消息一出，市场应声暴跌，从此结束了前两年的一轮波澜壮阔的大牛市，拉开了一幕持续4年的漫漫熊市。2001年6月，中国证券市场总市值达54000亿元人民币，但到2003年初，市值仅为4万亿元。除去此期间新股市值，总市值蒸发了24000亿元。这段时间，尽管中国经济蒸蒸日上，婷婷领秀于世界，但股市却始终萎靡不振，造就了一场"盛世危市"的怪局。

2001~2002年两年间，股市成为街头巷尾品评谈论的焦点，掀起了一场大讨论。先是2000年10月，《财经》杂志刊登了《基金黑幕——关于基金行为的研究报告解析》一文，对基金公司大加挞伐，曝光了基金公司的诸多"恶劣行径"与"肮脏交易",从而引发了社会上下对基金黑幕的空前关注。

随后,2001年1月,著名经济学家吴敬琏两次通过中央电视台抨击股市,指责"全民炒股"不正常,并认为股票市场是"投机的天堂"、"像个赌场"、"而且很不规范"等等。吴敬琏的这番讨伐——后来被称为"赌场论",把矛头从基金公司直接指向了资本市场本身,使经济学家、市场人士等分为"挺吴派"和"倒吴派",双方热烈争执,难决是非。"赌场论"影响之大,以至于后来有人指责"赌场论"是之后几年证券市场低迷的导火索。

然而对于股市的声讨并未到此结束。2001年9月,当国有股减持刺激本已高估的股票市场连续狂跌了几个月之后,又有学者发表观点认为沪深股市存在严重的缺陷和泡沫,必须推倒重来。"推倒论"又一次把关于股市的讨论推向了高潮。

指责之外,股市也有很多支持者。先是2001年2月,厉以宁等五位经济学家举行了恳谈会,质疑吴敬琏的"赌场论"。接着,中国资本市场的开拓者之一、人民银行原副行长和证监会首任主席刘鸿儒数次表示对"赌场论"、"推倒论"的反对。他们认为股市在中国经济发展中显示了巨大而不可替代的作用,在转轨的特定阶段,我国股市存在这样那样的问题是难免的。对待这些问题应当从爱护的角度出发,促进其向规范健康的方向发展。要像对待新生婴儿一样看待和爱护我国的证券市场。

这场争论持续了一年多,随着讨论的进行,股市的黑幕、问题不断地被曝光,一方面导致了市场信心萎靡不振,股市从过热逐步走向低迷;另一方面,却也敦促了管理层对于证券市场的重视和规范。这两年也是中国股市的"监管年",监管层推出了一系列"政策组合拳"强化监管,揭露黑幕,清查股市里的各种违规行为。其中包括一批重大违法违纪案件,如中科创业案、博时基金案、银广夏案等。证监会查处力度之大,被一些媒体冠以中国股市"空前绝后"的大手笔。

另外，股市各项制度也在不断完善和健全，不仅推出了大宗交易制度、恢复了二级市场新股配售、完善退市机制，还加快了证券市场开放的步伐，允许外商持股，并发布 QFII 相关制度。这些政策短期内未必被投资者认为是利好，许多人甚至指责证监会监管措施过于严厉，摧毁了股市，导致股市无止境的阴跌。

各项政策中，遭受非议最多、影响也最大的莫过于造成股市转折点的国有股减持方案。2001 年 7 月 21 日，有关部门正式宣布国有股按市价减持，引发了市场的一路狂泻，疯狂下跌的股指明白无误地表明了市场对这个方案的抵触。10 月 22 日，证监会紧急叫停减持计划，沪深两市迎来了自涨跌幅限制实施以来最大的一次单日涨幅。然而国有股减持方案并没有彻底废止，这把悬在股市之上的"达摩克利斯之剑"造成了之后数月股市的低位徘徊。直到 2002 年 6 月 24 日，国务院正式颁布了停止国有股减持的文件，才使这个"噩梦"退去。然而，"'6·24'行情"终究没能够力挽狂澜，事实再一次证明政策可以使牛市终结，却不足以扭转熊市的下跌。之后几年，股市一直没能从萧瑟中走出。

2002 年，夏斌已是国务院发展研究中心金融研究所所长，离开了金融第一线的他，仍然密切关注着改革的各个方面。对于这几年股市的低迷，夏斌认为原因有四。

第一，构成股市基础的一些上市公司质量太差，亏损的、做假账的不少，2001 年以来加强了市场监管，对公司丑闻、市场黑幕曝光增加，"庄家"们再想把烂公司炒上去，就不那么容易了，股价自然会出现下跌。

第二，过去股市波动的政策性因素较强，加上坐庄违规操作、内幕交易等等，使得不该涨的股票也被炒出高价。两年来管理层加强对违法违规行为的打击力度，机构们开始规范起来。然而旧的游戏规则瓦解了，新的投资理念、新的操作规范还没有建立起来。投资人感到茫然，不知道该如何操作了，例如有的券商抱怨，现在都不会炒股了。

第三，国有股、法人股的全流通问题至今尚未解决。从1993年以来，非流通股份规模越来越大。这个问题不解决，压得投资者不敢轻易买股票，信心难以建立起来，股市也就好不起来。

第四，是监管的策略和艺术问题。

夏斌说，应该看到，中国的投资者都不傻，无论券商还是股民都已看到中国股市存在的问题，谁都看明白了，原来能做的，现在监管加强了，不能做了、不敢做了；并且证券市场又要对外开放，许多人知道，境外投资者的经验和实力是我们很难相比的，所以投资者预期股指要下跌，只能"走为上策"，一反弹就跑，赶紧"割肉"。在这样几方面因素的综合作用下，股市慢慢下跌也是必然的，是很难避免的。

监管艺术

2002年前后的股市，一方面是证监会严厉的监管措施，整顿秩序；另一方面是股价的不断下跌，从2001～2003年初，股指跌幅达40%，一大批证券公司出现亏损，个别濒临破产，其他金融机构也不同程度地遭受损失。市场的低迷，使得各界对监管层不满的情绪日益上升，他们反对如此严厉的监管，也期待政府能够拿出好的办法来恢复投资者的信心。而监管层方面也因为股市的低迷变得束手束脚，影响了各种整顿方案的执行力度。

曾在股市闯荡，又在实务界、监管领域有着丰富经验的夏斌，此时提出，在当前股市阴跌的情势下，监管层在高举监管大旗的同时，应当讲究策略，讲究监管艺术。2002年底，夏斌约了些学者研究后向最高决策层递送了一份内部报告。不久，朱镕基总理批转让周小川同志和尚福林同志研究。

夏斌指出，首先要重视股市的稳定。处理好股市中规范和稳定的关系，是中国股市很长一段时间内健康发展的关键。既要坚定不移地按照资本市场发展规律扶植市场，又要坚持对历史遗留问题采取逐步消化的原则。但是在当前，相对于规范来说，稳定更为重要。他在国内首次提出，在股市上，要把改革的力度、发展的速度和市场的可接受度结合起来。这个监管理念和提法后被国家领导人的有关讲话、证监会的文件、尚福林主席的正式讲话所采纳。向前走，但是不能翻船。夏斌认为，要有长期规划，明白历史积留问题不可能在短期内解决，应该让解决问题的代价通过大多数人的无数次交易过程，在大家几乎不知不觉的状态下慢慢释放。夏斌进一步解释说，与国外开放型股市情况不同，我国股市资金主要来源于国内机构投资者，股市的输赢反映的往往是国有资产的增减和全社会的金融安全，因而监管层可以默认股市的涨涨跌跌，但是要尽可能避免暴涨暴跌。

另外，夏斌认为，监管过程中的监管策略和艺术很重要。政府不应该托市，但是要重视股市下跌，出台"利好"、"利空"政策要把握时机、把握分寸。例如QFII出台，本是利好却导致了股市下跌，一个重要原因就是主管部门做出姿态，要加快开放步伐，而媒体又过分宣传，高度评价，认为是实质性的对外资开放，导致一些明白股市痼疾的投资者心中发慌，溜之大吉。实际上，我国证券市场的对外开放开始是有限的、逐步的，主要是一种探索、一种姿态，门槛非常高。而对于这一点，恰恰是宣传不够，舆论导向没控制好。

对于全流通这个股市的核心问题，夏斌认为，悬念迟早要揭开，否则投资者不敢轻易买股票，股市好不起来，信心也建立不起来。在具体方案上，既然国有股能以净资产向外资和法人转让，那为什么不能向流通股东转让？为什么给外国人的不给中国人？如果社会流通股能够接受1~2元/股转让价格，那流通股东不就得到补偿了吗？因此，夏斌提出，能否考虑在这个问题上开展存量补偿大讨论，寻求好的解决方案。只要政府有这个姿态出来，大家就心不慌了，股市可能就稳住了。

最后，夏斌表示，从监管层的角度，中国资本市场的发展，当前最重要的是要有大的战略发展规划，要综合统筹考虑，决策不能简单地被行情所左右。他认为这个阶段股市中存在的各种问题，是一个国家资本市场发展中必然会遇到的，只不过是转轨的特殊背景决定了我国又会产生一些更加复杂的问题。我们没有必要大惊小怪，悲观失望。但也不能疏忽大意、任其发展，跟在市场后面走，不敢干预。要善用"明天"的视角，研究、解决"今天"的问题。

蓄势待变

2003 年，外有伊拉克战争带来的动荡，内有"非典"的阴霾，然而令世界称羡的是，中国经济在发达国家的一片衰退中，走出了少见的繁荣景象。入世两年的中国，"世界工厂"的格局正在逐步确立，推动了城市化进程不断加快，带来了一大批景气行业的产生。与经济增长"蒸蒸日上"、"一片火热"相反，中国股市的冬天远未结束。然而，熊市中一系列旨在完善我国资本市场的政策不断酝酿、出台。2003 年开始，股市新的气象正蔓延开来。

一方面，在 QFII 和投资基金的示范效应下，价值投资的理念开始逐渐形成，市场一改以往普涨普跌的局面，出现了明显的分化。体现国民经济运行方向的大盘蓝筹股得到市场的热烈追捧，走出了独立于股指的行情，与国民经济增长高度正相关。而没有业绩支撑的"垃圾股"则遭到了市场的遗弃，成为本轮熊市中跌幅最大的品种。另一方面，股市的资金结构也发生了明显的改变。从以往"过江龙"式的短期借贷资金，变成了来自机构和企业的自主资金，社保基金也于 2003

年6月11日正式进入证券市场。资金结构的这种变化，为下一轮牛市的爆发打下了基础。另外，股市的盈利模式也发生了重大变化。机构操控股价引诱和欺骗散户投资者的"庄股模式"开始破灭，以价值发现为主旨的组合投资方式引起了市场新的关注。宏观分析、行业研究、基本面分析成为投资者超越市场获得超额利润的有力武器。

2004年，股市长期低迷得到了管理层的进一步重视，2月2日，国务院出台《关于推进资本市场改革开放和稳定发展的若干意见》（国九条）。在中国证券市场最寒冷的时候，彰显了政府高层对健康发展资本市场、努力保护广大中小投资者利益的决心，对发展和完善中国资本市场意义重大，成为资本市场纲领性文件。完善股市制度建设的措施也在不断出台，先是《证券发行上市保荐制度暂行办法》开始实施，接着证监会修订了《上市规则》，建立了保护社会公众股东的"上市公司分类表决制度"。这一系列措施，虽然没有在当时使股市掉头反弹，却为中国股市的长期向好奠定了基础。另一方面，这一年，资本市场上大事频频。德隆系的"三驾马车"（新疆屯河、湘火炬、合金投资）在紧缩银根的环境下在劫难逃，于4月14日全线跌停，给中国的庄股时代画上了句号。6月25日，中小板块在深交所正式登场，喋喋不休的股市面临着新的希望和挑战。同年，券商黑洞层出不穷，面临前所未有的诚信危机和洗牌压力，行业调整在所难免。

直至2005年初，中国股市仍然没有见底反弹的迹象。尽管许多重要因素都已悄然萌发，真正催生另一轮牛市的关键措施却仍然没有到来，股权分置这个埋在股民心里的"定时炸弹"依旧没有摘除。但对于管理层和业界的专家学者来说，努力改变股市一蹶不振的局面，已经是不争的共识。

2005年2月，夏斌在"2005年宏观经济年会"上指出，股市对中国金融安全非常重要。不搞好股市，中国的金融安全也无法解决。夏斌从三个方面阐述了自己的观点。首先，从银行改革角度看，银监会已经要求各银行到2006年12月底前，资本充足率必须达到8%。要想达到这个标准，按照目前银行业的资产规模计算，至少需要 1 万亿元左右的资本。如果股市不发展，银行难以上市融资。而这个问题不解决，就会威胁到中国的金融安全。其次，社会保障体系的建设必须加快步伐。然而目前股市的状况，却制约着社会保障资金的投资运行，这是中国社会、经济稳定运行和持续发展必须解决的问题。再次，从强化宏观调控效果的角度看，也需要股市的发展。目前中国企业的负债率很高，中央银行一旦宏观调控收紧银根，势必就会对整个经济周期产生很大的冲击力量。因此，微观体制上，企业必须扩充资本金，股市需要健康发展，不断做大。

正是在这种对于股市重要性的深刻认识下，监管层开始致力于中国股市最根本、最棘手问题的解决——股权分置改革。2005 年 3 月，温家宝总理在人代会答记者问时表示，对于股市，要"稳妥地解决历史遗留问题"。4 月 29 日，证监会发布了《关于上市公司股权分置改革试点有关问题的通知》，提出了对价并轨的改革思路，启动了中国股票市场上开启恢宏蓝图的股权分置改革。

看"5·30"前的热情

股权分置改革开始，市场扩容的压力还是引起了不小的恐慌，2005 年 6 月 6 日盘中，上证指数一度跌破千点至 998 点。管理层为了稳定市场，又出台了一系列利好政策，下调股息红利税、允许控股股东增持流通股、取消政府对国有企业投资股市的限制性规定等等。

2005 年 11 月 21 日，最后一家参与股改的中小板公司黔源电力股东大会高票通过了其股改方案，使中小板块成为我国证券史上第一个与国际接轨的全流通板块。中小板块股改的成功，给市场带来莫大的信心，人们逐渐意识到，股改并非如想象中的那么可怕。

正所谓否极泰来，就在人们对底部何在争论不休的时候，市场开始重拾上涨的步伐，迎来了一个空前的大牛市。

2006 年是"十一五"规划的开局之年，中国宏观经济继续保持高速增长，成为股市新行情爆发的坚实基础。股权分置改革至 2006 年末已经进入了收官阶段，证券市场由此迈进了"后股改"时代。监管层还推出了一系列配套措施，尤其是 2006 年中期推出的关于融资和再融资的新政策，使证券市场融资和再融资的功能得到逐步发挥，证券市场上资产质量不断提高。在这些种种因素的促进下，2006 年的股市红红火火，12 月 29 日，上证指数收于 2675 点，全年累计上涨 1514 点，累计涨幅超过 130%，所有市场参与者，都获得了空前的收益。

2007 年，充满疯狂与激情。不论在任何地方，任何场合，都有人在谈论股市。股指不断地攀出新高，挑战人们想象力的极限。证券公司的开户大厅里人山人海，银行储蓄源源不断流向股市。央行的一系列调控政策，包括降息、提高存款准备率等，都没有影响股市勃勃向上的势头，反而被理解为宏观形势一片大好的佐证。

总之，2007 年的股市继续了 2006 年的辉煌，超越了大部分人的想象，股指、成交量、股市市值、股市开户数……几乎所有的记录都一遍遍被刷新。《华尔街日报》在一篇文章中总结说："中国突然之间具备了一个与其经济大国的实力相匹配的股票市场，对于仅仅三年前还被认为无可救药的中国金融体系而言，这真可谓一个令人惊奇的命运大逆转。"

然而正如所有的牛市一样，节节高的股指总是伴随着"过热"、"不理性"的批评。2007 年初，关于股市过热的争论便已充斥在各种媒体、网站刊头。

2007 年 4 月 28 日，第三届"中国金融改革高层论坛"在南京召开，身为国务院发展研究中心金融研究所所长的夏斌，发表了题为《警惕股市结构性繁荣下的风险》的演讲。

　　夏斌认为"当前股市令人担忧"。他分析："目前，中国的股市是结构性繁荣。当前股票的上涨有正常的、理性的一面。譬如说中国经济长期看好，近四年每年低物价、高增长。据有关信息披露资料显示，2006年我们有七八百家的上市公司利润回报率达40%。在这样的情况下，股价没有理由不涨。而且经过前几年的整顿，在证监会的领导下，我们证券公司的风险有了很大程度的化解，一些违法违规行为受到严重的打击。因此，从这个意义上来讲，中国股市有理性繁荣的一面。"

　　但是不可否认，现在的A股也有非理性繁荣的一面。目前的好多景象十几年前就上演过。譬如，七八十岁的老头老太一点不懂股票，还在排队买。而且涨了以后又在担心，咋那么好赚钱呢？这反映一个什么心态呢？夏斌认为，不是说股市不应该涨，而是这种上涨速度，伴随着很多投资者盲目入市，有非理性的因素。

　　在这次论坛中，夏斌对股市与宏观经济形势和监管调控之间的关系，对这个大家最关心的问题发表了系统的看法。他认为，第一点，中国现在正处于与日本泡沫经济形成之后几乎相同的经济环境。哪些相同呢？一是经济长期稳定发展，日本在泡沫破灭之前经济也是长期稳定发展，尽管没有涨得这么高。二是日本泡沫形成之前，日元处于升值的压力，货币调控压力很大，货币供应较多，与中国目前情况很像。三是商品物价涨幅都不高，日本上世纪80年代，可贸易商品的价格涨幅不高。现在我国央行进行货币调控，商品物价也涨得不高。原因很多，比如说全球化使生产格局发生了重大变化，除了能源之外，一般的商品都供大于求，所以商品不容易涨价。如果宏观调控盯住物价，容易看走眼。四是当前人民银行的利率和货币市场利率都不高。日本在1986～1989年，它的中央银行利率和货币市场利率也不高。五是市场、股民对股市都持有长期的乐观心理。日本在上世纪80年代末，也是这个看法。认为在房地产等资产价格的问题上，日本这么小的国家，房价不可能不涨。现在国内很多人也认为，只要宏观经济政策恰当，人口红利还有10到15年，经济应该能保持高速增长，股市不可能不好。从这个意义上来讲，这样一种心理和情绪也可以理解，但必须强调，日本经过了 80 年代到 90 年代初，最后泡沫破灭了，10年经济低迷。我们现在的宏观政策研究者要关注到日本那个时期的很多现象和我们现在的很多现象相同，这很重要。

夏斌认为第二点是，央行要充分关注资产价格，包括股市和房地产。一是资产价格的变动和货币供应量的变动，方向并不总是一致。货币多不一定是股市涨，货币少也不一定股市马上就跌。所以很多现象不好简单解释。股市变动，有它自身的规律，除了经济的原因之外，还有政治的原因、战争的原因，甚至于一个谣言都会对股市有影响。所以各个国家的中央银行基本以物价为调控依据，不完全看资产价格，这是对的。二是格林斯潘提出美联储不以股市价格为调控依据，但同时他也提出美国的股市是非理性的繁荣，给股市以明确的信号。也就是说他认为股市是非理性繁荣，没有说不管股市。三是美国网络泡沫2000 年破裂以后，格林斯潘从 2001 年开始实行了低利率政策，大量投放货币。格林斯潘之所以能够实施宽松货币政策，平台是美国具有充分弹性的国际金融市场，具有丰富的对冲风险的各类金融工具。并且，美元是国际通用的货币，它能在国际上转移它的风险，而人民币则不同。四是中国的资本项目没有完全开放，是一个半封闭市场，人民币也不是完全自由兑换的货币。因此，在这样一个环境之下，不断提供过度的货币投放，能不关注资产价格吗？特别是在全球化之后，可贸易商品的涨价压力不大，因此在中国更应该关注资产价格。也就是说外贸顺差多，货币供应多，要不断对冲市场上的货币供应，如果稍不谨慎，商品价格涨不起来，能涨的就是股市和房地产。由此，针对当今全世界流动性过多，全球通货膨胀压力较大，对中国而言，在这个背景下，要充分认识到格林斯潘在美国的做法对中国的今天而言，不是经验，而是教训！

为此，夏斌提出了以下的建议：第一，央行要赶紧收紧货币流动性，提供合适的货币供应量。第二，在人民币逐步升值压力很大的背景之下，一定要加强外资管制，对一切违法违规的资金，有关部门要加紧查处。夏斌警告说，现在外汇进入不光是赚一两个点的利差，而是赚房地产等的几十个点，在这个问题上央行要重新认识。并且现在的银行利差是改革开放二十年来最高的，在当前股市和流动性状况之下，应该配合存款准备金制度、对冲操作、窗口指导等各种工具，适当提高存款利率，贷款利率不动，缩小利差。第三，证监会应该加快上市股票的供给，加快深圳中小企业板的审查效率。与此同时，要着手规范私募股权投资基金的发展。第四，政府在完善证券市场的监管制度方面要抓紧，并要了解那些在做减持的大股东、大庄家在想什么，他们的策略是什么。第五，加强对股民的投资风险教育。在社会投机普遍的情况下，要告诉一般的老百姓，这很危险，是在重复过去的故事。

夏斌的这几项建议，也是 2007 年政策的基调。2007 年，央行一直在大力回收流动性。证监会在不断加快股票供给，虽然一直受期待的创业板没能在这一年诞生，但一大批红筹股的回归也极大扩充了股市的容量，包括中国石油、中国平安、中国铝业、中国远洋、建设银行、中国神华、中国人寿等等，因此创下了全球 2007 年 IPO 融资最大的市场。

大牛市总是在不断震荡中实现的，就在人们信心无限的时候，一波大的调整即将来临。

热情升级

2007 年股市的上涨绝不是一帆风顺。"5·30"前，政府的数次加息、提高准备金率的政策毫不奏效，于是 2007 年 5 月 30 日凌晨，财政部宣布，将证券交易印花税上调至 0.3%。当天上午 9 点半开盘以后，沪深股市放量暴跌，两市跌停的股票超过 900 只。沪综指下跌 144.23 点，跌幅达到 4.92%，下跌点数仅次于 1995 年 5 月 23 日 147.12 点的纪录；深成指大跌 629.39 点，是该指数设立以来最大单日下跌点数，跌幅达到 7.62%，也创下了 1997 年 7 月 8 日以来九年半的最大单日跌幅。股市的剧烈反映，监管层始料未及。2007 年 6 月 5 日，上证指数最低报于 3404.15 点，成为了年初以来最大的一波调整。

"5·30"以来的调整，使得原本信心满满的股民们开始有点人心惶惶。对于这次上调印花税的指责充斥于媒体、网络的各个角落，甚至有了"半夜鸡叫"的说法。难道牛市就此终结了吗？6 月 6 日，股市在几经暴跌之后，终于迎来了一次大幅反弹，当天沪指上涨 96.70 点，市场上一片振奋。但这次反弹是否会持续，仍然是人们心中一个很大的问号。

2007 年 6 月 6 日，凤凰卫视主持人曾静漪采访了夏斌，夏斌对股市将来的走势谈了自己的看法。夏斌坚持他在印花税调整之前就提到过的观点，"中国股市没有不涨的理由"。原因在于：第一，中国的经济一直被看好。特别像现在，连世界银行也预测中国的经济增长还要到百分之十点几以上。中国经济政策如果没有意外的失误，肯定增长很快。第二，从中国股市看，股权分置等问题也解决了。第三个理由，证券业本身，通过治理整顿，该关的公司关了，违法分子该抓的抓，政府该注资的注资，系统性风险问题已基本解决。第四，上市公司的监管、信息披露有改进，这两年证监会工作比较扎实。从这几个方面看，中国的股市没有理由不涨。

"5·30"后的一个多月内，股市延续着震荡调整。政府也采取措施进一步收缩流动性。取消或降低 2831 项商品的出口退税、发行 1.55 万亿元特别国债、调整利息税，这些调控政策显示了政府收缩流动性的决心，加剧了各界对股市未来的争论。"黄金十年"还是泡沫破裂？政策调控还是市场调节？如何避免金融风险？这些问题都在急切求解。

关于泡沫问题，夏斌说，老是用泡沫来形容股市，似乎简单了点。如果按照泡沫看，针一刺破泡沫，股市就该崩溃了。其实不然，股市来回涨跌很正常。什么叫正常？不应该单纯从指数高低来判断，但不排除在目前阶段短时期内股市大幅上涨确实不正常。理论上很难说明什么状态的股市是正常的。如果意识到股市在产生泡沫的过程中，然后通过一定的制度调整和安排，将股市稳定下来，没有到破灭那个地步，那么说有泡沫的人是不是又不对了呢？很难说清。

在政府是否应该"干预股市"这个问题上，夏斌的观点从来都没有改变过。他认为政府绝对不能以行政手段调控。如果在健全市场制度，实际发挥调控作用时，政府调控的着力点不应在指数上，而应着力于市场机制的尽快健全。

夏斌认为，对于央行来说，应该基于对中国经济中一些宏观指标的判断，该调控就调控。前些天提高汇率波动区间、提高利率、提高准备金率三项政策出来，效果不大，关键是力度不够，央行可能不敢太过了。股市、房市的风险防范最后还是靠央行。真正从市场经济角度来说，央行这个阀门绝对管用，提高利率和交易成本，企业融资成本提高的效应肯定会传导到股市。

进一步说，管好中国当前的股市，海外资金一定要管住。当市场上很多主流媒体都谈论 QFII 扩大问题，夏斌认为从宏观、战略角度，目前坚决要看好中国的金融国门。中国还不是金融强国，弱国和强国在一个市场上斗，必须要有特殊的思维。

面对监管层强调教育，夏斌认为，对于非理性的繁荣，需要长期的教育。第一批股民或者已经在股市做了好多年的股民都说这种行情是撑不住的。这种情况之下，需要市场自己纠错，但不是把老百姓吓住，而是让他们知道什么是市场。投资者只能靠教训来教育。

"5·30"的阴影没有笼罩市场太久，很快，市场就恢复了信心，开始冲向新的高点。市场的热点从上半年的低价股转移到了蓝筹股上。

又一轮"博傻"开始了，按夏斌的话说，大家都相信有人比自己更傻，击鼓传花，认为一定会有人来接下一棒。到9月，沪指已经比530前上涨了1000点。10月16日，股市达到最高点6124.04点。乐极生悲，这个泡沫终于没有能再膨胀下去。事后发现，有多达65万人在6000点以后开了户，他们成了接最后一棒的人。

急转直下

2007年的时候，认为股市还会冲高1万点的股民大有人在，他们根本不会想到这一轮牛市就这样在2007年10月见了顶。更没有人想到的是，股市从2007年10月16日的6124.04点，跌到2008年10月28日的1664.93点，只用了短短一年的时间，跌幅达73%之深，全世界都为之震惊。

当沪指攀上6124点时，沪深股市A股总市值约为27.5万亿元人民币。这还不是最高市值，此后虽然股市步入下降通道，但2007年11月，中国石油以7万亿元左右市值高调上市，使两市总市值达到33.6万亿元。然而，伴随着股指的节节下滑，两市市值损失如洪水决堤，一发不可收拾。到了2008年10月28日，上证指数创下新低1664.93点，两市总市值从最高点至此低点已经蒸发了近24万亿元。

牛市时，股民希望监管层是"隐形人"，不要挡他们的财路。熊市来临时，股民又渴盼监管层充当"救世主"，出台各种利好政策以"挽狂澜于既倒"。2008年4月20日，夏斌在参加"第四届中国金融年会"时谈到了自己对股市的看法，他认为，沪指接近3000点，跌幅近一半，最主要的原因就是过去曾经把股票炒得过高，再加上存在"大小非"的问题。当前的印花税过高，应该进行适当的调整以促进股市更好地发展。而降低印花税并不等于救市，他反对政府简单的行政"救市"。夏斌表示："历史的经验表明，一个市场要稳健地发展，政府的作用不是在股市高或者低的时候通过行政手段对它进行干预。不过结合国际游戏规则和我们自身的发展战略，适当地调整一些政策，改善一些制度，这是可以说，也是可以做的。在保持市场稳定发展方面，除了印花税问题外，在一些大的法规出台方面、信息披露方面以及相关规则制定等方面，应参照国际上的先进管理经验，简单的资金入市不能解决根本问题。"

这边夏斌话音刚落，4月24日，证券交易印花税税率由3‰降至1‰，市场一片欢欣鼓舞。当天沪指狂飙304点逼近3600点，创出自2001年10月23日以来的最大涨幅，并且是自1996年实施涨跌停制度以来的历史第二大涨幅。一时之间，人气有所回升。但股市在经过随后一个多月的盘整后，又进入了持续的下跌通道，人心更加悲惶。

这一轮大熊市，一个非常重要的原因是"大小非"解禁，股改带来的海量限售流通股在到期后被抛售以获取收益或现金。2008年3月，夏斌在"中美金融高峰论坛"上建议，在大小非解禁问题上，可以考虑出台有利于股市稳定发展的政策，以防止股市震荡过大而影响整体经济发展。他说："这并不是干预市场，而是作为保证股市正常发展的必要政策。"4月20日，证监会公布《上市公司解除限售存量股份转让指导意见》，规定预计未来一个月内公开出售解除限售存量股份数量超过该公司总股本1%的，应当通过大宗交易系统转让所持股份。这项措施减轻了二级市场的压力，有利于稳定投资者的市场信心。

如果说3000点前的下跌更多地来自高估值、大小非解禁、交易成本的压力，那么3000点之后股市的一蹶不振，最致命的原因则是经济形势的急转直下。2008年下半年，国际金融海啸铺天盖地，国内经济也随之由暑入秋，有"宏观经济晴雨表"之称的股市更是直奔谷底。其间A股虽然在利好政策下多次做"俯卧撑"，但终究无法阻挡熊市的步伐，不到半年间又跌去了一半。原本虚拟经济自身的原因，加上国际国内经济形势的恶化，使中国股市再一次沉寂在漫漫熊途之中。

风云再起

　　没有只涨不跌的股市，也不会有只跌不涨的股市。夏斌平时不预测股市指数，只是在面对美国经济危机下中国股市投资者信心大挫，帮助投资者分析如何看基本面时涉及了股市。2008 年末，在一次内部讨论会上，夏斌谈到 2009 年经济形势和经济政策时，认为："明年年初，明年的第一季度，我们的宏观经济数据可能还不太理想，第二季度，可能还有点困难，到了第三季度，我相信形势会好转。从全年来说，应该说还是可以达到比较理想的状况。那么从股市角度和理财角度看，如果大家把形势判断准了，往往是打提前量，因此我相信，明年二季度的股市，肯定比今天要好。"

　　2009 年中国的宏观经济走势，与夏斌所言全部吻合，上半年 GDP 又反弹到 7.1%。他对资本市场的预测，虽然时间上有些出入，但对大势的把握准确无误。春节后，在经济复苏信号下，走出了一波高潮行情。3 月后，更是走出了连续大幅上升的行情。2009 年 7 月 15 日，中国股票市场总市值为 32100 亿美元，超过日本跃居世界第二。沪深两市自 2009 年以来分别上涨了 75% 和 95%，世界表现最优。股市的故事还在继续演义，股市上有部分始终关注夏斌思想言论的投资者认为，可以听不到夏斌关于股市分析的观点，但是跟着他对经济大势分析的思路走，多次证明，仍然是可以赚钱的。

4

信托业"老船长"的心路

峥嵘岁月——屡教不改的"坏孩子"

　　信托制度最早起源于 13 世纪英国的"尤斯制",在其长达 7 个多世纪的发展历程中,西方各发达国家都形成了各具特色的信托业经营模式。尽管由于存在海洋法系国家与大陆法系国家关于信托财产所有权是具双重性还是"一物一权"的分歧,两法系国家对信托的概念界定有所不同。但撇开法律角度的差异性,各国对信托的定义仍具有共同点,即信托是一种"受人之托,代人理财"的制度。其本质特征是以信任为前提,财产转移为基础,委托管理为核心的财产管理制度。2001 年 10 月 1 日正式施行的《中华人民共和国信托法》,开宗明义对信托进行了明确定义:"本法所称信托,是指委托人基于对受托人的信任,将其财产权委托给受托人,由受托人按委托人的意愿以自己的名义,为受益人的利益或特定目的,进行管理或者处分的行为。"

　　在西方,信托横跨货币、资本、实业三大市场的优势在金融体系中得到了充分的发挥,早已与银行、证券、保险一起,构成了一国金融体系的四大支柱。然而长期以来,在中国,起步并不算晚的信托业却一直笼罩在其他三家的光芒之下。截至 2008 年底,中国共有信托公司 56 家,资产总额共计 1.3 万亿元,而同期商业银行的资产规模超过 62 万亿元,保险公司的资产规模约 3.3 万亿元,证券市场的规模超过 4 万亿元。所有信托公司的资产总额仅相当于一家中等银行的资产规模。

　　尽管与其他三个行业相比,信托业的规模并不算大,然而在其短短 30 年的发展过程中,中国信托业却已经历了五次"伤筋动骨"的重大清理整顿,其中的曲折和酸甜苦辣,令其他三家难望其项背。前事不远，可为殷鉴。

1979 年 10 月 4 日，在邓小平的倡导下，中国第一家信托投资公司——中国国际信托投资公司在北京由荣毅仁设立，它的成立标志着信托业在中国的重新崛起。此后几年间，在国务院试办信托业的号召下，信托投资公司如雨后春笋般冒出，从中央银行到各专业银行，从行业主管部门到地方政府，各级部门纷纷办起了各种形式的信托投资公司。

截至 1982 年底，短短三年间，全国信托投资公司数目就达到了 620 家。但在机构数量快速增加的过程中，由于缺乏配套的政策法规和监管约束，这些机构以变相的地方性银行存贷业务为主，严重冲击了国家对金融业务的计划管理和调控。1982 年 4 月，国务院发出《关于整顿国内信托投资业务和加强更新改造资金管理的通知》，规定除国务院批准和国务院授权单位批准的信托投资公司以外，各地区、部门均不得办理信托投资业务，已经办理的限期清理。仅仅诞生三年的中国信托业就迎来了其发展史上的第一次清理整顿，这次整顿的要点是行业清理，旨在清理非银行金融信托机构，要求地方所办信托业务一律停止。

1983 年，中国人民银行首次明确了当时信托业的经营范围，次年又肯定了信托业的混业经营模式，强化了以银行业务为基础，发展"金融百货"的倾向。当时搞活经济的方针促进了金融业的迅速扩张和发展，信托作为固定资产投资的方便之门又被打开。在这轮经济过热中，信托业通过各类名义的贷款和投资，对固定资产投资的急剧膨胀起到了推波助澜的作用，使留有缺口的物资供应计划更加失去平衡调节能力。事隔两年不到，1985 年初，国务院发出《关于进一步加强银行贷款检查工作的通知》，人民银行随即决定再次清理整顿信托业，是为第二次信托大整顿。这次整顿的重点是业务清理。人民银行发出通知，决定停止发放新的信托贷款，停止新增信托投资。1985 年 12 月 23 日，中国人民银行发布《金融信托投资机构资金管理暂行办法》。1986 年 4 月，人民银行颁布《金融信托投资机构管理暂行规定》。该规定实际上收紧了信托公司负债业务的政策空间，使得信托公司的主营业务及经营方式均类同于银行的资产负债业务，与真正的信托业务背道而驰。

1985 年中国经济步入上升周期，并在随后的几年中出现过热情况。在 1988 年达到空前，通货膨胀飙升至 20%。与此同时，1986 年颁布的《金融信托投资机构管理暂行规定》，将审批信托投资机构的权限放在人民银行省级分行，信托公司的数量迅速增加，在这一年里达到了顶峰过千家。

为回避信贷规模限制，四大银行资金纷纷向信托公司转移资金，信托业再次为固定资产投资失控所导致的经济过热推波助澜。又一轮清理整顿随即开始，1988 年 10 月人民银行根据国务院关于清理整顿公司的 8 号文件精神，对信托投资公司进行了第三次清理整顿，这一次整顿是针对信托全行业的一次大整顿，遵循撤并机构、压缩生存空间的政策，信托机构骤减至 339 家。

1992 年全国经济治理整顿终于结束，在小平南巡讲话指引下，掀起了新一轮改革开放热潮。在后来逐趋过热的经济中，信托公司与银行联手，再次成为违规拆借、揽存、放贷的通道，充当了加剧经济过热、扰乱金融秩序的角色。鉴于此，监管当局开展了第四轮的清理整顿。这一次整顿主要针对行业资格。初期，人民银行发文要求包括信托投资公司在内的金融机构的筹备和设立，均需由中国人民银行批准和核发经营金融业务许可证。

按照"分业经营、分业管理"的思想，将信托业和银行业分开，信托公司与专业银行脱钩。随后，关闭了银行与信托公司间资金往来的交易所，禁止向信托公司拆出资金，信托机构的合法资金来源被斩断。但由于对其仍套用银行"资产负债比例管理"的办法进行监管，进一步强化了信托机构准银行的角色。许多信托公司在资金来源被斩断的情况下，有的被迫铤而走险。

最后一次整顿——"信托业的老船长"

至今，当业界谈起第五次清理整顿，仍记忆犹新，为之动容。这一次整顿以机构清理开场，以"一法两规"的颁布实施而告终。1998年，中国第二大信托投资公司——广东国际信托投资公司宣布破产，成为中国信托业第五次整顿开始的重要信号。清理整顿中，实现银行业、证券业、信托业严格的分业经营、分业管理。经过审慎地筛选与审查程序，经历了剥离、注资、重组后获准重新登记的信托机构仅有59家。而随着中经开公司的关门，21家原"中央级"信托公司只保留了中信兴业、经贸信托和中煤信托三家。留下的是精华，数量的减少并不意味着信托业走向死亡。相反，信托业正在获得新生：新牌照"名花有主"，"一法两规"水到渠成，业务范围明显拓展。

2001年10月1日，随着《中华人民共和国信托法》正式实施，中国信托业进入了一个崭新的、回归本业的历史性发展阶段。《信托法》确立了信托制度，与《信托投资公司管理办法》和《信托投资公司资金信托业务管理暂行办法》，共同构建了信托业"一法两规"的基本法律框架。信托投资公司的经营由此也纳入了过去从未有过的法律规范和监管的正常轨道，并为信托业的下一步发展拓展了空间。

对于这段历史，时任中国人民银行非银司司长的夏斌最有发言权。1998年，夏斌撤了自己的"庙"——政策研究室。当时戴相龙行长和金融党工委副书记闫海旺一致看好夏斌既能动笔写文章又对市场了解，由此，夏斌走马上任央行非银司司长，开始全程领导这场自中国信托业重建以来，意义最为重大也最为惨烈的第五次清理整顿。各界对其寄予了极高的期望，因为尽管信托业已经历了数次整顿，但痼疾仍在，是国务院领导和央行负责人最头疼的金融行业。如何医治，才能使中国信托业摆脱"整顿——发展——整顿"的怪圈？是摆在夏斌面前的难题。而令人吃惊的是，在解决这一难题之前，夏斌却将改革的第一刀落在了非银司自己身上。在经过反复调研后，夏斌认为非银司职能过多，有些业务根本就不属于央行监管范围之内。面对常人难以想象的压力和阻力，有的是通过时任总理朱镕基的亲自干预，有的招致人民银行基层行给戴相龙写信反对，夏斌硬把一系列无关央行的业务"物归原主"，从非银司剥离出去。彩票被剥离到财政部，债券剥离到原国家计委，典当业务剥离到原国家经贸委，社团基金会被剥离到民政部。一时间，原本占据央行"半壁江山"的非银司只剩下了信托、财务公司和租赁公司。而"瘦身"之后的非银司在第一次将监管职能明确地锁定在信托、财务公司和租赁公司之后，终于可以集中精力履行责任。

不干则已，要干则如夏斌所说，"信托业，最后一次整顿"，整顿过后一定要彻底还信托其本来面目。

尽管到 1998 年，中国信托业已经发展了近 20 年，也经历了四次整顿，但中国信托业的具体"家底"却无人了解，每次上报国务院中国有多少家信托机构，数字总是不一样。在夏斌带领下，非银司利用星期天一天的时间加班，终于摸清了信托行业的家底：当时国内共有信托机构 239 家，资产总额 6464 亿元。

当时有一种观点认为，信托行业已经无可救药，整体关闭才能彻底化解风险。而夏斌坚决认为，信托行业是金融链条中的一环，6464 亿元资产如果损失后的连锁反应，相当可怕，不可想象。信托行业问题的产生有很多原因，有法规方面的，有监管方面的，也有管理方面的。如果全部关闭，要考虑在金融领域引起的可怕后果。239 家机构不能随意"消灭"，而保留几家，哪个地方和部门保留，是央行与地方政府、中央各部门之间的一场博弈。

要知道关闭一家信托公司容易，但善后处理却纷繁复杂，应付讨债人又是这其中的重中之重。夏斌回忆道："那时我们很多时间都是在处理大量的要债传真、信件和接待来访的人员。天天像在救火。来访的人员不仅是全国各地的，还有国外的。"牵一发而动全身，夏斌必须做到妥善对待，谨慎处理。四年里，无数次面对由央行拿钱还信托公司债务的要求时，就像回答一副部级干部代表某公司来央行要钱垫付信托公司债务时，夏斌最常说的一句话是："总之，信托公司关闭后的债务，坚决依法办事，这个原则决不动摇，决不后退，决不开口子。让央行多拿钱，就有可能出现全国老百姓存折上的小数点在偷偷向左移（编者注，指老百姓买单）。"

在整个整顿过程中，央行一直采取低调而稳妥的方式，避免引起社会震动。直到2002年夏斌离开央行时，绝大多数的信托机构已悄悄地平稳退出市场。这么大的动作在他的协调下没出大乱子。与广信破产时海外的大肆舆论不同，到2002年大多数信托机构退出市场，海外几乎再没有出现负面消息。夏斌也因此被媒体称为"信托业的老船长"。

回忆起"一法两规"的出台，夏斌感慨无限。对于《信托法》，夏斌认为这是当时各种金融法规中，最接近市场经济、最体现市场原则的一部法律。现有的各种有关金融机构的监管法规，基本上是对着某一类别机构来写的，而信托法是按功能写。它规范的是市场经济中的信托行为，而不是专讲信托公司的行为，生命力强大。而"两规"的出台，更是让夏斌发出了"不容易"的慨叹。在第五次整顿中，非银司面临的一边是证券监督部门领导一定要让信托业剥离证券业的强烈要求，另一边是信托公司对将最赚钱的证券业务剥离出去的强烈反对。

为此，夏斌翻阅无数资料，只为让剥离证券业务、负债业务后的中国信托业能突出重围，回归主业，走出属于自己的阳关大道。他坚信要找到中国信托业的发展空间，必须跳出旧思维的框框。在《信托投资公司管理办法》定稿、上报的前一天晚上，夏斌还在认真翻阅《投资银行大全》一书，把当时没人反对、也没有引起业内人士兴趣的相关业务都写进了管理规定。整顿后信托业的定位问题终于得到了解决："一是纯粹的委托理财，但想象空间很大，实际上潜意识就是按私募基金思维思考；二是除股票承销、经纪业务外的其他投行业务，普通的证券业多通过信托控股证券公司来实现。"

整顿背后——"好孩子，坏孩子？"

纵观中国信托业的发展，30 年风雨，一个又一个多事之秋，整个信托行业似乎陷入了"整顿——发展——整顿"的怪圈之中。5 次记录在案的大整顿使得中国信托业已然成为了监管层与舆论界眼中不折不扣的"坏孩子"。

然而从来都是没有"不是"的孩子，只有"不是"的父母。把一切都归咎于信托，认为信托公司天生就坏，这是让信托"背了黑锅"，全国人大财经委员会法律专家王连洲如是说。"坏孩子"背后，隐藏着中国信托业百口莫辩的委屈。

当我们把所有出现的问题放回到中国信托业发展的大背景中去，我们会发现信托业不应该承受所有的怀疑与指责。从设立之初的初衷、定位到社会基础、监管，"达摩克利斯之剑"就一直悬在中国信托业的头顶上，没有一刻停息。追究责任俨然不是我们的目的，逝者如斯，今天的所为只是为了明天的更好，在信托本业的道路上坚实地走下去。

从西方信托业的发展史来看，信托业的形成与兴起是建立在对资产管理有效需求基础之上的一个从动产到不动产的循序渐进过程。而这种对资产管理的社会需求又与西方社会的根本社会基础——契约关系，有着密切的联系。通过契约的形式约定诚信，进而对委托、代理关系进行约定，这种方式在西方社会有着广泛的社会基础并得到接受与认可。因此在形成伊始，西方信托业就牢牢把握着信托"受人之托，代人理财"的本质原则。

而反观中国信托业近30年的波动徘徊，其症结可以用"不务正业"四个字来概括，换言之，一开始主管部门的功能定位混乱、主次业务颠倒是信托业不断出事的根源。中国信托业的恢复与发展，并非缘于当时社会对财产管理的内在需求。1979年中国国际信托投资公司的设立，从初衷上来看，不是真正为了在中国引入信托制度，发展信托业，而是作为中国政府对外融资的窗口而设立。它是为适应金融体制改革和突破传统单一僵化金融体制而形成的产物。据人民银行前副行长、第一任证监会主席刘鸿儒回忆，信托就是在银行管得太死、经济发展又确实需要的背景下出现的"金融机构"，其实质就是"二银行"。因此，中国信托机构从银行的信贷业务起步，并以此作为主营业务。在设立之初，行业定位就存在偏差，而业务定位的偏差又导致了信托制度的长期缺位。

出于"信任"，而致以财产相"托"，可以看作是对信托二字最直白的理解。而信托的本质也就是投资者基于对专业机构能力的信任，将其财产交付给机构打理，信托公司在接受委托后，按照投资者的意愿，以公司的名义选择具体项目进行投资。几千年以来，中国社会都是在等级关系的基础上延续下来的，契约关系下的诚信原则并没有成为中国社会普遍接受的行为准则。因此基于信任而致以财产相托的有效资产管理需求很难在中国真正得以形成。在缺乏广泛法律、文化、制度认同的社会土壤上，开不出美丽、夺目的信托之花。

挂着"羊头"的中国信托业从创立之初就背离了信托"受人之托，代人理财"的本质。可以说摸着石头，中国信托业在走着本就不是自己的路，并在背离主业的道路上越走越远。

一步错，步步错。

　　在这样的定位下，企业甚至是个人都心甘情愿地将信托投资公司当成了利息偏高的"官办银行"，忽略了信托概念下委托人所应当承担的风险。

　　而从机构的设立来看，中国的信托机构带有浓烈的政府气息。股东结构单一和大股东的非金融、政府背景，是信托机构公司治理问题的病根所在。决策程序乃至具体业务操作方面上缺乏有效的管理，结果直接导致这些公司出现业务和内部资金管理混乱，发生经营亏损等问题。20世纪80年代各级地方政府在当时政策的允许下，纷纷设立了属于自己的信托公司。然而，没有规矩，不成方圆。定位的偏差以及制度的缺位，使得信托公司长期以来被各级政府用来作为自己的"小金库"、"二财政"。信托本身的"受人之托，代人理财"的功用没有得到发挥，几乎从一生下来就沦为地方政府揽资圈钱的重要工具，被用来筹集或转移资金。政企不分与其他生产型国企相比显得更为突出。投融资行为并非建立在市场原则下的市场行为，更多的是建立在各级地方政府指令下的一种行政行为。在自我利益驱动下，地方政府利用信托投资公司高息揽存，并对资金使用进行配置。信托行为背后，是以国家信用作保。然而随着时间的流逝，游戏规则也在悄悄改变。到90年代中期，各级信托公司在官方文件中已经完全失去了"国家信用"的依托。1998年初广信宣布破产，终于以现实表明中国政府不会为一家国有信托投资公司承担债务。

整顿背后——监管之道

　　早在1984年6月，中国人民银行召开全国支持技术改造信贷信托会议，认为"信托业务是金融的轻骑兵，也是金融百货公司，更侧重于金融市场调节"。此后的 20 多年中，信托投资公司基本上按照这一定位，建立起无所不包的全能型经营模式。

然而事与愿违，就中国信托业发展的实际情况来看，信托公司由于长期以来在定位问题上存在偏差，除了没有做信托业务，什么都做。危机连连爆发，中国信托业也被迫于 1982 年、1985 年、1988 年、1993 年、1998 年进行了五次大规模的治理整顿。

沿着 5 次清理整顿的轨迹，我们可以清晰地看到监管层对于信托业监管的变迁之道。中国的监管体制，使监管层不仅具有监督管理职能，还拥有行业政策制定权力。从历史上看，严控资金来源与撤并公司是监管者进行清理整顿时使用的主要手段。这种整顿模式开始于 1985 年人民银行对信托公司的整顿，并一直沿用。

1998 年开始的第五次清理整顿虽然在手段上继续沿用了前几次整顿所采取的方式，甚至更为激烈。但在监管理念上终于发生了重大转变，"一法两规"的相继出台，标志着信托业的监管重点终于从单纯的风险控制转向了"回归本业"的制度建设，使信托业摆脱了早年混业经营无法可依而导致失控的困局。让信托真正成为"受人之托，代人理财"的工具。

时任人行非银司司长、主持"两规"起草的夏斌，在"两规"颁布后说："以前信托公司虽然名为'金融百货公司'，但实际上，除了几乎没做真正的信托业务外，什么都做。'一法两规'就是要还信托'受人之托、代人理财'的本来面目。"

作为整顿的主要成果，夏斌认为 2002 年颁布的《信托投资管理条例》中明确列出的几个"不允许"，清晰地反映了清理整顿的主要思路：一是只能做委托中间业务，不能赚存贷利差，不能有负债业务；二是不能发外债；三是不得发行各类收益凭证及股票代保管凭证，所有信托行为必须依据信托计划进行；四是不得有最低收益保证；五是不得向非特定公众集资，否则视同非法集资；六是不得混淆信托项目，不同的信托项目要单独记账、核算、开设银行账户。通过制度规定，第五次整顿再次对信托业的资金来源、运用进行了限定。但与以往不同的是，这次的限定是为了让信托真正走在自己的大路上，从而越走越宽，不要在偏离主业的路上渐行渐远，而非简单的风险控制，束缚其手脚。

在整顿过程中还曾发生了两个小插曲。一是鉴于当时想把信托回归本业，但真正能受人之托、公司可赚钱的业务，当时看来大家都接受的就是证券基金业务，因此夏斌曾私下同当时主管副行长肖钢商议，干脆把信托监管任务交由证监会管。然而又鉴于当时央行与证监会的"微妙"关系，不合时宜，所以没公开提出并建言国务院。二是鉴于当时证券公司也在搞国库券投资等委托理财业务，夏斌建言，也应纳入"受人之托、代人理财"的信托范畴。可以由两个不同的监管部门监管，但都是理财业务，必须有严格的监管规则，否则早晚也会出事。在当时的权力关系下，夏斌的建言不可能被采纳。国务院有关信托监管的文件，信托仍指信托公司而不含证券公司的理财业务。果不出夏斌所言，一两年后证券公司纷纷在理财业务上出事，有的亏损几亿、几十亿，一些证券公司破产倒闭。今天看来，证监会对于证券公司关于集合、单一理财业务的监管指令，尽管有些用词稍有差异，但本质与银监会的规定一样，殊途同归，都回归到统一的"受人之托、代人理财"的本质制度上。留下遗憾的只是又一次"亡羊补牢"而已。

此后的一年多，被认为是信托业回归主业的"黄金年代"。2003年，各类信托产品纷纷推向市场，大型基础建设项目信托、房地产信托、MBO信托、外汇信托、法人股信托等，层出不穷。然而好景不长，尽管有上述种种"不允许"，但信托业又出现了一些问题，如有的信托公司进行没有信托计划的委托理财业务，以此规避监管部门对信托产品必须备案的要求；有的信托计划借助银行等金融机构发行，无形中借用了银行的信用担保；有的信托计划暗示了最低收益而风险揭示不够；有的信托项目没有单独记账、封闭运作，出现了严重的资金挪用现象，案件层出不穷。

这无疑给 2003 年 4 月刚刚从央行分立的银监会造成莫大压力。银监会相继推出多项信托业管理规定，一时间风声鹤唳。其中大部分监管措施的目的都是为了防范风险，有一些规定被称为"贴身监管"、"用管公募的办法在管私募性质的信托"。但仔细一琢磨，监管主思路并没脱离第五次整顿的方向，无非是在操作层面上的修修补补。

2002 年 9 月，夏斌调任国务院发展研究中心金融研究所所长，重新回归心爱的研究工作。虽然已离开金融实践第一线，夏斌关注的目光却从没远离中国信托业。拥有丰富监管经验与理论功底的他，针对银监会个别领导提出对信托业要搞资本充足率监管时，鲜明地提出对信托业的监管必须首先明确对信托业务的监管不同于对商业银行、证券公司的监管，不能以资本充足率等监管思路监管信托业务。必须通过实践寻找符合中国信托业的监管道路。面对当时主管信托监管的银监会唐双宁副主席的邀请和中国信托协会成立之邀——请"老船长"作主题报告，夏斌提炼出中国信托业的十大监管思路。

一、必须坚持受托资金分设账户、独立核算的原则。这是由信托财产的法律特点所决定的。

二、信托资金要托管于第三方。资金是否独立托管，并不是信托财产的内在要求。但在我国当前金融机构风险管理水平较低、内控机制较差的状况下，将信托资金独立托管于第三方，能够有效地控制风险，真正体现与保障信托财产的独立性。

三、当前应该严格坚守不设最低收益保障的承诺，严禁任何形式的承诺。尽管《信托法》只是指出："受托人以信托财产为限向受益人承担支付信托利益的义务"，"受托人有权依照信托文件的约定得到报酬"，从此条款内容可以推出不允许承诺最低收益报酬，但条款本身并没有明确不允许承诺最低信托报酬。鉴于目前中国金融机构的经营理念和管理水平，鉴于市场上已经产生的巨大风险教训，近一段时期仍然坚持信托不设最低收益保证的原则是非常必要的。至于将来存款利率市场化后，投资者和经营者更为成熟，则可以适当放宽对承诺收益的禁止要求，由受托人决定是否给予客户最低收益的承诺。如果受托人承诺最低收益，作为监管策略，可要求根据损失的可能性在公司权益中计提风险准备。

四、严格关联交易限制原则。由于信托财产与自有财产相互独立，又由同一个行为主体管理，存在较大利益冲突时，有可能发生利益输送。为此，应严格限制关联交易，保证其按照公允原则交易。此外，对于关联交易还应关注风险集中度、内幕交易、市场操纵等方面的监管。

五、谨慎投资理财原则。不同的信托产品，可以允许其采取不同的投资原则，但都应承担"诚信责任"，谨慎投资。特别是对于公募性质的信托投资，应严格比照证券投资基金的投资原则，要求分散投资。

六、坚持充分的信息披露原则。如果是公募型信托产品，必须严格比照基金管理公司的信息披露要求充分披露信息，这是保护投资者的基本保障。对于私募型信托产品，公开信息披露内容可适当减少，但对于投资者仍应保证有充分的知情权。

七、对集合理财型信托计划，要设最低投资额要求。在此，首先应区分公募型财产管理还是私募型财产管理。如果是公募型财产管理，允许其向社会不特定公众出售，可不对其最低投资要求作出规定（交易技术要求的最低交易限制除外）。对于私募型财产管理，从保护弱小投资人利益出发，则需要对单个投资者的最低投资额提出要求，而且需要对投资者的投资分析能力与风险承担能力提出相应的要求。

八、允许跨地区经营业务的原则。既然目前允许银行、证券公司、基金管理公司、保险公司等都可以开展财产管理业务，允许其分支机构同时开展，那么对于经营同样性质财产管理业务的信托机构，应一视同仁，采取相对一致的监管要求，允许所有开展信托业务的金融机构包括信托公司可以跨地区经营业务,可以设立相应的分支机构。

九、允许机构间业务代理的原则。在清晰界定代理机构职责权限的前提下,代理业务的风险很小,且可以增强客户的忠诚度与依赖度。目前银行、证券公司已广泛开展代理销售其他机构的金融产品,因此应允许各金融机构之间相互代理销售产品。这也不违反《合同法》中的相关内容。随着市场的发展与进一步细分,适当时机应允许成立专门的金融产品综合销售公司,销售各类金融机构推出的金融产品。

十、高管人员和职业理财经理的资质考试。信托业务是以信任及"专业技能"为基本前提的,因此,要确保信托业的健康稳定发展,对于高管人员和职业理财经理的资质应有明确的要求。高管人员的任职资格应由监管部门确定并审核,职业经理的资质应通过资格考试,并由市场自然选择,优胜劣汰。

2003 年以后,随着房地产业的快速发展,融资乏术的房地产企业纷纷通过信托项目解决资金饥渴。一时间,众多信托计划纷纷上马,信托业出现了难得的供求两旺局面。但是,在市场一片繁荣的形势下,监管部门通过调查发现,在重新登记的信托公司中,不少公司存在问题,在快速的发展中,已经出现新增坏账比例过高和不规范运作的现象。为此,中国银监会及各地银监局随后对房地产信托项目的过热投资发出风险控制警告,并加快《房地产信托专项管理办法》的起草。中国信托业在 2005 年 9 月遭受了业内称之为"第六次整改"的行业整肃。

此次新规显示,信托公司继续回归"信托"主业。核心还是要让合格的投资人自己去判断、承担风险,并对信托公司进行监督。监管当局的重点是需要把基本的政策框架、双方的权益用法规的形式厘定得更加清晰。可以看到,这些操作还是夏斌"第五次整顿"思想的延续和"信托业十大监管思路"的体现。

2005 年 10 月,夏斌发表言论,提示信托行业"铁路警察、各管一段"的监管问题。他认为，委托理财仍然政出多门，金融机构间竞争已演变为监管部门间的竞争。委托理财、资产管理，是各类金融机构金融创新、抢占市场份额的制高点。如银行的理财业务、证券公司的定向资产管理业务与集合资产管理业务，保险公司的分红保险、投资联结保险，信托公司各式各样的信托计划，基金管理公司的各类证券投资基金以及拟推出的客户委托投资计划等。虽然这些业务名称各不相同，具体操作上因各监管部门监管方式不一而导致业务方式不尽一样，但这些行为体现的都是"信托"原则，实现的都是相同的"代客理财"。

　　鉴于前几年实践中的惨痛教训，一些监管部门在监管理念与政策上已有所调整，正在趋于统一，但总体上看，各监管部门在法律依据、监管政策上仍缺乏协调一致。例如在是否可以异地开展业务、委托理财的最低投资金额、最低收益保证、委托理财的人数限制、委托财产的单独设账、第三方托管等方面，各吹各的号，严重的风险隐患依然存在。现在不仅是"铁路警察各管一段"，而且是"一段铁路两个警察"，即同是银监会管辖下的商业银行和信托公司，相同的委托理财业务却出现了监管政策的不一样。不同金融机构开展同一资产管理业务，受到的监管约束宽严程度并不相同，导致了不公平竞争问题，更不利于有效监管和投资者保护。

　　鉴于此，夏斌建议，对这类业务可先实行功能性的综合监管。可由国务院副秘书长牵头，会同人民银行、银监会、证监会、保监会共同出台《金融机构开展资产管理业务管理办法》，统一游戏规则，防范金融风险。《管理办法》应依据信托的基本原理对这些资产管理业务进行规范。各监管部门根据所管辖金融机构开展资产管理的特征，在《管理办法》的基础上，可出台具体的管理细则。

金融第四支柱——凤凰涅槃

美国信托法专家斯考特曾经说过,信托的应用范围可以和人类的想象力相媲美。也正是信托的这种灵活性决定了信托的无限生机。"给我一个支点,我可以撬起地球"——这句话同样可以用来形容信托的功能。信托撬动财富的能量远超出想象,并与银行、证券、保险一起构成了现代金融体系的四大支柱。

信托机构有其内在的旺盛活力,犹如烧不尽的野草,一旦周围的环境条件适宜,就会萌发出蓬勃生机。而信托业发展的适宜条件,首先是要有相应法规、制度保障,其次是真正形成对信托产品的有效市场需求。目前经过历次整顿,监管层在不断的摸索中前进,以《信托法》及新"两规"为核心的法规体系已经形成。与此同时,中国经济一直处于高速增长,闲置资金的规模在不断扩大,财产管理市场正在逐步形成并对信托也将产生巨大需求。大量的财产拥有者,比如地方政府的预算外资金、中央和地方主管部门的专项资金、社会公益基金、社会保障资金、企业闲置财产、个人资产等,亟待金融中介来提供专业化的财产管理服务,需要借助灵活多样的金融服务来实现财富的保值与增值。其次,我国企业经营体制和融资机制正在发生深刻变化,要求金融中介提供财产管理、资本运营和长期融资等金融服务,也将对信托功能产生大量需求。

信托公司的优势也是十分明显的:

——只有信托公司可以以"信托合同"的形式受托管理资产,提供信托财产独立性所体现的"破产隔离"功能。

——信托公司可以利用信托功能介入诸如资产证券化、企业激励机制的实现，包括 MBO、员工持股计划、雇员福利计划（企业年金信托）。比如，资产证券化中信托公司天然地就具有 SPV（特殊目的机构）的功能，资产出让方完全不必另外再造一个 SPV。

——信托公司在投资银行业务方面除了股票承销外，其他包括国债、政策性银行债、企业债券承销、企业重组、并购、公司理财、财务顾问等中介服务都可以开展，并且信托公司在从事投资银行业务时还可以与自身拥有的信托服务相结合，应该说还是具备一定的竞争优势。

作为金融体系四大支柱之一的信托业，在中国无疑是最脆弱的一根，然而我们还是希望在春风吹过的时候，它所独具的生命力能够在中国不断深入的金融改革中绽放、璀璨。

5

破题"金融控股公司"

破题之议

2000 年的初春，北京处处还笼罩着萧瑟的寒意，只有街旁连翘的一簇簇淡黄色的花蕊，预示着春天的临近。阳光跃上枝头，透过斑驳的树枝，照进友谊宾馆的会议室里。会议室里的人们神情专注地讨论着，这个正在进行的话题将在两年后对中国金融业产生巨大的影响。而会议的主持人，正是时任中国人民银行非银行金融机构监管司司长的夏斌。与会的人不仅有央行内部的同志，也有中信国际研究所的人士等。

金融控股公司是这次讨论的主要内容。在我国现行的金融"分业经营、分业监管"体制下，由央行的一名司长主持讨论这个突破分业限制的金融控股公司的可行性和监管问题，这让媒体记者感到意外，但并不认为"降格"。因为这位司长正是在信托业整顿中起到举足轻重作用、在金融多方面富有理论水平和实践经验的夏斌。会谈确定央行非银司将与中信国际研究所一起展开对金融控股公司这一课题的研究。对于我国这样坚持金融分业的国家而言，这是不小的创举，而夏斌则是这个创举的执牛耳者。

对金融控股模式的思考是在分业、混业的争论中提出来的。从我国金融改革初期，决策层就不断向着"分业经营，分业监管"的方向努力。1993 年，分业管理被作为原则，写进中共中央、国务院的有关文件之中。但事后的实践证明，此原则并没有被很好地执行。1997 年底，在"3·27 国债"事件之后，国务院又进一步强化了金融分业的原则，并采取一系列严厉措施，制止银行资金违规流入股市等混业行为。之所以强调分业原则是因为，在当时我国的情况下，金融监管法规不健全，不用说混业，即便是分业监管都存在着无法可依的问题。金融监管体制和监管水平也远未达到混业监管的要求。另一个原因在于我国金融经营者的自身素质有待提高和金融机构内部风险控制机制不完善，不少金融机构（包括银行、证券和保险公司等）对"内控"的概念、内容和手段不甚清楚，缺乏制度约束。在这样的情势下，如果采用混业监管，则势必造成内幕信息违规交易泛滥，资金违规使用盛行等问题。因此，分业成为我国金融体系的不二选择。

然而从世界范围来看，金融业却经历着从分业到混业的新变革。1933 年，大萧条后的美国百废待兴，国会为了整顿金融业，出台了奠定之后六十多年美国金融分业格局的《格拉斯—斯蒂格尔法案》，规定银行不得经营股票和包销公司债券，商业银行和投资银行高管不得兼职，金融资本和产业资本要分离等等。之后的六十多年中，美国严格遵循分业经营、分业监管的原则，在此过程中成为了世界金融霸主和他国学习的楷模。

在不断的发展中，投资银行和商业银行也分别暴露出了许多致命的缺陷。对于投资银行来说，强大的盈利能力并不能弥补资本金单薄的缺陷。在兼并浪潮迭起的上世纪 90 年代，投资银行家们如履薄冰，生怕遭到收购。而商业银行也有自己的苦恼，尽管资本金充足，但传统存贷业务的利润不断萎缩，整个银行盈利能力受到空前的质疑。如果能够混业经营，商业银行和投资银行就可以实现优势互补和规模效应，解决各自的软肋。于是金融重新开始混业经营的思路就在这样的土壤里孕育而生。20 世纪 90 年代，商业银行、投资银行、保险机构不谋而合，纷纷寻找合并机会，以此扩张实力，由此造就了一个又一个金融巨头。1997 年 12 月，瑞士信贷银行与瑞士联合银行合并组建世界第二大银行和最大的资产管理机构。1998 年 4 月，美国花旗银行与旅行者集团合并组建花旗集团，成为全球最大的金融服务机构。1999 年 8 月，日本第一劝业、富士、兴业银行联合宣布合并，成为当时世界最大的金融集团……这些金融机构的合并，宣告了混业经营在世界范围内成为新的趋势。1999 年，为了消除美国金融业在国际竞争中承受的生存和发展压力，美国国会正式通过了《金融现代化法案》，允许银行持股公司升级为金融控股公司，允许升格的或新成立的金融控股公司从事具有金融性质的任何业务。方案的颁布，使得美国业已存在的金融控股混业模式得到了法律的认可。

世界范围内的混业趋势，让中国的许多学者、高级官员也蠢蠢欲动、跃跃欲试。既然混业得到了像美国这样金融强国的认可，那么中国是不是也应该仿效呢？"入世"在即。按照协议，我国加入 WTO 两年后，外资银行可办理中资企业人民币业务；5 年后，可办理居民个人人民币业务，不再有地域和客户限制，享受"国民待遇"，银行业的所有业务将彻底对外放开。这意味着外资银行从业务领域到空间范围将与我国商业银行展开全方位的竞争。"入世"五年后的情况暂且不论，即使刚"入世"的三到五年间，尽管竞争在地域和业务范围上仍有限制，但是作为综合性金融集团，国外金融控股公司享有业务互补、资本扩展余地大、资金调度空间大、人才集聚，以及成本节约等等的综合优势。中资银行是否真的能与之匹敌是个很大的问号。

以花旗银行为例，1998 年花旗与旅行者合并后，总资产达 7000 亿美元，年净收入 500 亿美元，业务遍及世界 100 多个国家，成为睥睨天下的金融大鳄。花旗是第一个实现客户到任何一个网点都能享受储蓄、信贷、证券、保险、信托、基金、财务咨询、资产管理等一站式金融服务的银行。"一站式服务"也成为其经营的最大的卖点，让别家银行起初望尘莫及。

正是这些来自国外的竞争以及全球金融混业的大趋势，让一些学者特别是监管部门的高官都把目光投向混业，认为中国应该结束分业体制，向"混业经营、混业监管"方向发展。对于这个问题，夏斌凭借其丰富的实践经验和透彻的理论功底，旗帜鲜明地表示反对。他在多次媒体访谈中表示，"从发展方向上看，我同意中国金融业将来要走向混业经营、统一监管的道路。但是在目前，由于我国金融监管的法规制度建设、金融机构的内控机制以及金融监管水平方面都存在诸多问题，因而分业经营的原则不会变，也不能变。面对着当前的国际金融竞争形势，应该有所作为，应该加强对金融控股公司的研究，这不失为我国从分业逐步走向混业经营的现实选择。"正因此，才有了2000年初春那场由夏斌组织的关于金融控股公司的研讨会。

针对当时一些高官的认识，夏斌强调："有必要说明的是金融控股和混业经营是两个概念。从法人主体的角度来讲，金融控股并不就是混业经营，最多只是间接实现了混业经营。混业经营是一个独立的法人实体从事不同的金融业务，而金融控股公司下面的子公司是独立的法人，不同法人尽管从事不同的金融业务，但他们之间实行完全的分业经营，分业管理。因此，单就一个法人而言，仍是分业经营。事实上，金融控股公司是国外最流行的混业经营模式，也符合分业监管原则。"

"金融控股研究第一人"

夏斌对金融控股公司的关注除了上述原因，还有一个理由就是他了解并非常关注如何解决历史遗留的问题。虽然我国法律和部门规章都从未明文规定金融控股公司的法律地位，但早在2000年以前，我国就已经出现像中信、光大、平安等金融企业直接控股其他金融企业的集团公司。人民银行第五次对信托业进行整顿时，不仅处理了一大批运作不规范的信托企业，也看到了诸如中信这样的综合实力很强的金融集团。

除了金融企业直接控股金融企业外，按夏斌的归类，当时的"准金融控股公司"还有别的形式，主要的是通过各种形式控股证券、保险、城市信用社等金融企业的工商企业。如山东电力集团，该集团控股了英大信托公司、蔚深证券公司、鲁能金穗期货，并成为湘财证券的第一大股东和华夏银行的第二大股东。

　　截至2000年，"准金融控股公司"的阵营一直不断地扩大，资本增值的本性驱动着更多的企业不断地寻找机会，通过各种方式进行跨行业投资。然而这些"准金融控股公司"存在很多问题，风险巨大。五花八门的组织架构中，是否坚持了分业经营的原则，各级独立法人的资本金投入是否足实，这个问题该由谁进行核查，是否存在上级公司以负债或举债形式筹资入股子公司现象，银行、证券、保险三个金融监管部门各自对本部门监管对象涉及他部门监管对象间的信息是否已做到互相沟通，是否存在集团公司各实体间的不良关联交易，增大了集团总体的风险？这一系列问题，直到2000年，都未得到很好的重视和研究。现实中往往是集团公司内一个公司经营不善或倒闭，便造成"多米诺骨牌"效应，引发整个集团的危机。前几年，光大国际信托投资公司的严重支付风险，就使得整个光大集团负债累累、苦不堪言。

　　夏斌在他的一篇文章中，一方面经调查列举了上述一系列问题，另一方面很尖锐地指出，如果决策者对金融行业"越界"问题长期不敏感，拖而不决，不仅是未真正坚持"分业经营、分业监管"的原则，而且结果只能是又一次花钱买教训，给国家造成更大的损失。

　　2000年11月，夏斌发表文章《由分业经营到金融控股公司的思考》。2001年，又出版了《金融控股公司研究》一书。由此被学界、媒体誉为"金融控股研究第一人"。在书中，夏斌指出了金融控股公司风险控制的几个问题。包括资本充足率，高级管理人员的任职和资格审查，复杂的法人结构、业务结构和管理结构，集团内子公司执行不同会计准则的问题，各国监管部门政策不同造成的监管"盲点"问题，金融控股公司的性质和监管问题，以及主要监管部门的职责问题等等。这些问题，在2000年、2001年夏斌提出的时候，都未受到足够的重视。直到 2002 年，金融控股公司才开始成为学术界、实务界关注的焦点。此时，呼声热闹非凡，各人争先登前；夏斌则悄然无争，已是了然。

2002 年 12 月 5 日，中国第一家"名不正但言顺"的金融控股公司——中信（集团）公司正式挂牌。只是由于翻遍当时中国法律、法规没有"金融控股公司"六个字，时任主管行长肖钢和夏斌商议，要依法行政，对中信金融控股公司没批准给"金融"两字。尽管如此，夏斌当时身为司长，亲自操刀，几易其稿，一份很漂亮的中信重组报告呈送给朱镕基总理获批。

中信控股公司在中信集团内承担着投资和管理集团境内外金融企业的责任，作为一条纽带，将中信集团旗下的中信实业银行、中信证券股份有限公司（还拥有中信基金和长盛基金）、中信信托投资公司、信诚人寿保险公司、中信期货经纪公司、中信资产管理公司和中信国际金融控股公司这 7 家公司结合在一起。金融控股公司一下子成为街头巷尾热议的焦点。

出于种种目的，许多企业跃跃欲试，也希望能够成立金融控股公司。有些企业希望通过成立控股公司获取金融这个稀缺资源所能够带来的利润。毕竟，在我国经济现阶段，许多行业都已经进入产品相对过剩的时期，实业投资收益增长缓慢，而金融行业却显得欣欣向荣。有些则希望成立金融控股公司从而用控股的金融机构筹集资金。另外一些希望通过金融控股公司贯彻分业经营的原则，解决历史问题。如平安保险公司投资信托公司，招商银行投资招商证券等，这些与分业经营法规相悖的历史遗留问题，可以通过股权调整，形成金融控股公司来解决。还有的则旨在寻求规模经营的协同效应，以提高集团业务和产品的竞争力。

总之，不论是为了从中渔利，还是企业自身发展、克服瓶颈的需要，金融控股公司都吸引了很多方面的关注。

再建一功——风险与监管

2002 年开始，金融控股公司虽然受到了很多关注，但毕竟只是刚刚迈出第一步。有关金融控股的法律法规几乎还是空白，监管方面也缺乏有针对性的制度安排。但在之前的 2001 年，对市场风险极为敏感的夏斌，时任人行非银司司长，已主动布置部下闵陆浩处长（现银监会一副局长），参照各国相关规定，起草了《关于金融控股公司的暂行管理规定》。当时监管协调不力的环境容不得夏斌这样的举动，尽管是这样超前的风险防范意识，此"规定"仍根本就没拿出来讨论。

形势所逼，2002 年 11 月，夏斌又在《国际金融报》上发表《金融控股公司五大宏观风险》文章，探讨了在监管信息沟通不充分和不正当内部交易防范措施缺乏的情况下，金融控股公司容易产生的五大风险。

第一，资本不足的风险。金融机构属于高杠杆行业，维持最低资本保证，对于维护债权人利益，保护金融体系的稳定有重要意义。而金融控股公司由于采取控股的形式，同时进入多个金融领域，极易存在资本不足的风险。特别是当母子公司存在资本重复计算的时候，更容易导致资本不足。

第二，高财务杠杆引起的风险。由于金融控股公司往往资本重复计算，因此，如果不剔除这些重复计算的资本，金融控股公司就可以通过这种重复计算的资本，在法律允许的范围内极大地举借债务。这样，从金融控股公司整体上看，就会产生超过监管部门规定的高财务杠杆的风险。

第三，不正当交易隐藏风险。不正当交易包括内部交易与关联交易。内部交易与关联交易在一定程度上是金融控股公司实现一体化与协同效应所必需的，但也是容易出现不正当交易的地方。常见的不正当内部与关联交易除了规避法律（特别是税法）上的限制，进行关联贷款与担保等，还存在委托代理问题，这与个人利益相联系。由于金融机构实行分业监管，监管部门间监管信息缺乏沟通，就容易形成监管真空，造成巨大风险。

不正当交易还包括利用信息优势及市场力量，与顾客进行的不合法合规交易。如金融控股公司的投行业务部在承销证券时，为了尽量避免潜在损失，向那些他们拥有决定权的托管账户卖出难以销售的证券，或通过虚假信息诱导客户购买难以销售的证券。又如，银行以威胁收回贷款和采用信贷限额的方法，强迫客户购买集团的其他产品（如证券和保险产品）等。

第四，"掌门人"管理风险。由于金融控股公司尚未有正式的法律地位，进而也未列入监管当局的视野，其负责人又往往是下属被控股金融子公司的实际"掌门人"，掌握了资金调度权和日常经营决策权，然而监管部门却缺乏对其任职资格的监管。这些"掌门人"或许由于金融知识的缺乏，或许由于故意违规操作、恶意经营，往往会产生重大的经营风险。而且可怕的是，这些风险不到危机爆发之时往往不易被人察觉，但一旦暴露已难以收拾。

第五，资金违规入市的风险。在中国，由于对金融控股公司缺乏一定形式的监管，因此，中国经济生活中实际已存在的不少金融控股公司可以通过各种手段以负债资金投资子公司，可以通过各种手段以被银行审查合格的公司为载体从银行融通大量资金，也可以通过各种手段以金融性公司和非金融性公司炒作股票，最终引发股市泡沫风险。此种风险从微观主体具体经营操作的每个环节上看，往往都是合法合规，分别符合人民银行、证监会、银监会、保监会这些监管部门制定的游戏规则。但其实质后果往往是产生不堪设想的、宏观意义上的风险。这也许就是大量违规资金进入股市屡查不禁的主要原因之一。

夏斌的文章很有先见，资金通过金融控股公司违规入市的问题，在2003年又一次出现。这次的焦点是赫赫有名的德隆集团。随着德隆实业资产队伍的壮大和资本运作的需要，金融企业成为德隆集团不可或缺的一部分。2003年11月，德隆集团传出两条消息：其一，德隆已经"曲线"拿下东北证券和青岛海协信托；另一则消息则是德隆在央行的干涉下，被迫退出昆明商业银行和湖南株洲商业银行。俨然，德隆已经是巨大的民营"金融控股公司"。值得注意的是，德隆在自己所投资的几乎所有金融机构中，都拥有其他股东无法撼动的牢固控股比例，并且控股方式都十分"曲折"。随着旗下金融机构越来越多，德隆的控股方式也愈加隐晦，有时从股东及有关负责人名单上，甚至完全看不出与德隆有什么关系。

应该说监管层对德隆不断扩张的金融版图早有察觉，并且也有一定的警惕，但事实是，监管层并没有拿出太大的力度阻止德隆在金融领域的激进策略，也没有能力控制在这样庞大的金融控股集团中滋生出的各种风险。德隆系内部大量资金违规入市坐庄，关联交易泛滥，都得不到有效的监管。终于，2004年4月，风云一时的德隆系整体失控，股票崩盘，百亿元的委托理财资产化为乌有，整个德隆系信用体系彻底崩塌。这一幕，不仅是德隆的悲剧，也是监管层管理的一项失败。

金融控股集团的监管问题很多，正如夏斌很早就指出的那样。应该要意识到，在思考金融控股的同时，如果忽略了实际中它可能带来的种种风险，在监管体系还没有完全准备好的情况下就贸然加以鼓励，或者默许，是会带来巨大风险的。金融控股应该摆上议事日程，它是实现混业经营现实的选择，但对于实业集团控股金融机构这样的金融控股集团，在中国的现时环境下，需要得到特别的关注。这些观点夏斌在2002年就已提出。

2005年10月，夏斌在《银行家》杂志上发表文章《综合经营下的金融机构监管协调》，其中再次强调了金融控股公司的风险与监管问题。风险主要是两点，一是随着金融控股公司的建立，金融机构间关联交易增多，出现严重的风险传递现象。如由于对证券公司的委托理财监管不力，导致证券公司挪用客户委托理财资金，已造成上百亿元的资金亏损，形成了系统性风险。二是外资金融集团对我国金融机构综合经营的影响。一些综合性的海外金融集团已通过各种渠道分别进入我国的保险、证券、银行等金融领域甚至实业投资领域。例如汇丰集团在中国的银行业拥有上海银行8%的股权，拥有福建亚洲商业银行27%的股份，拥有交通银行19.9%的股权。在保险业，拥有平安保险19.9%的股权，拥有北京汇丰保险经纪有限公司24.9%的股权。在基金管理业，汇丰与山西信托投资公司成立合资基金管理公司，汇丰占股33%。几乎所有的持股比例，分别看都已达到我国对外资股东持股比例的上限，合计看已超出我国的有关规定。在我国监管部门缺乏对综合经营监管约束的背景下，具有综合经营优势的国外大金融集团大举入境，不仅对中国金融机构的经营造成巨大压力，而且此举本身的风险也不容低估。

"我国金融业近几年的教训表明，尽管金融控股公司实现的只是间接综合经营，但大量金融风险的产生往往是因为政府疏于对金融控股公司集团层面的关注与监管。"对此，夏斌建议：

应尽快制定对金融控股公司的监管制度，明确监管主体与监管内容。考虑到外资金融集团综合经营对我国金融系统可能产生的影响，不论母公司（控股公司）的注册地是否在中国境内，只要是实质控制中国境内两类不同金融机构以上的境外机构，就应认定是金融集团，要求单独成立金融控股公司，除对其下属单个金融机构进行分业监管外，还须对金融控股公司进行监管。今后，为降低金融控股公司内股权不透明造成的风险，应要求其采取一定的措施保证其股权结构简单、透明。如果仅仅拥有两个金融机构的股权但尚未达到实质性控制，应由监管机构确定是否必须单独设立金融控股公司。

一般来说，银行发生危机，对一国金融体系的损害最大，为此各国对银行的监管最为严厉，对金融控股公司的监管也是意在防止银行体系遭受不必要的危险。有鉴于此，金融控股公司监管主体的选择可遵循以下原则：只要金融控股公司内拥有银行，不论是否实质控制，都由银监会作为该金融控股公司的监管主体；如果金融控股公司不拥有银行，则根据集团主要资产的性质，确定主监管者，由证监会或保监会担任监管主体。

在具体监管操作上，金融控股公司的监管主体不对集团内单个金融机构进行监管（原监管机构负责监管的金融机构除外），但必须对金融控股公司进行并表监管，重点监控金融控股公司的资本充足率、风险集中度和关联交易。

遗憾的是，早在 2001 年前后，夏斌作为央行非银行司司长，在没有上级领导布置的情况下，急国情所急，已布置部下研制了《金融控股公司暂行管理办法》，事隔八九年过去了，现政府有关部门仍在制定协商、扯皮过程中，管理办法迟迟不能出台。

同年 10 月，十六届五中全会通过的《关于"十一五"规划的建议》明确提出，要"稳步推进金融业综合经营试点"。这是多年来，政府第一次对金融综合经营给予的正面肯定。此后不久，央行发布了《2006 年中国金融稳定报告》，专章论述"中国金融业综合经营试点"，指出在对综合经营抱有积极态度的同时，也要吸取"德隆"的教训。"当前不宜允许产业集团直接或者间接同时控股多家金融机构"，对现实中已经存在的控股金融机构的产业集团，"应要求其设立独立金融控股公司，负责控股和管理各类金融资产"。

2007 年，光大集团重组方案获批，光大集团将分拆为光大控股集团和光大实业集团，其中非金融资产都归入实业集团。从而使该集团成为继中信集团之后国务院批准的第二家金融控股集团。

金融控股在中国还将有广阔的空间，随着中国金融业的不断发展，监管的不断成熟，金融控股模式必将成为金融业中举足轻重的一块。而夏斌的过人之处在于，他又一次走在众人之先，未雨绸缪，开创了对中国金融控股研究的先河。

6

从私募证券基金到私募股权基金

见于未萌——私募基金 7000 亿元

当越来越多的中国老百姓投身到股市中时，有一股力量也在日渐引起舆论与监管层的关注，暗沉已久的中国私募基金终于慢慢浮出水面，走进人们视野。此后的 2008 年，在多个场合人民银行行长周小川及人民银行原副行长、现人大财经委副主任委员吴晓灵都开始对中国私募基金从地位到立法发表看法。一时间，言论的聚光灯又一次聚集在中国私募基金这个神秘而又低调的群体之上。然而，早在 2000 年，时任人民银行非银司司长的夏斌凭借其多年的理论、实践经验，就敏感地意识到私募基金已经成为中国资本市场上不容小觑的力量。

2001 年 7 月，在经过长期精心策划、认真调研后，夏斌在《财经》上发表了《中国私募基金报告》，一石激起千层浪，报告在监管层与资本市场中引起强烈反响。一夜之间，人们开始正视私募基金这支一直隐藏在人们视野之外的强大资本力量。

夏斌在谈到为什么作这篇报告时说，有三方面的考虑：其一，这是社会关注的热点，但没有人有具体的调查，没有人能说清楚；其二，宏观政策的研究要及时，要有前瞻性，需要关注此现象；其三，基于目前关于私募基金的各种法律法规没有衔接，没有协调统一，没有规范到位，试图给立法者、决策者一个参考。

2001 年 4~6 月，夏斌从北京、上海、深圳工商部门注册登记的企业中选择企业名称中含有"投资咨询"、"投资顾问"、"投资管理"、"财务管理"和"财务顾问"字样的五类公司为样本，三地近7000 家公司在不知不觉当中被他用抽样、电话及实地访问等方式做了私募基金方面的调查。全部一手材料显示，中国私募基金的规模高达

7000亿元，远远超过人们此前估计的3000亿~5000亿元。

夏斌的报告一经发表就引起了全社会极大的轰动。媒体说："盛夏中的北京，一则报告令京城众多财经媒体躁动不安。"当时几乎每家财经媒体生怕落后，都在第一版予以重点报道。学术界、监管层也是反响热烈，讨论纷纭。中国金融论坛、"《投资基金法》与私募基金专题研讨会"等学术讨论会都邀请了夏斌作专题发言。对于夏斌"7000亿元"的说法，赞同者有之，不赞同者也有，但理论界、监管层和市场人士对于私募基金已经发展到不能忽视的程度却达成了共识，认为需要尽早规范。生怕不热闹的《21世纪经济报道》，以通栏标题吸引眼球：夏斌——央行和证监会在争夺中国私募基金的话语权。

"智者见于未萌"，夏斌不但最早引发了人们对私募基金的广泛关注，在《中国私募基金报告》中，夏斌还对关于私募基金的发展和规范提出了许多前瞻性、建设性的思路。夏斌认为，私募基金是一国市场经济体制趋于成熟后必然出现的一个重要金融服务领域，各国对私募基金通过一定的法规予以明确约束；私募基金的公开化有利于证券市场的稳定、健康发展，发展私募基金有利于培育大量的机构投资者；按国际惯例要禁止其在媒体上发布广告或通过电话等方式推销业务，要单独立账；对私募基金要进行间接监管，禁止银行、证券公司等金融机构向私募基金提供信用支持等等。

私募基金——何方"神仙"

说起"私募"，很多人最先想到的可能是"老虎基金"、"量子基金"，这些在国际金融市场上像幽灵般四处游荡且频频兴风作浪的对冲基金。他们行事神秘、一击必中、操盘凶悍、出手阔绰。在不动声色中，横扫数亿计的利润。在默默无闻中，获得上千亿的资金，更屡次成为冲击一国金融系统，造成重大金融危机的罪恶黑手。然而，实际上，私募基金并不仅仅指对冲基金，它还包括风险投资基金（VC）和私募股权投资基金（PE）。

夏斌在报告中认为，私募（private placement）是相对于公募（public offering）而言，公募基金与私募基金最本质的区别在于其募集方式。相对于向不特定投资人公开发行收益凭证的公募基金而言，私募基金是一种非公开宣传的，私下向特定投资人募集资金进行的一种集合投资。而二者在其他方面的区别，如监管的宽严程度、运作模式及组织构架等都根源于此。

就私募基金的组织方式而言，目前的私募基金主要有三种类型。一种是契约型，主要是指通过契约的形式维系各参与人之间关系的私募基金形式。另一种是合伙型，通过投资者与管理者的共同出资，形成合伙性质的组织来运作。再一种是公司型，是通过依据《公司法》成立的投资公司来协调各参与人之间关系的私募基金形式。

尽管各国私募基金形式各异，所使用的名称也不尽相同，但从投资对象及运行特点来看，可以分为证券投资基金和股权投资基金两类。证券投资基金以投资证券及金融衍生品为主，对冲基金是其典型代表，采用各种交易手段（如卖空、杠杆操作、程序交易、互换交易、套利交易等）进行对冲、换位、套头、套期来赚取巨额利润，以高风险高回报、高杠杆率和对冲操作为特点。股权投资基金以投资产业为主，主要包括 VC（风险投资基金）、Pre-IPO（上市前）投资基金和以实现长期增值为目的的投资基金等。

20世纪90年代以来，我国私募证券投资基金开始发展迅速，先期进行风险投资的公司也有相当部分转为私募证券基金。由于私募不需要向相关政府部门进行登记及其组织架构、操作模式以及资金来源的模糊性，私募证券投资基金在中国素有"地下基金"之称，法律及监管上均无依据可循。

国内私募证券投资基金发端于 1993 ~ 1994 年间，其发展与中国股票市场的发展基本吻合。由最初的代客炒股、委托理财演变而来。当时证券公司的主营业务从经纪业务走向承销业务，开始强调定向吸引一些大客户，久而久之形成信任关系，而证券公司的角色也转换成代理人，由大客户将资金交予证券公司代理委托进行投资，或券商自身也出资以合作的形式进行共同投资。曾经多如牛毛的证券工作室、投资咨询顾问，实际就是被简称为"私募基金"的私募证券投资基金。

伴随中国股票市场的发展，1999 年以后大量的私募基金以"投资管理有限公司"、"资产管理有限公司"、"投资顾问有限公司"等名目存在，但是其业务已不仅限于代客炒买股票，而是多种理财手段并举。代客集合操作股票，依然是私募基金最主要的运作方式。即客户在证券公司开立个人股票账户，将账号和密码交由私募基金，双方签订合同委托其买卖管理；通常一年后按股票净值结算，私募基金收取净利润的 20% ~ 25% 作为管理费用。对于委托资金额度，不同私募基金设立的门槛高低不同，从 100 万元到上千万元不等。客户多为富裕个人、私营企业，甚至还有一些国有企业的资金流入。

2004 年，借助信托的平台，私募基金的发展进入了一个新的阶段。私募基金开始浮出水面，从而走进了"阳光地带"。深圳一些私募基金在国内率先尝试与信托公司联手，发行证券类信托产品。2004 年 2 月，深圳赤子之心资产管理有限公司率先尝试，与深圳国际信托投资有限责任公司联手发起开放式集合资金信托计划——深国投赤子之心（中国）集合资金信托，深国投为该信托的受托人，赤子之心资产管理公司是该信托的投资顾问，提供投资决策方案。投资于该信托计划的资金，由工商银行深圳市分行托管，从而保证了投资资金的安全。该信托从首次认购之日起封闭一年，扣除信托年费后，投资者可得净利润的 80%，投资顾问收取余下的 20%。随后，包括明达投资顾问有限公司、晓扬投资管理有限公司、东方港湾投资管理有限责任公司等诸私募基金，又相继与深国投、平安信托开展了类似的合作。

一直以来，私募基金处于监管的空白地带，国内没有针对私募基金的法律规范或主管部门。操作上的灵活、隐蔽和诸多不规范运作虽然可能给客户带来高回报，但在缺少法律保护的情况下，基金公司和投资者都承担着很大的风险。

从国际上看，相对公募基金而言，私募基金在运作时投机性较强，其风险也较高。但如果把国外的私募基金与国内私募基金相比较，我们就能发现从某些角度看，后者的风险可能更高。原因在于两个方面：一是毕竟国家还没有正式承认它们的合法地位，虽然它们大多以各种合法的面目出现，但其经营活动往往难以经受得住最严格的检查，因而存在一定的法律风险。二是目前国内信用制度尚未完全建立，如果客户和基金管理人中的任意一方不遵守彼此之间订好的合同，会给另一方带来损失。此时，作为受损的一方一般都没有有效的反制手段。因而，存在着较大的道德风险。

由于在法律上没有正式的地位，私募基金在管理上就没有办法做到完全规范。其经营都是建立在一系列与客户签订的不规范契约基础之上。这些契约之所以说它们不规范，是因为从法律上看，"实际是君子协定，《合同法》不保护"。同时，中国人民银行规定，民间个人借贷利率如超过央行公布的金融机构同期、同档次贷款利率（不含浮动）的4倍，便被视为高利贷。如果合同履行上出现问题，出借方并无法律权利索要合同约定的高额利息，而借入方承诺的保息融资亦被断定为非法。

在国外，对冲基金的运作特点是，客户资金集中进入托管行，账户有专门的托管机构。而国内对私募基金没有登记注册等相关管理，没有一个作为金融主体可以获准的金融业务，"私募基金都是在各自混乱实践"。即使走在阳光之下的信托型私募基金模式，亦不具备大规模复制的可能。

此外，私募基金经理缺乏公募经理式的资格认证，会对这个行业的发展带来很大的风险。"私募基金同时管理很多账户，但缺乏相应的监管，不可避免地存在账户之间联手对敲以操纵股价的行为"，一些操作手法还可能涉嫌资金的非法跨境流动。比如，有的国外客户在境外开立账户委托国内私募基金管理，有的则由私募基金帮国内客户在境外开户。"目前这个市场很乱，不出事谁都不管，一旦出事可能会祸及整个行业"。2002年6月11日北京第二中级人民法院公开审理的中科创业坐庄案，就是迄今为止全国涉案金额最大的一起"操纵证券交易价格"案，而中科创业坐庄案的始作俑者吕梁操作的正是私募证券投资基金。

面对这些困难，对于私募证券投资基金应该如何监管的问题，夏斌认为，有的私募就是比公募做得好，私募证券投资基金采取公司制的形式，或者采取合伙制的形式，只要按照法律经营，它的业务本身没有必要一定要有监管，监管部门只要作出指导性管理即可。而金融机构搞私募证券投资更多的是采取契约制的形式，当前对于这种私募基金不要再政出多门。

而对于民间私募证券投资基金"阳光化"，夏斌表示：第一，政府应该进行备案，但备案不是审批、不是核准，有关部门只要依法行政就行，不能变相变成审批。第二，监管部门应要求在合同里面明确提示风险，按照信托法所提示的信托合同的各项要素签订合同。第三，原则上要求委托资金由第三方托管。第四，民间私募证券投资基金管理人鱼龙混杂，受到市场争议，对于受托人的资质，监管部门可考虑进行最基本要求的考核。第五，政府部门在适度监管的同时，也应该向市场明确提示，民间依法进行的各类私募基金业务，投资者要风险自负。同时政府要打击非法集资。

夏斌认为，对于民间私募基金，政府有关部门关键是要掌握分寸，对备案、风险提示、管理人职责、信托合同要素这几个方面进行指导性管理，对第三方托管进行适度管理，这是对广大中小投资者的真正保护。

当前规模已过万亿元的私募基金何去何从，是监管层需要解决的问题，对此，上上下下都不能回避，需要正视、研究。

私募股权投资基金——中国资本市场的"短板"

私募股权投资（Private Equity，PE），广义而言，是指涵盖企业首次公开发行前各阶段的权益性投资，狭义而言，则指对那些已经具有一定规模并产生稳定现金流的成熟企业进行股权投资，属于创业投资后期阶段。目前我国大多数私募股权投资属于后者。

私募股权投资基金作为一种基金特有形式，其具有一般基金的特征，同时又有着其独特的属性。

第一，其投资期限较长，流动性较低。因为私募股权基本是投资于非上市企业的股权，其实现价值增值目标所需的时间较长，而且往往不存在公开的股权交易市场，投资者只能通过协议转让股份，因而其流动性较低。

第二，顾名思义，其发行不具有公开性。不同于公募基金的公开销售，私募股权投资基金只面向少数机构投资者和个人募集。同时，私募所受到的监管程度也比公募低得多，相关的信息披露较少，一般只需半年或一年私下对投资者公布投资组合和收益，投资更具有隐蔽性。

第三，其投资操作的风险比较高。不管其投资的企业是初创阶段的中小企业还是需要重组的大型企业，或是处于快速发展阶段急需资金的企业，都蕴含着较大的风险和不确定性。

第四，私募基金的管理和运营团队的专业性较强。不管是基金发起人，还是基金管理者，他们的专业素质都比较高，须对所投资企业和行业有较深入的了解，同时还须具备企业经营管理方面的丰富经验。

第五，在其增值目标实现后，其投资会主动退出。私募股权投资的根本目的是在恰当的时机退出企业以获取高额收益，而非掌握公司控制权或长期经营权。其退出方式主要有首次公开上市（IPO）、产权出售以及资产清算。

与很多国家类似，萌芽于20世纪80年代中期的我国创业投资基金也是政府主导下的自上而下的制度变迁。1985年，中央发布《关于科学技术体制改革的决定》，决定中提出对于变化迅速，风险较大的高新技术开发工作，可以设立创业投资给予支持，为我国高新技术风险投资的发展提供了政策依据和保证。1985年12月28日，经国务院批准，中国第一家专营新技术风险投资的金融企业——中国新技术创业投资公司在北京正式成立，这家公司由国家科委和中国人民银行双重领导和控股，是我国科技体制和金融体制改革的一次新尝试。它通过投资、贷款、租赁、投资担保、咨询等方面的业务，为风险企业进行高新技术的创新和产业化提供资金支持，标志着中国风险投资的兴起。其后由于该公司经营不善，最后被关闭破产了。

近年来，PE（这里指狭义的私募股权投资基金，投资处于创业后期阶段的企业）的迅猛发展，使其正逐渐成为私募基金发展的主流形式。PE在欧美国家已经渗透到社会经济生活各个角落，而其在中国的兴起虽然只是最近几年的事情，却在很短的时间内显示出锐不可当的力量。

1999年国际金融公司（IFC）入股上海银行可认为初步具备了PE特点。2004年6月，美国著名的新桥资本（New bridge Capital），以12.53亿元人民币，从深圳市政府手中收购深圳发展银行的17.89%的控股股权，藉此产生了第一家被国际并购基金控制的中国商业银行。由此发端，很多相似的PE案例接踵而来，PE投资市场渐趋活跃。2004年末，美国华平投资集团等机构联手收购哈药集团55%股权，创下第一宗国际并购基金收购大型国企案例。进入2005年后，PE领域不断爆出重大的投资案例，其特点是国际著名PE机构与国内金融巨头联姻，其投资规模之大让人咋舌。2007 年上半年，国内又有 83 家企业获得 49 亿美元的私募股权投资。

而国内的金融业者虽然不甘心外国投资者独享资本盛宴，但由于国内诸多法规限制，真正成长起来并具有影响力的本土机构并不多。目前在国内活跃的本土 PE 投资机构，只有亚商资本、鼎晖（CDH）投资、弘毅投资等少数几家。

私募股权投资基金在各国的金融体系中都发挥着不可替代的作用。凭借对中国资本市场的深刻理解，在 2007 年 6 月的"私募基金与中国黄金十年"的论坛上，夏斌敏锐指出私募股权投资基金是目前中国资本市场的真正短板。从宏观经济稳定发展的角度上，政府应积极引导私募股权投资基金的发展。

夏斌认为，从目前的中国资本市场来看，股票市场有 1500 家左右企业上市，债券市场发展好多年，除了国债已经有 5000 亿元债券市场规模，现在中国资本市场中间最缺的就是私募股权投资基金。因为目前资本市场的融资成本和门槛较高，比如深交所中小板上市要求 3000 万元资本金。但是中国经济高速发展近三十年间，产生了一大批有活力的具有成长潜力的民营企业，这其中有相当一部分企业的资本金在 3000 万元以下。他们对资金有着巨大需求，由于抵押品等限制，无法从银行获得资金支持，而资本市场上的融资又受到种种限制。私募股权投资的特点与风险偏好恰恰可以满足这些企业的需要，突破其高速成长过程中所存在的资金瓶颈。

此外，从宏观层面来看，夏斌指出，由于中国资本市场这个大木桶中最短的这一块没有发展起来，我们中国企业资产负债率比较高，当遇到宏观调控，国民经济就容易出现明显的波动。由于这一块木板比较短，一方面现在海外的私募基金纷纷看好中国，投资中国，然后整合中国的资源海外上市，获取高额回报。另一方面中国的政府，正处于外汇储备增长过快，内外经济失衡，而国内富余资金又找不到门路。所以从这几个方面来看，中国发展私募股权投资基金是势在必行。

这是改善中国金融市场结构的需要，也是负责和促进中国中小企业快速成长的紧迫需要。

对如何拉长这块"短板"，夏斌呼吁，应尽快落实国务院关于加快多层次资本市场建设的决定，建立中国未上市企业的股权转让市场，方便私募股权投资的市场投资机制。鼓励企业以较低的成本在中国境内上市，不必绕到海外上市。夏斌同时建议，在中国私募股权投资基金发展的初期，可以学习渤海产业投资基金，也就是发改委批的产业投资基金，渤海基金实际上是企业型股权投资基金，基金由第三方托管。

在"中国企业国际融资理论研讨会"上，夏斌又一次呼吁，新修改的《公司法》、《信托法》和《合伙企业法》都已经给中国私募股权投资市场提供了法律空间。各级地方政府和政府有关部门完全可以按照现行法律和有关规定，重点支持中国私募股权投资基金市场的发展，不必向国家发改委去申请。拳拳之心，有点着急。在一次政治局常委、国务院副总理李克强带领发改委主任张平、财政部长谢旭人、央行行长周小川视察、听取国务院发展研究中心汇报时，夏斌当着张平主任面，又一次说起要尽快发展私募股权基金，发改委不要再行政审批了。正当张平主任进一步询问何为私募、为何不需审批的详由时，周小川在一旁插话，"帮腔"夏斌：私募是应不需要审批的。2009年11月在"2009全球PE北京论坛"上，作为政策的主要制定者，国家发改委财金司司长徐林透露了业界高度关注的《股权投资基金管理办法》基本框架。他表示，该办法正在等待国务院批复，从发改委角度，将认可对PE行业进行适度监管的模式，即不主张严格的审批制，但是，会通过对合格的基金管理者、合格的机构投资者设定准入要求，并对投资行为进行一些规范。这一次，夏斌的"先进"理念再次变成了现实政策。

推动私募股权投资基金市场的形成，夏斌认为，重点要抓好以下几项工作：挖掘和培养一批带有少量资金的职业经理人管理团队；发展初期私募股权投资的资金可以搞托管；对于企业创业初期的私募股权投资基金，政府应该尽可能按照有关规定给予税收方面政策支持；向国外的成熟私募股权投资基金学习，可以组成中外合作的私募股权投资基金等。2008 年 9 月，上海浦发集团及国开行联合外资方成立一家 PE 合伙企业，注册资金为 2 亿美元，主要参与成长型中小企业的投资，这是上海鼓励中外合作 PE 的开始。2009 年 8 月上海市金融办、财政局等多部门联合发布了《关于本市股权投资企业工商登记等事项的通知》，对股权投资企业的注册资质、工商登记、税收政策等问题作了明确规定，开设各种"绿色通道"方便企业办理相关手续，给予各种形式的补贴或税收优惠，比如给予在浦东落户的股权投资企业 300 万 ~1500 万元的开办费。这些是上海打造国际金融中心的措施之一，也与夏斌的发展 PE 建议思路相吻合。

7

四大行改革：背水还有几战

2.7 万亿元金融"黑洞"

　　1997 年 7 月 2 日，被索罗斯浪子基金狙击数月的泰国政府终于被迫放弃了联系汇率制度，一场席卷全亚洲的金融危机由此爆发。短短的几个月之内，亚洲的金融市场如多米诺骨牌一般，发生了一系列连锁反应。菲律宾比索、印尼盾、马来西亚林吉特、新加坡元、韩元、台币等先后严重贬值，破产和失业、失望和惊恐充斥着亚洲这些曾经凭着惊人高速增长而让西方学者一度着迷的黄金区域。一年之后，金融危机进一步加剧，波及到东南亚各国的实体经济，部分地区甚至引发了政局的动荡。就这样，东亚奇迹在世界的瞠目结舌中不复存在，从曾经"学习的榜样"变成了"前车之鉴"。

　　万幸的是，人民币资本项目的不可兑换让中国在金融危机中躲过一劫。但金融危机也引起领导层关于金融体系的很多反思：首先，从某种程度上说，这次危机是由泰、韩、日等国银行业的不良资产引起的，中国虽然幸免，但国内银行业如同毒瘤一般的大量不良资产实在不容忽视。其次，金融危机又一次说明了银行危机往往会通过信用链条迅速传递，诱发金融危机。即使金融危机不是由银行直接引发，银行业危机也往往会接踵而至，并加深金融领域的危机。

　　更让人担心的是，1997 年的中国，虽然在金融危机的恶浪中侥幸逃脱，但经济基本面却一点也不乐观。国有企业市场化改造多年来停滞不前，终于到了岌岌可危的境地。1997 年 1 月，第三次全国工业普查结果表明，国有企业的资本收益率只有 3.29%，大大低于一年以上存款利率，更惊人的是，在 39 个大行业中，有 18 个全行业亏损。事实上，国有企业的负债总额是其权益的 1.92 倍，换句话说，国有企业已经濒临破产。面临压力的不仅是国企，整个中国的银行业都在背着这个负担，国有企业的窘境直接导致了银行业如履薄冰。无比脆弱的银行系统更将反过来威胁整个经济的稳定，情势紧急。

内忧伴着外患，在金融危机的背景下，海外银行家、学者纷纷开始质疑中国银行系统的稳定性，关于中国国有银行技术上已经破产的讨论在海外各大媒体上闹得沸沸扬扬。人民银行表面上不动声色，内部却非常紧张，关于改革的很多问题都还没有弄清，甚至来不及系统思考。当时央行向国务院汇报中，更突出的是非银行金融机构的风险问题。

1998 年，夏斌时任央行非银司司长，负责整顿非银行金融机构。整顿过程中，国外关于国有银行"技术上破产"的论断引起他的关注。到底中国金融系统"输"了多少钱？当时没有人思考过这个问题，更没有人能够回答这个问题。尽管当时夏斌负责的只是非银行部门，但出于自己的学术敏感和兴趣，更出于一种责任心，他在没有领导布置的前提下，带着一个部下马宁（现就职高盛公司董事总经理），偷偷开始着手研究中国整个金融系统不良资产到底有多少这个被忽略了却又十分重要的问题。

不久，研究成果以内部报告的形式被递到时任有关部门的马凯、周小川、王岐山等重要领导人的手中。夏斌的报告在 1998 年已实事求是地计算出包括商业银行、农信社、农村基金会、信托公司、城市商业银行等的中国银行业不良资产共达 27000 亿元之多。这是一个当时根本不可想象、不能接受的数字，结果震惊了管理层。

1998 年，一系列处理银行不良资产的政策相继出台。先是财政部发行了 2700 亿元特别国债，紧接着的 1999～2000 年，国有商业银行向四大资产管理公司剥离了 14000 亿元不良贷款。在 2004～2005 年，中央再次对中、建、工三大行进行注资和第二次不良资产剥离，总额近 13000 亿元。两次剥离的总额达到了 27000 亿元人民币。虽然第二次不良贷款剥离中，有部分不良贷款是第一次剥离后新增的，但很多为在第一次剥离 14000 亿元之前就已经存在。事实上，2000 年各大银行将资产的四级分类法改为五级分类法之后，很多原本被认为是正常的资产被重新划分为不良资产之列。这一"剪刀差"造成的不良资产不下万亿元，但却都是在 1998 年就已经实际存在了的。再加上农信社、农村基金会、信托公司的不良资产，可见夏斌在 1998 年估计的"中国金融黑洞"达到 27000 亿元，实在不虚。

夏斌一直认为，要做一个成功的政策经济学者，必须具备四个条件，其中尤为重要的就是学者的理想主义。要把经济学当作经世济用之学，忧天下之忧。他一直认为如果缺乏经世济用的抱负和胸怀，即使学问再高、阅历再多、市场感觉再好，也不可能敏感，不可能勤奋，不可能多产，不可能细致地观察和评说社会经济。这篇关于"中国金融黑洞"的报告与后来震惊业界的《中国私募基金报告》一样，都是夏斌在央行非银司司长任上的研究成果，研究的都是当时社会上最关注、最棘手的问题，但都不是上级指派的任务，是"种旁人田"的"副业"。所有的调研，所有的心血，所有的轰动一时，所要的赞誉有加，夏斌却轻描淡写地说："只是出于自己的兴趣和一种责任心，当时没有想这么多。"

四大银行改革方案

1998 年的财政注资和随后的不良资产剥离减轻了国有银行的部分历史包袱，充实了其资本实力。随着宏观经济的稳步增长，2000 年第四季度，国有银行不良贷款的总量和比例双双下降。然而，情况依旧不容乐观。历史和转轨的原因使我国金融系统累积了巨额的不良资产。上一次改革虽然在很大程度解决了银行不良资产的问题，补充了资本，但不良资产的解决远未彻底，商业银行的经营机制也尚未真正向市场化转换，更谈不上建立现代商业银行制度。随着信贷规模的扩大，风险资产相应增加。到 2002 年底，按贷款五级分类计算，国有银行不良贷款再次反弹，达到 21350 亿元，不良贷款率为 25.12%，而 1998 年注入的资本金至此也已消耗殆尽。银行根本没有能力，也没有时间靠自己去化解不良资产，提高资本充足率。入世过渡期在 2006 年底即将结束，届时银行业将全面对外资开放。此时的国内银行业不仅没有做好准备，反而危机四伏。

海外的许多机构、学者、媒体也对我国金融系统的问题异常关注，他们一方面看好中国经济的发展势头，另一方面却担忧银行系统存在的种种隐患。英国《金融时报》称，中国政府"可能没有比整顿金融系统更大的挑战了"。《远东经济评论》认为，中国金融系统的问题处理不好，将危及中国过去 20 年改革取得的成就，以及中国经济今后的增长。

2003 年春，京城正值非典肆虐，人们纷纷在家躲"非典"，一份直指银行业改革最前沿的报告在这个紧张时期正悄悄酝酿。此时的夏斌已是国务院发展研究中心金融研究所所长，多年的实务和研究经验使他敏锐地觉察到，中国金融最大的问题就是国有四大商业银行的问题。而说到四大银行，夏斌认为首当其冲的就是四大行不良资产的问题。早在 2001 年，夏斌就提出了这个观点，之后，更是在诸多媒体上多次强调。2003 年，夏斌和金融研究所的助手们进行的一项研究也再次从一个侧面证明了解决国有银行不良资产的重要性。这个研究对 1997～2002 年的货币政策及运行情况进行分析，发现了一个重要事实：我国的巨额不良贷款不仅影响到经济金融安全，也严重影响了经济的增长。根据计量模型，不良贷款率每下降 10 个百分点，由于银行惜贷现象的缓解，将导致贷款增长率提高 14 个百分点，从而直接促进经济增长。但如何解决不良贷款的问题呢？夏斌认为从根本上讲就是解决"谁"为不良资产"买单"的问题，不买单一切无从谈起。只有解决了这个历史包袱，国有银行的所有制改革、经营机制转化才能继续下去。因此，尽管敏感和痛苦，这个根本问题是必须面对的。

潜在的问题十分严峻，但是四大国有银行改革要如何进行，社会上却还没有人开始讨论，许多知名经济学家也对这个问题并不了解。然而，夏斌敏锐地意识到解决这个问题实在是刻不容缓。要知道，危机的发生往往是预料不及的，想想阿根廷为什么会爆发金融危机，东南亚国家老百姓存在银行的钱为什么一下子小数点都向左移了？这一切都来得很突然，谁也没有预料到。所以我们在问题出现前就必须采取措施，国有银行的风险必须预防，而且要尽快预防。正是基于这样的思考，夏斌又一次站在了改革的最前沿，与助手陈道富一起搜集数据和整理资料，撰写了上万字报告《四大银行风险化解一揽子方案》。

报告的观点尖锐而有分量。首先，夏斌指出由于统计口径的不正确，长期以来，人民银行报到国务院的数据有些问题，四大银行到底输了多少钱没有说清楚。报告指出银行实际输掉的钱远远大于央行曾报告国务院的数字。其次，报告分析了如果不解决这些问题，中国会有什么样的后果，会不会发生危机。外国经济学家、政要和国内许多学者都说中国银行业不良资产很大，夏斌提示要看到这种说法客观的一面。不能糊涂，不能认为资本充足率低，过去没有出事，将来也不会出事（这是个别领导曾有的想法）。报告同时肯定了中国政府有解决这个棘手问题的能力，认为只要政府拿出决心，拿出魄力，银行系统的问题一定能够得到解决。

最让人振奋的是，报告提出了关于四大银行的一揽子改革方案，有总体思路也有四大行各自的改革对策。夏斌认为四大行要区别对待，可以让情况最好的中行先上市，探探路，再让建行跟随其后，农行问题最多，需要特别对待。这是在国内最早提出的"一行一策"的思想。报告中还提出了解决不良贷款和资本充足率问题的资金来源，即"五个一点"：政府注资一点，战略投资者引一点，债市筹一点，股市发一点，银行自身再消化一点的思想，并测算了具体数据。终于，笼罩在银行改革前路上的迷雾仿佛被拨开，一条大道开始清晰地浮现出来。

报告完成之后，夏斌立即给四大行的行长各发了一份，并告诉他们看看数据准不准，对方案有没有意见，如果没有意见，一周后，就将这份报告上报国务院。四个行长接到报告之后，都非常重视，没有片刻耽误，尽管"非典"正紧急，当时基本不开会，但还是立即派人找夏斌谈。有的送来了本行的数据和材料；有的把自己行的改革计划拿来和夏斌探讨，希望把他们的意见能写入到夏斌的报告中；还有的来回向夏斌解释说，这个不良贷款不是现在搞的，是历史遗留，而夏斌告诉他们，这篇报告并不是要追究责任，只是要把事情真正弄清楚，把"底"真正告诉国务院领导。

一周之后某天下午，国务院发展研究中心主任王梦奎将夏斌的这份报告递交黄菊副总理。黄菊副总理当晚就打电话给王梦奎说，这篇报告很有意思，值得仔细研究。更有趣的是，之前国研中心呈送领导的报告都是两千字左右，但夏斌这篇报告打破了这个惯例。整个报告字字珠玑，观点尖锐，讨论的是别人从来没有探讨过的事，研究的是中国金融此时最亟待解决的问题，根本没办法压缩，于是只好把万字报告完完整整递交上去。

当时，银行业继续改革的思路并不明晰，决策层也举棋不定。四大行如何改革，是一视同仁还是区别对待，是分拆上市还是整体上市，都是争论不休的话题。甚至，许多国外专家和机构认为中国国有银行的不良资产太多了，中国的银行业问题严重，根本不可能改革下去。而事实上也大致如此，国内的银行业举步维艰，想要填平巨大的金融窟窿谈何容易？时任央行研究局局长的谢平承认，如何补足银行资本金是一大难题。数额巨大的不良资产，选择剥离，国家承担不起；选择自我消化，可能需要8～10年，甚至更长的时间。而入世的过渡期即将结束，届时外资银行与中资银行将在同样的平台上竞争，中国绝对拖不起这个时间。夏斌的这篇报告引起了很多关注，给决策层沉重的心情带来许多宽慰，也给银行业有些阴暗的前景亮起一丝曙光。

2004 年，国有银行股份制改革正式启动。从注资，到股份制改造，到引入战略投资者，再到最后的上市，基本应照了夏斌关于资金来源的"五个一点"——"政府注资一点，战略投资者引一点，债市筹一点，股市发一点，自己再消化一点"。四大行"一行一策"、三大行最后到农行的上市次序也都与夏斌的建议基本吻合。中国金融改革绝不是一人之力，是许许多多奋斗在金融前线的实务工作者和幕后的学者、智囊共同筹划设计，才有了今天中国金融改革的成功。不敢说银行改革的路线是完全照着夏斌指出的大道前行，因为改革的政策和具体方案在实践中不断地得到修正和调整。但今天，银行改革取得了重大的突破，回顾过往，我们不能不注意到，银行业改革自觉不自觉地是沿着夏斌当时的设计思路在一步一步向前走。

迈不过去的四道坎

2003 年 9 月中央和国务院原则通过了《中国人民银行关于加快国有独资商业银行股份制改革的汇报》，决定成立汇金公司，选择中国银行、中国建设银行作为试点银行，通过汇金公司运用 450 亿美元国家外汇储备和黄金储备补充这两个银行的资本金，进一步加快国有独资商业银行股份制改革进程。四大国有银行改革的方案初露端倪。

然而社会上、管理层内部对此的讨论十分激烈。有的讨论四大银行改革的方案要不要一样，是分拆上市还是整体上市？有的讨论到底是解决不良贷款的存量重要还是流量重要？著名经济学家吴敬琏反对现有方案，认为四大银行应该要整体上市而不是分拆上市，他指出了分拆上市的一些弊端等等。

　　针对这些问题，夏斌阐述了自己的看法。他认为，四大银行改革应该遵循"运筹帷幄、统筹安排；信息透明、稳住信心；区别情况、分类处置；多方筹资、合力解决"这样一种整体思路。他反对简单地提分拆上市和整体上市的观点。不区别情况，让四家银行都整体上市，这很难做到。因为上市不是为了圈钱，上市是有标准的，前提是剥离巨额不良资产，要补偿巨额存量损失。但单凭政府财力不可能帮助四家银行卸下全部的包袱。然而相反，若是某家银行在不动用政府很多财力的情况下，能整体上市又为什么不可以呢？又或者某家银行通过分拆其优质资产上市，在其他措施配合下，上市资产与非上市资产照旧依法经营，上市公司择机溢价出让股份后以所筹资金填补未上市公司资产损失窟窿，减少政府财力支出压力又为何不可呢？正因此，夏斌坚持，四家银行的问题关键是要区别情况，具体算账，分类处置，拿出不同的方案。笼统地讨论分拆上市和整体上市的孰优孰劣，是没有意义的。这其实也是夏斌在写《四大银行风险化解一揽子方案》时就提出的思想。并且，夏斌认为，从战略上来看，中国必须要有自己的规模大、资产质量高、绝对控股的大商业银行。因此，如果四大行都分拆上市，会有很大的问题。

　　针对有些学者提出制度建设比剥离不良资产更重要，更应先行的观点，夏斌坚持自己早在2001年就提出的观点——解决不良资产是中国金融的第一要务。否则的话，有再好的制度、再好的管理者，也不能达到稳健运行的目标。过去的损失总要有人买单，只有不良贷款剥离了，外国人才会进来，外国人进来了，提升了大家对国有银行的信心，大家才会都相信这是好东西，才会抢着买，这样价钱高了，国有银行资金的缺口也就能逐步得到解决。夏斌认为，国有银行缺口巨大，并不是靠外国人的这点钱就能彻底解决问题的，即使他们愿意多拿些资金出来，我们也应保持谨慎态度，未必希望他们多出。事实上，引进外资重要的一方面是为了增强大家对国有银行的信心，这对其后国有银行上市融资以及其他方面改革非常重要。

不仅如此，银行改革初步方案的出台还引发了对银行上市以及公司治理问题的大讨论。很多经济学家认为让国有银行上市实际上和之前国企改革中采取的措施一样，是一种"圈钱"行为。还有一些经济学家认为，方案对建立良好的公司治理和现代银行机制关注不够，即使解决了不良资产存量，增量不良资产又会很快产生，难以"根治"。

为此，管理层方面承受了很大压力，质疑之声不绝于耳，改革的思考也千头万绪，到底当前的工作重点应落于何处？对于这个问题，夏斌依然观点鲜明而切合实际，"圈钱"和现代企业制度都是不容易说清楚的问题，但毋庸置疑，上市是必经之途。如果要上市，现在就必须严格上市标准，并且把精力集中于解决四大银行方案策划和数据测算的问题。这就是夏斌当时在国内第一次明确提出的"银行上市绕不过去的四道坎"，这四道坎把当时亟须解决、不得不解决的问题再次清晰地勾勒出来。它们包括：第一，要彻底理清家底，除不良贷款外，还包括非贷款的不良资产以及表外不良资产，这些问题迟早是要向社会交代的，不能回避；第二，要想上市，除了不良贷款率，关键要看资本充足率和核心资本充足率，要重新正确地计算这两项指标，要扣除已损失的坏账和非信贷资产损失（因央行过去的统计曾未扣除）；第三，要严格坏账准备金的覆盖率，这在国内许多关于银行上市的文章中都没有提到，但却很重要，是银行审慎监管的一条原则；第四，银行剥离出去的坏账应该由没有随时流动性限制的负债来置换，即这些负债不能是普通居民和企业存款，必须由央行或财政来承接，也就是需要用对央行和财政的负债来置换。因此，央行和财政对不良资产的承接能力到底有多少，必须有一个统筹的考虑。宏观决策部门不应该在还没统筹考虑清楚建、中、农这后三家银行特别是最难解决的农行之前，就毫无后顾之忧地去仓促决定第一家银行中行的上市问题。

就这样，银行改革在不同观点的对峙和不断的摸索中前进，关于改革方案的争论很多，但后来改革的成果证明，过去走过的那条路是值得肯定的。而在这个过程中，夏斌和其他学者们始终关注着改革的最新进展，一路斟酌推敲，尽心尽力，在改革史的篇章中，书写了自己独到的一页。

国有银行贱卖否？

银行改革不断深入。2004 年 1 月 6 日，国有商业银行股份制改革正式启动，中国银行和中国建设银行作为股份制改造试点，国务院通过汇金公司向中行、建行分别注入了 225 亿美元。2004 年 8 月 26 日和 9 月 21 日，中行、建行实施股份制改造，由国有独资改组为股份有限公司。2005 年 6 月，交通银行率先成功在 H 股上市。同年，建行引入美洲银行和富登金融作为战略投资者，两者共持有建行股份 13.84%；中行引入苏格兰皇家银行投资集团、亚洲金融、瑞士银行和亚洲开发银行作为战略投资者和财务投资者，四者共持股 13.91%。该年 10 月，建行在香港联交所上市，成为四大行中第一个上市的银行。

然而战略投资者的引入以及建行上市中对机构投资者采用的分层购买准则（即按照约定禁售期的长短，确定不同的入股价格）引发了一场关于"国有银行贱卖与否"以及"外资入股是否危及国家金融安全"的争论。这场争论是银行改革过程中历时最久、最激烈的一场大讨论。

2005 年 10 月 25 日，时任德邦证券总裁的余云辉和上海银行同业金融部总经理骆德明共同撰写了一篇名为《谁将掌控中国的金融》的文章，发表在《上海证券报》上，矛头直指国有银行改革中引入外资的策略。余云辉和骆德明认为，国外资本入股中国金融业，除了追逐利润这一资本的本性外，其更长远的目标是要控制中国的金融企业和金融产业，最终达到影响中国经济，瓜分中国经济资源及所创造财富的目的。金融企业过度引入外资，容易造成中国经济控制权的丢失，危及国家金融安全，并导致国家财富滚滚外流。并且，建立一个完善的法人治理结构，需要有一个过程，需要金融机构管理制度的创新，绝对不是外资参股之后就能简单形成的。

这篇文章刊登后，迅速被各大报纸、杂志、网站转载，成为批评国有银行改革路径的重要"炮弹"。许多经济学家、金融界人士，包括中国社科院金融研究所学者易宪容、中国国际经济关系学会常务理事长谭雅玲、中国人民大学经济学博士研究生刘崇献、安邦集团研究总部首席分析师陈功、金融及证券研究人士袁剑等等，也纷纷发表观点，认为外资入股国有银行存在"贱卖"和威胁到金融安全的问题，认为我们为国有银行改革已经承担了很大成本，但境外投资者从汇金公司平价购入国有银行的股票，没有对中资银行的无形资产价值进行估算，没有支付溢价，占了很大便宜。并且外资入股没有竞争者，很多中国有实力的企业被排除在外。

当"贱卖论"在互联网上下得到众多附和的同时，也出现了很多反对者，这些人更多地来自金融改革第一线。包括央行行长周小川、银监会主席刘明康、建行董事长郭树清、中行董事长肖钢等改革的践行者以及经济学家吴敬琏、胡祖六等。他们认为，"贱卖"并不成立，国有银行存在很多问题，第一个进来的人需要承担额外的风险，后来的投资者才会跟进，国有银行的价格才会越来越高。外资的低价，可以说是对这种风险的一种补偿。

参与建行整个战略引资洽谈过程的建行副行长范一飞也说，"贱卖"是一轮轮艰难谈判、博弈的结果。国有银行寻找战略投资者的过程其实异常艰难，建行在和美洲银行签署战略入股协议之前，先后接触了20多家外国投资者，几乎找遍了所有可能成为战略投资者的机构。这些机构不仅包括银行，也包括保险公司和投行。但他们都对建行缺乏信心，有的谈判甚至拉锯了一年也没能达成协议。而美洲银行购买了建行的股票后，同样承受了巨大的内部、外部压力。有传言说美国国会相关委员会曾把美银高管叫到华盛顿，质询为什么要投资中国的银行。国外情况如此，国内亦好不到哪去。许多资金雄厚的中国企业，也根本不愿意接手建行的股票。即使投资了，也是尽量减少投资额。"贱卖"其实是迫不得已。

这个问题同样引起了夏斌的关注。然而他并没有加入指责"贱卖"的大流，也没有一味简单地为现行具体的细节做法辩解，而是提出了一些实际可行的建议供参考。他认为，战略投资者的引进要辩证地看。一方面，的确，中国的银行体制中还有官本位和行政指令，使改革中存在着一些难以克服的制度成本，这是国外战略投资者很担心的，他们也会因此把价格压低，这完全可以理解。但从另一个角度看，夏斌认为，我们在与外资银行进行博弈的过程中，应该可以做得更好。实际上有一些外方投资者，他们正是因为意识到中国现在非常急切地想解决银行改革的问题，所以以此压低银行股价，让我们的银行在谈判中十分被动。在这方面，相关方面不能太简单化，应该要有所准备，应该想办法采取一些措施提高谈判的筹码，譬如设法引入第三方投资者。具体而言，他给出了以下"奇思妙计"，为银行抬价，别出心裁。

在中国目前环境下，很多企业、个人都面临着有钱无处投资的问题。有的是因为投资回报率太低，有的是因为种种政策限制民营资本无法进入，或者是因为居民储蓄向投资转化的金融途径不畅通。这些找不到投资对象的钱只好放银行。夏斌提出可以把老百姓的钱组织起来，搞一个银行重组的股权基金，由金融机构来发行该基金。这样可以把老百姓的钱聚在一块，由代表与银行谈判，和外国投资者竞争。一方面，这些钱是相对安全的，当时的建行和中行已经剥离了不良贷款，并得到国家注入的大量资金，不再是烂摊子而是一个很不错的投资对象。另一方面，通过这样一种制度安排，给外国投资者带来压力，为我们谈判赢得筹码。即使假设最极端的结果，最后由国内投资者持股银行，夏斌认为也没有什么不好的。中国银行业中搞得最好的，当时能进入世界银行业资本利润率排行榜前 25 名的招商银行，就没有境外投资者，但是它股权、产权结构的改革比较合理，治理机制很完善。因此，夏斌说，我们做什么事，都要讲辩证法。我们要引进战略投资者，但是也不能被动，应当设法引入第三方投资者进行竞争，要"聪明"地引进战略投资者。

夏斌是一直支持引入战略投资者，但他也一直关心金融安全问题。他认为这方面的原则是，无论如何政府手中都应该有绝对或相对控股、对金融大局有影响力的骨干商业银行。西方大国经济、金融体系的成功案例表明，一国稳定的金融体系不仅不能让大银行存在严重风险，而且前几名大银行都往往是本土银行。引进战略投资者的方向是没错的，但也要提高警惕。

2006 年 3 月，夏斌在《银行家》杂志举办的"中国商业银行竞争力排名新闻发布会"上做总结发言时，谈到了这样一个例子：在此次商业银行竞争力排名公布之前，交行和汇丰（汇丰是交行的战略投资者）的老总在一次和夏斌的谈话中很自信地说，这次他们肯定是第一名。当时相关消息还没有公布，夏斌就问，怎么知道是第一名？他们回答道，他们相信是第一名。从这就可以看出海外战略投资者对银行业务的熟练程度、对中国银行的了解程度。之前外资银行曾在媒体上谈论过"洋狼"和"土狼"的关系，他们抱着充分的信心——20 年后一定能打败中国本土银行。因为他们在东南亚输了吗？在拉美输了吗？都没输，都赢了。在中国内地呢？所以夏斌最后强调说，如何在开放情况下达到我们的目的，"与狼共舞"，又保护促进民族金融业发展，这是需要管理层和学者好好研究的问题。

这就是夏斌，他凭着一份责任感和使命感，凭着对经济社会问题的高度敏感，总是能一针见血地找到问题的症结所在。更可贵的是，他并不仅仅满足于发现问题，而是积极地寻找切实的解决办法，真正地为决策层分忧解愁。他了解改革的方向，更清楚中国的国情。他思维活跃，总是有许许多多的新点子，实际可行的新主意，让人不禁拍案叫好。以至于纺织业协会、汽车业协会这些无关金融的行业大会，都愿意邀请对纺织、汽车毫不了解的夏斌出席，希望给他们讲形势，出主意。

异议海外上市

2005 年 6 月，交通银行率先在 H 股上市以后，同年 10 月，建行也在 H 股上市，发行定价 2.35 港元/股，共募集 556 亿港元，获得巨大成功，成为四大银行中第一家在海外上市的银行。

有意思的是，从银行改革设计初期开始，海外上市似乎就比 A 股上市更受青睐，一个重要的原因就是 A 股市场长期在低迷中徘徊，截至 2005 年 6 月，A 股市场都没有什么起色，几乎丧失筹资功能。2005年 5 月，银监会主席刘明康在《财富》全球论坛上表示，尽管中国的商业银行有很多困难需要克服，但它们都会考虑海外上市，并一直在积极做准备。海外上市对中国商业银行的改革非常重要。

支持海外上市的另一个原因是，与国内相比，海外交易所的监管准则更加严厉，更有利于改善中国银行业的公司治理结构。在这个方面，民生、浦发等早在 2000 年前后就已经在 A 股上市的股份制银行成为最好的反面论据。尽管在上交所或深交所公开挂牌交易多年，但这些银行的公司治理未得到很大改观，盈利水平较低。不仅如此，海外上市还有助于提高中国银行业的国际形象。一直以来，国际市场对中国银行业状况不甚了解，是其融入主流资本市场和积极拓展海外业务的一种障碍。

国内企业海外上市是一种策略，不是战略。面对着海外上市呼声渐呼渐高，媒体、社会关注越来越深入，也出现了不少异议。支持国有银行改革"五个一点"、引入战略投资者的夏斌，拿捏有分寸，有方略。早在建行 H 股上市之前，夏斌就指出鼓励银行海外上市只不过是在中国 A 股市场低迷下的权宜之策。出于国民福利和保护国家长远利益的考虑，国内优秀大企业应优先考虑 A 股上市。在 2005 年 11 月中国经济政策研讨会上"当前货币形势与金融改革"的发言中，夏斌表示："我不支持几大国有银行都海外上市，对于有些领导鼓励支持国家优秀企业海外上市的观点，我本人不同意。中央和国务院应该也没有这个观点。"

夏斌支持几大国有商业银行在国内上市，首先是从代价和回报的角度来考虑。中国政府和国民是四大银行改革过程中剥离不良资产损失的最终承担者，理应让国人分享改革后银行业绩稳步增长的成果，这和国有银行引入战略投资者的策略并不冲突。不仅四大商业银行如此，其他优秀的国内大企业也一样如此，应当首先鼓励其在国内挂牌，让国内投资者分享到资产增值的好处。从货币政策角度看，夏斌表示大量企业海外上市，在人民币升值的环境下，不但加大了我国外汇储备的压力，承担了额外的汇率风险，而且削弱了货币政策的独立性。

而且，从国家战略和保护国家长远利益的角度考虑，夏斌指出，大国经济战略的实现必须有大国资本市场的配合。近代经济史上还从未出现过一个大国经济的发展是依附于另一国家和地区资本市场的现象。像四大银行这样关系到中国金融命脉的重要企业，更是应该植根于本土金融市场。在中国融资体制不健全的情况下，要多鼓励民营企业、中小企业到海外上市，同时在境内不断改善其融资环境。但好的企业，如国有商业银行则应留在本土。即使国有商业银行选择海外上市，从中国金融开放的战略角度来说，也要有规划，应当思考清楚这样做的目的何在。夏斌说，商业银行在海外上市，从企业自身来讲很好理解，但从中国的战略出发，我们的头脑要很清醒，要明确未来我们的方向和作为在哪里。

2005 年，股权分置改革试点正式启动，股权分置改革在争论中悄然启航，资本市场酝酿着重大变革。在经济高速增长、股改、汇改以及一系列政策的刺激下，A 股市场逐步回暖，上证指数于 2005 年 6 月 6 日上午下探至 998.23 的最低点之后，开始反弹。新一轮大牛市蓄势而发。而在建行上市的 7 个月后，中国银行实施"A + H"策略，先后在香港联交所和上交所上市。此后的工行也采取了"A + H"上市方式，在 2006 年 10 月 27 日同时登上 A 股和 H 股，成为首例在上海和香港同时上市的企业。建行最终也于 2007 年 9 月 25 日正式回归 A 股市场，至此三家进行股改的银行都实现了本土化上市。"A + H"模式似乎同时集合了海外上市和国内上市的优势，逐渐被社会各界所接受。银行们乐于回到红红火火的 A 股市场，国人也由此能够分享到本土大银行增长的成果。与此同时，国有银行的公司治理情况和业绩也不断地得到改善。关于海外上市还是国内上市的争论就这样逐渐平息下来。

正如夏斌所说，大国经济战略的实现，必须有大国资本市场的配合。今天看来，一切都在悄然实现（2009 年政府又在沪市推国际版了）。中国在世界的地位上升之快，令人称叹，A 股市场更是在今天金融危机的环境下成为了全世界股市的风向标。所有的争论到今天已经烟消云散，但是无数人为金融改革所付出的言论、努力，最终将被历史铭记。

再议海外战略投资者

中行、建行海外战略投资者获得的好处增强了外资参股中资银行的信心。四大行之外，不仅在股份制银行的股权争夺战中处处可以看到境外金融机构的身影，一些优秀的城商行也成了境外投资者追逐的对象。境外战略投资者在我国金融改革中参与越来越广泛，并且发挥了一系列积极的作用，功不可没。他们带来了资本补充、管理经验、先进技术和产品创新，也有助于银行治理结构和运营机制的改革，中国商业银行的整体面貌不断得到改善。

然而，境外战略投资者对中国银行业的蠢蠢欲动，欲全面"渗透"、控制中国金融是否存在安全问题？社会上争论不绝。2006 年 1 月，银监会推出《中国银监会中资商业银行行政许可事项实施办法》，可谓是一枚重磅炸弹，更加激起了一些人对金融安全的忧虑。在这个文件中，银监会规定，今后凡新建银行，发起人股东中应当有境外战略投资者，以此作为所谓的审慎性条件之一。也就是说今后我国想要设立中国自己的银行，必须要有外资股东。这是翻开世界各国监管法律都不存在的规定！报告一出，各界立即纷纷议论，其中不乏言辞尖锐的批评。但有意思的是，大多数反对意见都发表在各大网络论坛上，而一些重要的媒体、财经网站反而一片安静。

夏斌是少数几位公开反对这份公告的学者。他认为银监会这个政策是十分错误的。他说："改造我国的国有银行，引进境外战略投资者的方向是对的，但是作为体现国家法律意志的部门规章明文规定要引进海外战略投资者，是非常不合适的，应该纠正。"这是夏斌向《21 世纪经济报道》寄去的一篇专题评论文章中明确的态度，要求银监会承认错误。最后，《21 世纪经济报道》因为怕刊登夏斌文章得罪银监会，最终没有刊登。

银监会的规定也引起了当时正召开的"两会"代表愤愤不平，写提案上诉要求，来征求夏斌意见，夏斌态度坚决，一概表示支持，并向"两会"代表详细介绍银行改革的状况和法规体系背景。

银监会的这份公告最终引起了领导层的注意，几个月后，人大财经委的相关负责人要求银监会说明为什么会有这样的文件出台？在人大、专家学者的舆论压力下，2006 年 12 月，银监会又出了一个公告，把"发起人股东中应当包括合格的境外战略投资者"改成"发起人股东中应当包括合格的战略投资者"，去掉了"境外"两个字，承认了当初的错误，此风波总算平息。

《实施办法》修订后为邮储银行引资与农行改制铺平了道路。2006 年 12 月 31 日，中国邮政储蓄银行获得银监会批准正式开业，中国邮政集团以全资方式出资组建了这家银行，并没有引入境外战略投资者。农行由于历史包袱重、情况复杂，引进境外战略投资者的可行性也不被各方看好。另外，在此项规定修改后三天，监管当局批准江苏银行开业，而同样未有境外战略投资者入股该行。海外战略投资者从此不再是我国成立股份制银行的必要条件。

应该说，"摸着石头过河"是中国改革开放过程中最成功的经验之一。在这个摸索过程中，总会有一些差错，总要"交一点学费"。一个能够迅速纠正错误的政府无疑是改革成功的关键。而如何发现错误则需要许许多多智囊、学者乃至整个社会拥有足够的勇气、关注和责任感。央行前副行长吴晓灵曾经问过同窗夏斌，为什么不继续留在央行。夏斌的回答是，他愿意做纪晓岚而不愿做和绅。不求官禄显达，但求言论惠国；入乎其内，出乎其外。

银行治理结构的思考

2003 年 6 月到 2004 年 8 月的 14 个月之间，中银香港连续爆出 4 次高层经济丑闻，先是前总裁刘金宝离职接受调查，接着数位副总裁先后锒铛入狱，成为媒体关注的焦点。中银香港是香港第二大银行，是除汇丰、渣打外的第三家发钞行。不仅如此，中银香港还一直被认为是中国国有商业银行资产状况、公司治理最好的分支机构，是中国银行业改革的典范。如此的丑闻不禁让人瞠目结舌。

然而 2003 年、2004 年前后，银行业高层爆出经济丑闻的并非中银香港一家。早在 2003 年，中国银行前行长王雪冰就由于贪污而被判入狱 12 年。之后，2005 年，在建行呆了 40 年，建行股改中功勋卓著，并被评为"2004 年 CCTV 中国经济年度人物"候选人的建行行长张恩照也因为经济问题被立案调查。

2004 年前后，国有银行改革正如火如荼地进行着。2004 年初，国家通过汇金公司向中行、建行共注入了 450 亿美元，补充其资本金。年内，建行、中行完成财务重组，正式成立股份有限公司，迈出了改革的第一步。2005 年，张恩照事发前，建行、中行正艰难地进行着引进战略投资者的谈判。然而就是在这样的时候，爆发出了一起接一起的丑闻，震惊海内外。

现在看来，可喜的是，一桩桩丑闻并没有阻碍中国银行业改革的进程，中国银行业在低谷的几年里依然大步迈进，按照预定的时间表完成改革任务。但在当时，一系列丑闻确实给国有银行的改革带来一些阻碍。中银香港的丑闻一曝光，海外分析机构就纷纷向投资者发出警告，提醒他们警惕中国银行业的潜在风险。对于计划在 2005 年海外上市的建行来说，无疑增添了上市的难度。另外，据说张恩照事发后，当时与建行进行谈判的某外方代表立即拍案而起，大声质问建行为何会出这样的事，并以此为理由，提出了一系列苛刻条件，最终谈判告吹。

但与此同时，也出现了很多积极的声音。花旗集团亚太地区首席经济学家黄益平说："管理层希望国有银行能够实现上市，所以就要先'清理房子'。国内司法机构对银行官员的调查是完全必要的，这对日后减少金融机构腐败案件的发生非常重要。"他相信这是中国政府推进金融改革的重要举措，监管层希望这些国有商业银行在上市前已经"做好了准备"。也有人针对中银香港的丑闻说，这些丑闻是在上市前就遗留下来的"历史问题"，并不能以此否定银行改制上市的巨大作用，相反中银国际在这次丑闻案中表现得十分不错，在案情发生的第二天早晨就向外界披露，并不像过去一样遮遮掩掩。这表明信息披露制度在健全，透明度有很大提高。

无论如何，丑闻的爆发，引起很多人对公司治理机制和银行改革的深刻思考。到底是不是完成了上市，改革就算大功告成？为什么中银香港这样已经上市多年、一直让我们引以为榜样的大银行也会曝出这么严重、这么频繁的丑闻？我们一直破除千难万阻进行的改革，到底是否真的有效，真的能转变国有银行的公司治理机制？

公司治理是一个实际又敏感的问题，是我国银行改制、上市要实现的重要目标，公司治理的健全贯穿于改革的始末。2004 年 8 月 26 日，中国银行股份有限公司率先挂牌，并按照现代金融企业制度的要求，建立了包括股东大会、董事会、监事会、高级管理层的现代公司治理基本框架，标志着国有银行在改革和公司治理方面迈出了新的重要一步。然而监管机制"三会"容易组建，但如何让国有银行公司治理从"形似"走向"神似"却远非如此简单。

中行股份公司成立后的第三天，夏斌、银监会政策法规部副主任李伏安、北师大金融研究中心主任钟伟和中国银行国际金融研究所副所长王元龙齐聚"21 世纪圆桌论坛"，一起讨论国有银行改革的路径和未来。四位专家都对公司治理的问题特别关注，并都把目光聚焦到董事会的问题上来，认为董事会职能的发挥是一个重中之重。

夏斌明确提出了几条具体的建议：

第一，董事会有很多工作需要做，不能仅限于一个季度开一次会。想解决如此庞大的一个企业体中的问题，并且正处于转轨初期，董事会要多花一些时间。

第二，是议事的内容。这两年为了上市，中行、建行在银监会领导下已经做了大量工作，但是远远不够。董事会应该发挥更多作用，议事的范围、内容要拓宽。治理结构确定以后，行长的权力要受到限制。银行大量的内部运行制度特别是一些重大的规章制度要修订。董事会的意志如何贯彻，或者说如何参与？这些都要研究，不能再依靠原有的行政系统。

第三，是议事规则。作为一家公司，董事会的议事规则不必公开。但作为一家国有控股的大银行上市公司，公开议事规则让全社会监督有很大好处，有利于取信于民，取信于股东，有利于"一股独大"公司的法人治理结构的健全。

第四，是独立董事制度。独立董事权利怎么保证，占多少比例？议事规则中独立董事有多少话语权？是否每一项重大决策必须是少数服从多数？为保护中小股东利益，在什么问题决策上独立董事有绝对影响力？这些都要明确规定。

第五，是选什么样的独立董事。这个问题非常关键。独立董事除了要有良知、有公信力外，更重要的是要了解中国国情，了解改革前银行毛病的痛处，要敢于说真话，敢于说实话，敢于说与大股东不同意见的话。而且要有相关的阅历，一些知名人士或者说仅有较高知识背景者不见得称职。

然而除了这些问题外，要改善中国国有银行这样的公司治理还有着特别的难度。2000年，四大银行远未进行股份制改革之前，夏斌就一针见血、入木三分地指出，"官商一体是中国银行治理结构的核心问题"。与一般企业不同，四大银行内设有相应的行政级别和待遇规定，国有银行的领导不仅是高管，也是"高官"，薪酬、任期都直接由中央决定。一方面，国有银行高管由中组部考核、任命，薪酬也随公务员薪酬，不能像市场化条件下那样获得与职责、权力相称的高薪。以中银香港为例，其管理层名义上获得的年薪高达300多万港元，但实际上大部分需要交回银行，实际薪酬远远低于同业水平，与其掌握的巨大权力相比严重失衡，这也是中银香港频出丑闻的重大诱因之一（当然，现在是一边仍有相应的级别，一边年薪参照市场化，拿上百万元年薪）。另一方面，银行行长们在防止不良贷款增长的问题上，缺乏十足的动力。他们更关心自己是否被撤职，并且过去有些分支机构负责人十分热衷于搞好与地方的关系，把这看得比银行业绩更重。因为万一某笔贷款收不回来，丢掉行长帽子，地方有些负责人会给予承诺，可将其平级甚至提拔到当地继续做官。这样的体制，从国有银行创立开始，一直延续到现在。即使在引进战略投资者的过程中，这种制度成本也是海外机构借以压低中国银行股价的一个重要原因。

早在2000年，夏斌还在央行非银司司长任上的时候，就提出国有银行高管的官商身份必须分离。要当高官，就不能同时当银行家，要当银行家就不能同时当高官。当银行家可以拿更多的薪金，但要承受随时被炒鱿鱼的风险。这样才能真正让银行高管人员意识到自己只是在为股东打工，仅是职业经理人角色，其第一目标是为国有资本出资人赚钱。考虑到现实国情，夏斌提出，可以让四大国有商业银行的一把手保留副部级待遇以外，其余一律改为聘用制。能者上，弱者下，努力保证国家出资者给予的经营目标，完成者高薪奖励，完不成则离岗，另聘贤能。如果管理者失职出现巨大资金损失，要追究其责任，银行赚不了钱，管理者也要下台。他认为只有这样，才能促进银行各方面的制度建设迅速发生改变，另一方面，也才能降低监管成本和减少对监管者水平的不断指责。

银行治理结构是我国银行业改革要解决的核心问题，但改到深处，又变得十分敏感和棘手。到今天，客观地说，四大银行在公司治理方面已经迈出了很大的步伐，取得了丰硕的成果。党管干部，高管层由中组部任命的现象也有巨大突破。中、建、工三大行的高管层从行长、副行长、行长助理变成了现在的包括行长、副行长、首席官（首席财务官、首席风险官、首席信贷官、总审计师等）、总监（信贷管理总监、各业务总监等）、董事会秘书等在内的众多职位。其中除了行长、副行长以外的高管都不再由中组部任命，正在逐步实现官商分离。在一些地方，如上海的浦发银行等金融机构直接在试点"一把手"政府任命，副手市场招聘、市场待遇的办法。夏斌的一些改革设想又一次在实践中探索、前进。

8

巨额外储怎么办

外汇储备——一国财富

　　国家外汇储备是指一国政府所持有的、被各国普遍接受的、可自由兑换的外国货币及其表示的短期金融资产（主要是国外银行存款和外国政府债券），是当今国际储备（包括黄金、外汇、在国际基金组织的储备头寸及特别提款权等）的主体。并非所有国家的货币都能充当国际储备资产，只有那些在国际货币体系中占有重要地位，能自由兑换其他储备资产且购买力具有稳定性的货币才能充当国际储备资产。我国和世界其他国家在对外贸易与国际结算中经常使用的外汇储备主要有美元、欧元、日元、英镑等。外汇储备可以通过国际收支顺差、政府和企业对外借款、外汇市场干预（出售本币、购入外币）等方式获得，其中主要的方式是国际收支顺差，包括经常项目顺差和资本项目顺差。经常项目顺差指进出口贸易、对外劳务和投资收入、对外经常转移的外汇收大于支，资本项目顺差指国际直接投资（FDI）、国际证券投资等外汇资本净流入。一定的外汇储备是一国进行经济调节、实现内外平衡的重要手段。当国际收支出现逆差时，动用外汇储备可以保证对外支付；当国内宏观经济不平衡，出现总需求大于总供给时，可以动用外汇储备组织进口，从而调节总供给与总需求的关系，促进宏观经济的平衡；当汇率出现波动时，可以使用外汇储备干预汇率，使之趋于稳定。因此，外汇储备是实现经济均衡稳定的一个必不可少的手段，特别是在经济全球化不断发展，一国经济更易于受到其他国家经济影响的情况下，更是如此。一定的外汇储备还有利于维护国家和企业在国际上的信誉，有助于拓展国际贸易、吸引外国投资、提高对外融资能力、降低对外融资成本、防范和化解国际金融风险。形象地说：外汇储备就像在国家这条大江大河上建造的"拦截湖"，当某些年份经济形势大好，"雨水充沛"，国际收支收大于支，就落闸蓄水，以备不时之需；当某些年份经济暗淡无光，"少雨干旱"，国际收支入不敷出，就开闸放水，缓解一时困顿。俗话说"家有余粮，心中不慌"，国家亦如此。如果一个国家外汇短缺，又面对国际收支逆差或者干预汇率波动的需要，则要么靠借国际资本高利贷度一时危机，被人卡脖子；要么深陷债务危机，甚至国家破产，惨不堪言！1997年亚洲金融危机时，泰国等亚洲国家都是瞬间外汇储备为零，进而陷入最为严重的金融危机。所以，一国根据需要保持一定水平的外汇储备很有必要。

当然，要使外汇储备更好地发挥作用，必须对其进行有效管理。一般说来，各国外汇储备管理的基本目标是保证外汇储备的安全性、流动性和盈利性。安全性是指储备资产本身价值的稳定和存放可靠；流动性指要求储备资产随时可以运用；盈利性是指储备资产在保值的基础上有一定的收益。但是这三个目标本身并不协调一致，外汇资产越安全，流动性越好，其收益一般比较低。外汇储备不同于黄金，它本身没有内在价值，它在市场上的价格高低，往往又受制于该货币发行国的经济状况、货币政策以及货币地位等的变化与影响。因此，一国政府都将安全性放在外汇储备管理的首位，注意适时调整好外汇储备的币种结构，降低在外汇市场上的汇率风险。同时，在外汇储备资产（国债和高级别公共机构债券等）构成上应遵循资产多样化和风险分散化的原则，把外汇储备投资于不同的资产，也就是说"把鸡蛋放在不同的篮子里"。此外，外汇储备要作为随时可以使用的干预资产，来适应外汇流出入量的不确定性变化和调节外汇市场，以稳定汇率，这体现了流动性的要求。在保证外汇储备安全性和流动性的前提下，还要适当兼顾盈利性，因为外汇储备是通过国内资源换取的国家财富，如果不注重通过投资获取适当收益，则意味着国民福利的损失。随着一国外汇储备的不断增加，盈利性原则尤为受到各国政府所重视。

1978 年，我国外汇储备只有 16 亿美元。改革开放以来，随着中国经济的快速发展，对外贸易的迅猛增长，外商直接投资（FDI）的大量涌入，我国外汇储备迅速增加。1996 年末外汇储备突破千亿美元大关。2005 年人民币汇率体制改革后，海外资本普遍对中国市场及人民币的前景看好，我国外汇储备更是屡创新高。2006 年 2 月末，外汇储备达到 8536 亿美元，超过日本（8501 亿美元），成为全球外汇储备最多的国家。2006 年末，外汇储备余额突破万亿美元大关，达到 1.07 万亿美元，10 年扩大 10 倍。外汇储备在此后两年的时间里又继续增加了近万亿美元，2008 年末，我国外汇储备余额达到 1.95 万亿美元，已经超过世界主要七大工业国（美国、日本、英国、德国、法国、加拿大、意大利，简称 G7）的外汇储备总和。2009 年上半年末，外汇储备突破 2.1 万亿美元，已是全球第二大外汇储备国日本的两倍。外汇储备成为其他国家无法攀比的世界第一，代表着改革开放以来经济建设领域取得的巨大成就，代表着我们国家综合实力的提高，也是我们民族自豪感和自信心的一种触发剂。

答疑解惑——初次说"度"

哲学上："凡事皆有度"，孔子曰："过犹不及"。一国持有的外汇储备也有一个规模适度的问题，也不是"多多益善"。一段时间以来，随着外汇储备的快速增长，特别是我国超过日本成为外汇储备第一国以后，经济学家和政府管理者基本能达成共识，我国的外汇储备在规模上已经过剩。超适度的外汇储备和持续不断的外汇增长，以我国为例，其负面影响主要有：

一是有损于货币政策的独立性和有效性。外汇多，经兑换后被动增加货币供应，尽管央行可以采取对冲操作，收回多余货币，但央行的"补回"政策都是被动、有成本、不及时或者不充分的，因而弱化了货币当局对货币供应量控制的能力及其效应，加剧物价上涨的压力和可能造成经济过热态势。2006、2007 年我国的货币政策实践和宏观经济局面就是很显著的现实例子。

二是有可能承担美元贬值的风险。据广泛估计，目前美元资产占我国外汇储备的七成左右。可以说，今后一二十年甚至更长时间内，"美元霸权"的地位难以撼动。从历史来看，"美元霸权"帝国往往是不顾他国利益，总是不断地采取美元升值、贬值政策的更替，以解决美国国内经济的矛盾与问题。如果我们长期持有高额美元储备，若遇某个时期的美元贬值政策，其可能的损失不容轻视。1925 年前后，不少欧洲国家将国际储备从黄金转变为外汇，而英镑则是重要的储备货币。1929～1933 年席卷全球的大危机严重冲击了英镑，英国别无出路，于 1931 年 9 月正式宣布废除英镑金本位制，并将英镑贬值 30%，这使许多外国央行损失惨重。其中，荷兰外汇储备的损失几乎是毁灭性的，荷兰央行行长杰拉德·威瑟林被迫辞职，差不多半年后，沉重的心理负担最终迫使其自杀。

超适度外汇储备消极影响的第三方面是降低了资金资源的利用效率。外汇储备是一种实际资源的象征，它的持有是有机会成本的。持有外汇储备的机会成本等于国内资本收益率减去持有外汇储备的收益率。中国大量外汇储备投资于美国债券，而美国债券的收益平均为 3% 左右，美国人将这一收益率戏称为"傻瓜收益率"。相反，外资投资于我国的收益率一般在 10% 以上，7% 的收益差额给我国造成了很大的损失。因此，过多的外汇储备实际上是一种资金的闲置，无法实现货币这种资源的最优配置。第四是造成难以承受的强烈国际压力，推动了人民币的不断升值。从 2003 年起"方兴未艾"的人民币升值国际舆论，就是以中国高额外汇储备和国际收支顺差为借口以行"阴谋"。国内的超适度外汇储备总是让洋人"眼红"，长期的"贸易战"、

"汇率战"，以至于个别国家频繁"操练"的其他制裁手段，不利于形成我国和平崛起的良好国际经济环境。

中国作为一个发展中大国而拥有2万亿美元的外汇储备，无论如何是个不寻常的现象。如果在这个问题上缺乏大战略、大思路，毕竟"未思成，先虑败"，其可能后果不仅仅是国家资源的未有效利用，也可能使得多年来外向型经济发展的成果遭受重大损失，或者干扰国民经济的健康、有序运行。中国巨额外汇储备向何处去？这是一个值得慎思谨行的课题。夏斌"忧国常先众"，很早并且一直在关注中国的外汇储备问题。1996年，我国外汇储备首次超过一千亿美元，国内学术界议论甚多，主要观点是认为外汇储备过量，国家付出的机会成本太大。

当时，国务院朱镕基副总理批示中国人民银行组织人写些文章宣传，夏斌那时作为人总行政策研究室的"一把手"，"亲自操刀"，带着助手撰写了《正确认识我国的外汇储备问题》一文，于1997年7月发表在《人民日报》上。这篇文章不仅是宣传文章，更注重理论分析，被国际组织认为是一篇很有说服力的文章。文章指出，以教科书上讲的"三个月进口额"作为外汇储备适度规模的理论和实践已经不适合国际经济形势的发展，重要的是看一国经济的内外均衡情况，并且认为，当时的外汇储备规模是适合我国国情的，将在实际经济中发挥积极的作用。随后的亚洲金融危机使泰国、韩国等许多国家遭受了经济劫难，中国得以幸免，主要归功于当时的资本管制政策，国际投机资本被拒于国门之外，但是彼时充足的外汇储备（1997年末是1398亿美元，1998年末是1449亿美元）很大程度地减缓了金融危机的负面冲击，提振了政府和国民应对危机的信心，也拓展了政府应对通缩的政策空间。所以说，夏斌对该时段外汇储备水平的判断是正确的、是明智的。

建言献策——二次说"度"

2006 年 2 月末，我国外汇储备达到 8536 亿美元，超过日本成为外汇储备世界第一国。有个故事说上世纪 70 年代的某一年，有位国家领导人出国访问，甚至为几万美元的外汇需要而发愁，可见当时窘迫之极。回首当年，恍若隔世，中国确实已经永远告别了外汇短缺的岁月，巨额外汇储备也是经济发展成就和综合国力提高的一种象征，使国人感到由衷的喜悦和自豪。但是，这时的外汇储备是否适度，是否与国民经济发展和市场体制改革的需要相适应，高额的外汇储备如何有效管理以提高国民福利，这些问题都必须得到尽快、正确的回答，以利于外汇储备管理和宏观政策制定。"铁肩担道义，妙手著文章"，早在 2006 年 4 月，夏斌在《第一财经日报》上发表文章《中国外汇储备最优规模应为 7000 亿美元》，旗帜鲜明地认为我国的外汇储备已经超过了满足经济发展需要的适度和必要水平，清晰明确地给出了自己对一时适度外汇储备的计算，并且系统且创造性地阐述了对于提高外汇储备使用效益的自我建议，可称及时之作。该文首先指出："只要中国继续保持良好的政策环境，中美贸易失衡格局将在一个相当长时期内存在，我国外汇储备规模的增长就具有一定的长期性。多方面数据分析证明，近两年多来我国外汇储备的激增与人民币升值预期密切相关。我们估计，2005 年新增外汇储备中约有 22% 是由于人民币升值预期导致的短期投机资本流入。"夏斌以此揭示巨额外储存在的不稳定性。夏斌深入考虑外债、进出口额、外资利润汇出、紧急状况等外汇需求因素，从当时政策框架出发进行测算，得出结论："为保证经济安全稳定运行，维持 7000 亿美元左右的外汇储备应该能应对暂时性国际收支失衡造成的外汇流出，并且至少能提供 3 个月的调整时间。"应该指出，一国外汇储备到底多少才是最优，目前世界上还没有一致认可的算法，且要考虑政治、外交等因素；对一国一时来说，较合理外汇储备量并不是绝对不变的，而是随着各种影响因素的变化而变化（当然，夏斌在文中也说明了这一点）。所以，许多经济学家对适度外汇储备量可谓见仁见智、莫衷一是，但夏斌是我国外汇储备处于世界之巅，众人还喜颠颠之际给出详细明确计算的第一人。他提醒国民："高处不胜寒，成为第一未必都是愉悦，因为外汇储备的边际价值是递减的，甚至为负。"《左传》曰："居安思危，思则有备，有备无患。"夏斌的论证对当局制定合理的相关政策很有参考价值，对国民保持对外汇储备的正确认识具有教育意义。国际收支失衡（顺差）严重是造成我国外汇储备存量巨大且高速增长的原因，正确处理国际收支失衡问题可以缓解外汇储备"水位"的不断升高。我们在讲述夏斌有关货币政策领域的贡献时，曾说明过他关于应对我国国际收支失衡问题的系统性全面性建言献策（"改、疏、堵、冲、内"五字诀），这同样是解决外汇储备超适度问题的良方。在《中国外汇储备最优规模应为 7000 亿美元》此文中，夏斌还多方论述了关于提高外汇储备使用效益的对策建议，有些与他关于国际收支失衡方面的思考一致，这里不再多作介绍。星河璀璨，我们只拣最亮的星辰说，这些"策论"有许多闪着创造性的智慧光芒，对现实工作起着指引作用。

夏斌主张："中国保留 7000 亿美元外汇流动性就已足够，过多的外汇储备是国民福利的损失，是国家战略利益的损失，何况这些钱还面临着美元贬值的风险。对这约 7000 亿美元的适度外汇储备，仍应坚持'安全性、流动性、盈利性'的基本使用原则，并尽可能提高投资收益。超过适度的外汇储备，要鼓励根据国民经济各方面需要而花掉。外汇储备是外贸企业出口所赚外汇卖给央行，央行在买进外汇、卖出人民币的同时，形成了外汇储备。运用超适度外储，原则上是在海外运用，用于购买海外的财产和物资，而不是在国内运用，即通过'二次换汇'增加国内货币供应，以致影响国内经济的稳定发展。"夏斌讲："可以择机尝试外汇储备证券化，把一部分国家外汇储备转为企业和个人的外汇资产。即国家拿出一定数量的外汇储备设立海外投资基金，在国际上进行资产组合投资管理；国内居民用人民币购买基金证券，央行在收回市场上人民币的同时，使居民间接持有境外资产。"此谓"一箭双雕"：设立海外投资基金，既收缩国内市场上的人民币，又提高中国居民的海外资产。中国的国家外汇比日本多，但是日本民间企业和居民的外汇储备加起来，远远超过我们的总和。这是"藏汇于民"策略，避免把外汇储备过多的压力全部集中在央行身上。后来，央行副行长、国家外汇管理局原局长吴晓灵也多次讲过："我们最应该鼓励的是企业在国内筹集人民币股权投资基金购汇后对外投资。企业直接对外投资有许多不可预见的风险，政府也可以用成立产业投资引导基金的方式帮助企业分担部分风险，鼓励企业走出去。""英雄所见略同"，这里，他们的思路是一致的。

夏斌建议："配合国家经济发展的战略性考量，支持有条件的企业'走出去'。可以运用外汇进口关键设备、原材料；尽可能购买有助于培育国内自主创新能力的海外先进技术、先进设备；可以高薪聘用世界顶级人才；支持对重要领域海外优质企业的并购活动，我现在（2006 年 4 月）的考虑是，是否可以配合国家金融战略的实施，有计划、有远见地对并购海外银行予以鼓励、支持。"2009 年 2 月，温家宝总理在接受英国《金融时报》专访时说："我们正研究如何用外汇储备刺激经济，正在探讨如何合理有效地运用外汇储备来为我们的建设服务，我们希望用外汇来购买中国急需的设备和技术。"随后，中国赴欧采购团出发，采购规模超过 150 亿欧元，采购范围涉及航空、医药、环保产品以及一些关键设备和核心技术，最为引人注目的是德国工业巨头蒂森—克虏伯向中国出售部分高速磁悬浮列车的核心技术。一段时间以来，上海、北京、国资委、证监会等许多地方政府或国家部委都进行过海外高端人才招聘。2009 年 5 月，中石油成功收购新加坡石油公司；6月，中国五矿集团宣布收购澳大利亚第三大矿业公司 OZMinerals 成功。这些收购最重大的意义在于增强了中国企业对国际资源的话语权。2006年8月，中国建设银行与美国银行签署协议，以97.1亿港元收购其在香港的全资子公司100%的股权。由此，国有商业银行在股改之后迈出了海外并购的第一步。2006年12月，中国工商银行买入印尼 Halim 银行90%股权，首次以收购方式进入海外市场。2007年8月，工行又以5.83亿美元收购澳门诚兴银行80%的股权。2007年11月，招商银行纽约分行被美联储批准设立，至此，招商银行成为自1991年美国《加强外国银行监管法》颁布以来首家准入美国金融市场的中资银行。由此易知，夏斌对外汇储备高效运用方式的探寻，对积极进行海外金融并购的思考都是有创见、有实际意义的。

　　夏斌提议："可以通过一定的方式用外汇购买海外石油及其他战略性资源。"他写过一篇这方面的专门报告递在国家领导人的案头，温总理对此作了重要批示。2006年12月，国务院副总理曾培炎透露，中国将建立矿产资源储备制度，利用外汇储备增加国家战略性资源的储备。夏斌还提出："作为正在崛起的中国，黄金在储备中的份额与贸易大国地位相比，严重偏低。因此我国仍可视世界黄金价格走势，在偏低价位时择机增持。"一时间，海内外媒体议论纷纷。但私人了解夏斌观点的知道，夏斌关于择机低价增持黄金的思想，是基于世界经济史的教训，是基于中国崛起战略的考虑。美国、德国、法国、意大利和瑞士的黄金储备均在1000吨以上。截至2008年末，美国黄金储备为8133吨，占同期国家战略性储备的比例为76.5%；德国黄金储备为3413吨，该比例为64.4%。而我国的黄金储备自2002年以来一直维持在600吨，黄金占外汇储备的比例不断下降，由2002年末的2.2%下降至2008年末的0.9%。按照国际上的经验，黄金储备应该占到一国战略性储备的10%左右，与西方发达国家相比，我国的黄金储备规模太小，比例太低。美元不像黄金，黄金有内在价值，古训曰"乱世藏金"，看重的正是黄金的保值功能。美元的价值全靠美国政府信用支撑，一张绿纸片（美钞）的印刷成本据说是 4 美分。如果山姆大叔大印钞票，实行美元贬值政策，那么我们的高额外汇储备有相当一部分价值就会"蒸发"，渺杳无踪，到时可谓"为他人作嫁衣裳"。有个故事可以很好地说明黄金储备的重要性：1961 年刚宣誓就职的美国总统肯尼迪随即阐述了强势美元政策。但是到 1964 年，美国的对外官方债务还是超过了美国黄金储备的价值。这时法国总统戴高乐开始公开谴责美国可以靠印钞票支撑国际收支逆差，而其他国家却需要辛辛苦苦的"挣美元"，这给了美国"过度的特权"。法国声称会把其持有的全部美元兑换成黄金，法美交恶。到 20 世纪 70 年代尼克松上台时，美元再也支撑不住，开始雪崩式地贬值，戴高乐的偏执多少减轻了法国的损失。所以，我们也应该"未雨绸缪"、"防患于未然"，在适当时机（价格）用外汇大量增持黄金储备。

老成谋国——催生中投

在"提高外储使用效益，为国为民谋福祉"的政策建言上，夏斌最精彩、最华丽的篇章是提议建立专门的外汇投资机构。有人这么评价："夏斌一手催生了中投公司（中国投资有限责任公司）。"此说应该不为过。有关中投公司的理论上的合理化论证、法律上的可行性阐释、操作思路的说明以及主权财富基金的规范建议，甚至诞生时间，夏斌皆有著述和贡献。或者说，不管是偶然巧合，还是其他，中投公司正是按照夏斌设计的路线一步步精确地走到了世人面前。此不能不让人佩服夏斌的政策功底，正应了那句话——"老成谋国"。2006 年4 月，还是在《中国外汇储备最优规模应为 7000 亿美元》这篇文章中，夏斌第一次提到建立专门的外汇投资机构的设想，他说："近十年来，随着世界各国外汇储备的激增，外储管理的盈利性原则尤为受到各国重视。根据数据经验，包括已完全实行浮动汇率的国家，一般80%左右的外汇储备，确保在可承受的成本收益内获得充足的流动性，20%左右的储备用于积极的储备管理投资，其中境外股权投资是主要的选择方式。我国也可以在总结中央汇金公司经验的基础上，完善现有的公司架构或者干脆组建直接隶属中央政府的专门的外汇投资机构，扩大股权投资包括境外投资。"

进而在同年的10月，夏斌发表了《管理亟须新模式，小步改革外汇储备管理体制时机成熟》的文章，全面论述了有关建立专门外汇投资机构的各方面问题。

首先，夏斌论证了建立这样一个专门结构的合理性或者说必要性，他讲："长期以来，我国外汇匮乏，央行作为外汇储备管理的唯一机构，不存在任何的不妥。近几年随着外汇储备的迅速增加，一是国内货币供应压力越来越大，调控越来越难；二是面对仍在不断增长的巨额外汇储备，从国家整体利益和战略利益出发，需要对外汇储备进行更加积极的管理和运用，盈利性的要求提高。此时如果继续由专责宏观调控的央行一家机构，同时兼负大量日常、复杂的普通投资和战略投资职能，显然有些力不从心，而且在账务处理上有诸多不便。因此，寻找新的外汇储备管理模式，已成为我国宏观经济管理中面临的新问题。此时反观世界各国，在经济较发达国家，如果汇率政策与国内宏观经济政策日益紧密时，往往出现由财政部、央行或专门的机构互相协作，共同构成国家外汇储备管理体系的实践操作。特别是亚洲出口导向型经济又是非主要国际结算货币的国家，如新加坡、韩国等，当外汇储备相当丰裕时，都走上了开始分离汇率管理功能和外汇投资功能，即将不同功能的外汇分属不同机构专责管理的道路。根据上述情况，又从我国目前央行、财政部各自的职能、人员结构、经验积累状况及法规依据出发，当前我国的外汇储备管理体制不必做大的调整（编者注：因当时有学者建言要对外汇管理体制作出改革），但开始探索逐步分离汇率管理功能和外汇投资功能的路子，不仅是必要的，而且时机已基本成熟。为此，建议进行小步改革：在大体测算国家适度外汇储备的基础上，涉及抗御金融风险、与汇率管理相适应的适度外汇储备继续由央行管理；超适度的外汇储备逐步交由财政部或设立专门的机构单独管理。"这不正是后来央行外汇管理局和中国投资公司（2007 年 9 月成立）的职能分工吗？丝毫不差。

其次，夏斌说明了专门外汇投资机构的操作思路。"基于中国经济和财政收入的持续高速增长以及目前市场利率较低的状况，财政部可以以分期分批的方式发行十年期甚至更长期的债券，在市场上筹集人民币资金，从央行购汇后进行投资操作。这样做可以直接减少央行的货币供应压力，起到财政政策配合央行货币政策进行宏观调控的效应。财政购汇后，主要用于海外和国内的股权等投资及战略性投资，可以大幅提高外汇储备的投资收益，明显增强国家的持续竞争力。"后来的事实不就是中投公司 2000 亿美元的注册资本金，正是财政部通过发行 1.55 万亿元特别国债，然后从央行购汇得到的吗？

鉴于当时有领导担心这样操作与法律有冲突，夏斌又寻据论证，认为没有违法，可以大胆干，因为："第一，中国人民银行法规定，中国人民银行持有、管理、经营国家外汇储备。现在的做法是财政从市场上筹集人民币，向中央银行购汇，这已经不构成外汇储备，没有违背人民银行法。第二，全国人大常委会批准关于国债余额的管理办法规定特种国债不列入国家预算，何况发特种国债是投资海内外企业，是有外汇资产存在的，不真正构成财政赤字的压力。"夏斌对中投公司面世前"盖头"下唯一没有把握到的内容，也只是"中央的魄力、中投的规模"罢了。夏斌当时建议："改革过程应是小步开展。考虑到海内外投资的人才培养、经验积累需要有一个过程，境外投资的先期步伐不要太快，可以先搞试点。财政可先发行 2000 亿至 4000 亿元人民币债券（约 250 亿至 500 亿美元），其中绝大部分用于海外，对当前央行主导的汇率管理功能和货币政策调控，有利无弊。"后来是，财政部累计发行了高达 1.55 万亿元的特别国债，中投公司的注册资本金也相应达到了 2000 亿美元规模。中投公司走到前台后，夏斌在谈到这一点时说："那时主要考虑国内欠缺相关经验和人才积累，如果'要钱太多'，国家领导可能担心专门投资外汇资金的安全性。为了让'中投'尽快出生，所以没敢'狮子大开口'。从这也可看出政府进行外汇储备积极高效管理的决心和魄力。"

主权财富基金（中投公司是典型国有资本，属于此类）因为其政府背景，在国际上不是没有争议。2007 年中，中投公司成立的前夕，据摩根斯丹利投资银行估计，全球主权财富基金拥有约 2.5 万亿美元资产。2007 年 7 月，哈佛大学教授、美国前财政部长萨默尔在英国《金融时报》上发表评论称，发展中国家日益庞大的主权财富基金正大规模地流入发达国家，投资发达国家的企业和资产。这引发了美英等国的警惕，他们将目光聚焦在如何让这些投资不动摇国家安全上。他们认为，中国具有迅速增长的巨额外汇储备，正在用政府支持的资金在经济更发达的国家收购公司资产。2007 年 8 月，夏斌在媒体上称："当前，这方面的行动（指外储投资）虽已起步，但在美、德等国都企图立法警惕主权财富基金的背景下，关键是中国外汇投资公司的行动（编者注：成立和投资）要迅速，方式要灵活。"2007 年 9 月 29 日，经国务院批准，中国投资有限责任公司在北京成立，从事外汇投资业务，以境外金融组合产品为主。至此，夏斌像一位揭谜底的智者，一步步把中投公司带到了我们面前，让我们国家通过这艘海外战舰用财富去谋求更多的财富，以强邦国，以福万民！

俗话说："扶上马，送一程"，夏斌亦如此。主权财富基金国际争议本来就不少，自从中投公司成立，本着"警惕中国、遏制中国"的精神，世界上一些国家更是对主权财富基金非议颇多，限制不断。2008 年 2 月 7 日正是中国农历新年的大年初一，就在这一天，一场关于警惕并限制中国政府投资基金的听证会在华盛顿举行。美国国会的几位参议员呼吁布什政府应该审核外国政府建立的基金对美国企业的投资，"不管是多么小的投资"。这次听证会由美国美中经济安全审查委员会举办，听证目的是"初步了解议员们对主权财富基金的整体看法，以及是否有必要对中国的主权财富基金特殊对待"。听证会并没有达成最终结论或明确建议，参加会议的美国财政部官员罗伯特说："我们会继续与中投合作，而且会更加警惕他的行为"。主权财富基金是否"洪水猛兽"，我们应该对其怎样认识，怎样应对世界舆论和主张国际规范？夏斌在2008年5月第一届上海陆家嘴金融论坛上面对世界各国专家与精英发表了《全球国际储备快速增长意味着什么》的精彩演讲，有理有据，拨开迷雾，博得众人喝彩（此文后发表在《中国金融》杂志）。发言中夏斌首先说明了主权财富基金是全球经济失衡和当前国际货币体系内在缺陷的"共生现象"，然后谈到了有关主权财富基金的认识看法和规范建议，夏斌主要论述了四点：

第一，对主权财富基金应尽可能用经济的眼光而不是政治的眼光来看待它。要看到，主权财富基金在投资债券与投资股权进行选择上，是金融市场上资产选择的市场行为。

第二，要冷静看到，不要过分夸大主权财富基金的影响。据有关机构测算，目前主权财富基金总量还很小，如果5年后发展到6万~10万亿美元，也只能达到全球金融资产的6%左右。而且主权财富基金不像对冲基金那样具有高杠杆作用。

第三，从一国安全角度出发，可以要求主权财富基金增强投资透明度，但强调透明度应坚持市场原则和公平原则。一是透明度要求应该由相关国家共同协商、平等决定，不能有歧视政策（编者注：这一点避免矛头只指向中国）。二是对私人投资部门中的对冲基金、私募股权基金应同主权财富基金一样，对其应有共同的透明度要求（编者注：这一点非常有利于我们的资本管制政策，同时也是针对美国政府当初仅想监管主权基金不想监管对冲基金而言）。三是透明度应该是双边的，对投资者有透明度要求，对投资接受国同样要提出有合作意向的透明度要求，要反对新一轮的保护主义（编者注：这一点有利于减少中投公司海外投资的障碍和限制)。

第四，有关研究表明，2007年全球主权财富基金增大到3.5万亿美元，今后7年内将超过美国的经济总量。解决全球主权财富基金的快速增长及其可能带来的影响，透明度要求是次要的，重要的是相关国家都要加快国内结构调整，包括金融监管和金融深化政策的调整，这是保持世界经济长期稳定发展的希望所在（编者注：透过现象看本质，主权财富基金的产生本质上要求解决国际经济结构的调整。后来的美国金融危机爆发，此观点使人更容易认清了）。在相关国家结构调整未到位前，主权财富基金的国际间运用，恰恰是有利于纠正有关国家储蓄与消费间的失衡比例，有利于改善资源在国际间的有效配置（编者注：这一点可以用来主张主权财富基金的"名正言顺"、"师出有名"）。

夏斌的这四点简练凝神，提纲挈领，有助于国民对主权财富基金的了解认识，更有助于政府在大国间的博弈中最大限度地争取我们自己的利益。

更上层楼——奇思妙想

即使别的什么也没有说，夏斌也可以拿中投公司这一谋策"案例"引以自豪一番。然而，他关于巨额外汇储备如何运用的思考并不仅仅于此，他另外还有许多有深度、有创见性的计策建议。也是早在中投公司成立前的2006年9月，夏斌在献计国家领导人的一份内部报告中《抓住机遇，用好外汇——加快推进我国和谐社会建设》中指出："当前中国，从国际与国内看，遇到了两大不可回避的严峻挑战。一是在全球经济结构失衡背景下国际收支失衡严重，国内经济增长和就业稳定深度依赖于外部环境，特别是美国的经济形势。国外'风吹草动'，国内'风声鹤唳'。二是国内经济与社会发展不协调。一方面，中国经济总体实力明显提高，令世人刮目相看；另一方面，除环境、资源等问题外，'三农'、就业、收入分配、社会保障、医疗、住房、教育等问题迟迟得不到很好的解决，集中变现为社会矛盾的凸现和因消费不足、资源环境问题带来的中国经济长期增长的不可持续性。上述两大挑战，严重困扰着中国进一步的发展。但是认真分析又不难发现，两大挑战同时也给解决当前国内各种矛盾，提供了自改革开放以来从未有过的好机遇。因为，中国经济外部矛盾的直接表现是外汇储备过多，内部矛盾的直接表现是要解决上述一系列问题却资金不足，而外汇储备本质上意味着国家拥有在国际上可换取各种资产或资源的权利。当今中国，一方面，国家外汇储备已达上万亿美元，且今后四五年每年仍有 1500 亿～2000 亿美元储备的增加；另一方面，解决经济与社会深层次的矛盾，方方面面又苦于资金不够。因此应该说，只要政策得当，巧妙地用好超适度国家外汇储备，用于弥补社会发展长期所欠的'债务'，解决国内凸现的矛盾，正是落实科学发展观与和谐社会战略思想难得的历史机遇。"对一些经济学家没有针对性的"高论"，或金融官员没有理论支撑的"老生常谈"，夏斌从来都毫不客气。"关于外汇问题，有些学者就喜欢喊理论，理论谁都知道，现在最紧迫的是外汇怎么用的问题，这才是需要探讨的。"夏斌说，"除了较易形成共识的超适度外汇储备积极运用方法外，中国需要拿出更大的气魄，做出更大的动作，才能解决内外经济矛盾问题。"

夏斌"但开风气不为师"，自己先在这方面思考上做出了诸多尝试，但举两例。他建议："考虑到我国社保基金的巨大资金缺口及社保资金更多的支付是在未来，现在可将适量的外汇储备划入社保基金，同时由央行和社保基金签订内部协议，即平时外汇资金的境外使用权和投资收益归社保组织拥有（运用方式可进一步探究）。当国家金融发生紧急状况急需外汇时，央行有权以一定的形式换回社保组织持有的全部或部分外汇本金。此做法，一是在较长的时期内以投资收益和适当少量的外汇通过市场方式弥补社保资金缺口，加快构筑社会安全网，对国内的货币供应影响又不大；二是减少央行对外宣布的国家外汇储备数量，减轻人民币升值预期，同时社保组织的基本外汇可作为国家的二级外汇储备；三是有利于改变居民的预防性储蓄倾向，刺激消费，促进内需。"2008年2月，中国社会科学院社会保障研究等专家也撰文呼吁称："建立主权养老基金以增强未来社保财力和缓解老龄化压力，是全球养老制度发展的一个潮流。目前，我国外汇储备已达1.53万亿美元，为利用外汇储备建立一支'储备型'主权养老基金创造了条件。作为主权财富基金的'孪生兄弟'，尽快建立主权养老基金不仅完全符合国家利益，而且还可与中投公司共担历史重任，积极参与全球化，增强中国在国际经济金融舞台上的话语权。"

夏斌还建议："政府可以直接用外汇在海外大量购买用于改善国内教育、医疗、环保、安全生产、农村基础设施建设等事业发展所急需的各种设备、技术与其他物资，以国家投资持有的方式下拨，比如说到国外去买X光机、B超机，下拨给农村合作医疗机构；或政府在海外采购，再以优惠价格卖给国内企事业单位，同时收回人民币。通过这些方法，以超常规的方式与速度，加快这些薄弱事业的发展。"

"抛售美元"——"吓坏"布什

2007年上半年，中美之间贸易战由美国引发，并硝烟弥漫。2月，美国向世界贸易组织（WTO）状告中国，声称中国的贸易补贴政策违背世贸规则。3月，美国政府以中国政府给予其造纸企业出口补贴为由，宣布对中国生产的铜版纸产品征收高额惩罚性关税。4月，美国

向 WTO 提出两项贸易诉讼，控告中国政府：（1）对打击中国境内之
猖狂盗版未尽全力；（2）限制美国电影、音乐、书籍等知识产权商品
进入中国市场。6 月，一群美国参议员将美国的失业状况归咎于全球
竞争，起草了针对中国的贸易保护主义法案，呼吁对中国货物实施贸
易关税，以报复所谓的人民币汇率操纵。此举获得了美国参议院财政
委员会及不少朝野人士的支持，此时民主党的两位总统候选人希拉里
和奥巴马都签名支持这一法案。7 月，中国以受污染为由宣布暂停进
口美国数家主要肉类加工商的产品。

2007 年 8 月，夏斌在接受《中国日报》采访时表示，针对美国
"得寸进尺"的贸易保护主义，"中国可将被美国人称为的'金融核威
慑'作为谈判的筹码"。其实，早在 4 月份，夏斌在一篇上呈决策层
的报告中就包含了这一建议。8 月 8 日，英国《每日电讯报》刊发了
一篇题为《中国威胁以抛售美元作为"核选项"》的文章。尽管夏斌
从未直接有"抛售美元"之话语字眼，但文章直接点名国务院智囊夏
斌的观点，并称："中国政府已经开始了一场对美国构成威胁的行动，
一旦美国采取贸易措施向人民币施压，中国可能会大量卖出其持有的
美国国债。"报道称，中国可能会将 1.33 万亿美元的巨额外汇储备作
为"政治武器"应对来自美国国会的压力，其主要依据就是夏斌的
"筹码"言论。

夏斌的主张一经外媒传播，不啻引发了一场当量巨大的地震，震
惊了大洋彼岸的美国政经两界。受此消息影响，美元与世界主要货币
的比价当天顿时下挫。欧元上扬超过 1.38%，英镑上扬接近 2.04%。
鲜少谈论中美经济问题的美国时任总统布什当天发表讲话称：我不相
信中华人民共和国主席胡锦涛先生的办公室会传出这样的话，如果这
是真的，说明中国政府有勇无谋。布什强调，与采取抛售国债作为筹
码的方式相比，中美双方应该有"更诚恳的方式"解决双方在人民币
上的分歧，"比如保尔森财长与吴仪副总理参加的中美战略经济对
话"。布什示好称，他不认为中国的廉价商品是个问题，这帮助美国

消费者抵御了通货膨胀的威胁，"在我们面对能源价格高企时更为难能可贵"。

如坐针毡的不仅是布什。美国参议院外交关系委员会主席拜登即表示，这一切都是布什政府惹来的麻烦，"要不是布什进行了这么一场没有必要的战争（指伊拉克战争），我们怎会落得欠中国 1 万亿美元的窘境。我们应当立即停止战争，削减赤字，确保不再欠中国这么多钱"。"我要向拜登说阿门，因为我百分之一百地同意他的建议"。显然，停战还债也正是希拉里的意思。美国时任财长保尔森对此强调说："中美最近的确关系紧张，我们双方不得不应付这些紧张关系，但总体看，两国应该致力于一种建设性经济关系。"美国官员在发表言论之后，强烈要求中国政府就夏斌的观点表态。

而在国内，几乎所有的学者、官员和媒体都在讨论这件事。报道刊出后第四天，中国人民银行一位负责人公开作了一个简短、正面的回应。并表示美元和美国政府债券是"中国外汇储备投资的重要组成部分"。至此，夏斌此番言论引起的风波才逐渐平息。

彼时，美国经济，特别是金融和房地产表现欠佳，美元汇率持续下降。美元的霸主地位也一直受到挑战，从欧元的出现，东亚金融危机后亚洲地区货币合作的加强，再到石油出口国家倡导使用欧元做计价货币，所有这些都在动摇美元的统治地位。如果中国真的抛售部分美元资产，势必对逐渐走向弱势的美元造成进一步打击，甚至可能引发美元崩盘。这是夏斌一番"书生"言论引起美国众多重量级人物回应的内在原因。当然，"马上抛售美国国债"也并不是夏斌的真实想法。对中国来说，因为此举也是"杀敌一千，自损八百"的办法。大量抛售美国债，则包括美国债在内的各种美元资产价格下跌，会让中国的外汇储备遭受严重损失。此外，抛售美元会引起美元大幅贬值，进而不利于中国的对外出口和经济增长。但是，当美国朝野的"贸易战"大刀已经架在中国人颈上时，中国不能一味忍让、任人宰割，总要发出声音、有所抗争吧。应该说，夏斌的主张，更多的是他本人或者中国政府的一个姿态。中国虽有能力通过抛售美国国债，打击美国政府滥发美元的行为，但真正目的，是要提醒美国会议员，如果继续推动针对中国的蛮横无理的保护主义立法，中国理应有报复之举的能力。事实是，此事件中，能够感受到美国政要人物对中国表现出来的和缓态度；此事件后的 2007 年下半年，美国针对中国的贸易保护措施大幅减少，之前喧嚣多时的贸易保护主义法案最终没有下文，这应该给予有些中国人更多的一些联想吧。

与国同忧——排解国"难"

美国金融危机爆发后，中国的外汇储备管理更是进入了"左右不是"、"进退两难"的困境。2008 年 9 月，美次贷危机深化，美国的两大住房抵押贷款机构"房地美"和"房利美"陷入濒临破产境地，美国政府宣布对其接管，以避免更大范围金融危机的发生。美国时任财政部长保尔森在宣布接管时说，这两家机构的最终结局将由国会以及下一届政府来决定。"房地美"和"房利美"两家企业都具有政府的隐性担保，能够在金融市场上发行信用等级接近美国国债评级的债券。它们从放贷机构手中购买抵押贷款，或持有这些贷款，或将其打包成为住房抵押贷款支持债券（Mortgage Backed Securities，MBS），出售给投资者，从而获取购买贷款所需要的资金，而借款人也乐意支付一定费用以获得"房利美"或"房地美"对其贷款本金和利息支付的担保。由于一般认为"两房"债券的信用级别比较高，接近于美国国债，所以其也成为以"安全性"为第一的全球外汇储备的重要投资对象。在两房"大水没颈"之时，令人痛惜的是，中国高居其外国债权人榜首之位，中国约有 3760 亿美元的外汇储备投在已"物是人非"

高风险的"两房"债券上。尽管美国政府对"两房"临时接管，使得"两房"幸免于破产，使得1/5多的外汇储备尚未泡汤，但山姆大叔并没有明确说明到底会怎么善后，总是模棱两可，含含糊糊说要支持，但又不明确说担保。这"另一只鞋"落不下来，中国人就不能安稳睡觉。"两房"债权是把中国与"深陷金融危机泥潭"的美国绑在一起的最粗绳索，真应了那句话"欠钱的是爷，借钱的是孙子"。虽然如果"两房"破产，美国也是牵连甚广，损失惨重，它更不想如此，但美国人明白中国人的心理，中国以前穷怕了，几十年省吃俭用积攒的这点外汇家底不容易，唯恐它一撒手，这些钱就不翼而飞，最终"竹篮打水一场空"，所以美国政府想用此"套牢"中国，想让中国的"吝啬"之积蓄帮美国的救市之"慷慨"——作为美国最大债权国的中国如果拒绝继续购买美国国债，那么美国将会出现严重的融资困难。这大国间竞争、博弈，就如小孩子打架，真没有多少道理可言。美国也如一个市井之徒，在向中国通气两房计划处理方案时，"无赖"般地说：我们可以不让两房破产，你们得再买点我们的国债。这不正像借钱的人对你说：我最近手头紧，一时还过上，你先再借我点，晚些时候一定一起还；不然以前的也不还你！这种情况下，你还真没有多少办法，除了悔不当初，多半会抱着侥幸的心理再借点钱给他。当然，他以后可能真还你，但继续不还你、损失更大的可能也是有的。2008年9月"两房"危机发生时，中国持有美国国债约5800亿美元。2008年末，中国的美国国债持有量大幅增加到6962亿美元，占1.95万亿美元外汇储备余额的三成以上。2009年3月末，中国持有大约7400亿美元的美国国债，相当于美国国债总额的6%。6月末，中国持有美国国债7764亿美元，相较5月份减少了251亿美元，这也是一年来我国首次较大规模减持美国国债，但依然是美国的最大"债主"。当然这里面也有其他的政治经济考量，但美国人用中国人的钱浇自家的地、救自家的火是不争的事实。2009年2月，美国新任国务卿希拉里访华，就继续"忽悠"中国"再接再厉"买美国国债，还大打感情牌说，"感谢中国以前借钱给美国，我们将会一起同甘共苦"。这能信吗？

当然不能信。美国"两房"接管以及其他金融救助措施实际上意味着金融机构的资产组合相关信用风险，转移到美国政府的资产负债表上。美国政府要支付几千亿、上万亿美元的救助费用，不得不借助于增发国债。无论是潜在信用风险的增加，还是财政赤字的进一步恶化，都有可能危及美国国债的信用等级。为了吸引潜在投资者购买，美国可能不得不提高新发国债的收益率，而这必然会压低已发国债的市场价值，造成中国政府持有的约 7000 亿美元国债的市场价值缩水。长期来看，美国"救市"为经济体注入天量的美元流动性，将来货币紧缩政策一朝不慎或者故意不作为，必将引发国内通货膨胀和美元贬值，到时中国就要为硬币的另一面——美元储备资产贬值而苦恼万分。2009 年 3 月 18 日，美联储宣布将在未来 6 个月内买入总额为 3000 亿美元的美国长期国债，这等同于美国开动印钞机向市场注入美元资金，美元的贬值预期更加强烈。当前的中国外汇储备投资是"左右为难"、"难上难下"。若为了规避未来美元贬值风险而减持美国国债或其他美元资产，则减持带来的连锁反应（卖得多，价格下跌）将增加中国外汇储备的即期损失；但如果继续持有美元资产，则意味着这些美元资产的未来贬值风险正在加剧。2009 年 3 月，温家宝总理在全国人代会总理记者见面会上回答美《华尔街日报》记者提问时说："我们把巨额资金借给美国，当然关心我们资产的安全。说句老实话，我确实有些担心。因而我想通过你再次重申要求美国保持信用，信守承诺，保证中国资产的安全。"总理也两难啊！美国新总统奥巴马回应说："包括中国在内的全世界的所有投资者都应该对在美国投资的安全性抱有绝对的信心。"对此，夏斌始终保持着冷静的头脑，他讲："奥巴马言语背后的理论逻辑是，今后两年美国经济是复苏的，美国经济增长还会相对比较快，基于这样的判断，他认为好像问题不大，但愿如此。但实际上我不认为，假设美国经济明年复苏了，还会恢复到 2002 ~

2007 年的'高增长、低通胀'状况吗？恢复不到。因此对于这种表态性的绝对信心，我还是不放心。"

是的，美国人的诚信一直不怎么可靠。2009 年 5 月，诺贝尔经济学奖得主、曾担任白宫经济顾问的克鲁格曼访华，在与中国的经济学家坐而论道时，夏斌首先发问："为什么 IMF 通过决议，只要美国一股独大 17% 投票权否决，整个决议就形成不了？IMF 应该改革。"老克回答："IMF 是由法国人来运作的……"夏斌又问："美国政府不停地发国债救危机，忽视通货膨胀风险，有隐患。既然如此，美国有 8000 多吨黄金，占世界 1/3，为何不在关键时刻卖一点黄金换美元，却不停地发债，为什么？"大牌诺贝尔经济学奖得主也许时差未倒过来，脑子有点晕，竟语出惊人，"我们不需要钱"——博得台下上海交大学子的一阵笑声。连国务卿都来中国推销，这么说可是枉顾事实，不厚道了啊！

面对这"伸头一刀，缩头也是一刀"的窘境，我们有没有解决或者说缓解之道呢？如果从理论上说，从长远来说，从理想来说，那就是追求国际收支平衡，减缓外汇储备增加；就是存量巨额外汇储备的多样化投资和运用。这些政策和策略我们也一直在做，只是"远水解不了近渴"，有没有更近一点、更实际一点的"水源"呢？避免我们的"饮鸩止渴"行为。夏斌一直有所思索，思索能不能解开这个"连环套"。2009 年 2 月，夏斌在与美著名经济学家麦金农共同参加清华大学经济金融论坛时讲："我把美国比喻为一个家庭，有微薄的收入，同时大量借钱炒股票，现在投机输了怎么办？用不着寻找经济学分析框架来解答，答案大家都很清楚，第一，输钱要还，需借新还旧，美国政府正在做，不断地发新国债；第二，节衣缩食，过日子不能像原来大手大脚了，美国老百姓最近在降消费，提高储蓄率；第三，借新债、降消费仍不足以解决问题，怎么办？翻箱倒柜，家里可能还有古董，有名画，卖了还钱吧。家是这样，国家也一样。发端于美国的这场危机的根源，是目前美国的劳动生产率无法支撑其 2003～2007 年的经济高增长，就是说泡沫破了。企业大量输了，如果全部破产，我认为这不可行，只能用渐进的方法慢慢消化泡沫，但这并不意味着不能破产。在我看来，美国不要不断发赤字举债了，能不能让世界其他地方拿了美元储备的人，一起跟你进去注资，给人家一定的股份，保证人家有好的回报？美国应允许中国等债主使用外汇储备注资通用和花旗等大公司。同时，你那么缺钱，可你有8000吨黄金，能不能卖一些？出口一些高科技技术、专利，换钱不好吗？借新还旧、节衣缩食、卖点家产，像处理一个出事的家庭一样处理国家的危机。如果一点都不破产，不接受代价，不付出成本，只拼命靠发债来救，恰恰会造成以后的全球金融系统性风险。我的意思是说，解决美国金融危机问题，我们应该多对美国政府进行这方面的呼吁。"

夏斌这个比喻用得非常好，道理讲得很明白。当然，你会反问，美国人傻啊？当然不傻，精明着呢！通用汽车是它制造业的民族骄傲，花旗银行是它金融帝国的心头肉，美国人怎会甘愿让咱们染指呢！也在2009年初，夏斌曾反问美国前副财长：你现在救市缺资金，你国家储备中75%是黄金，能否少发点国债，少搞些财政赤字，卖一点黄金给我们行不行？就卖一点点？美国前副财长支支吾吾不愿回答。夏斌说，这说明美国让全世界买单救美国危机的战略意图是很清楚的。美国有可能就是"农夫怀中的蛇"，它一暖和过来，反咬一口，美元一贬值，那我们这些"善良的农夫"可就冤大了，手中的钱就真成废纸了。夏斌也试探过美联储官员：你们现在缺钱，为什么不动用你们的黄金储备呢？何必满世界发债"求人"？美联储官员说：我们现在危机了，很困难，但是，当我们走到美联储地下金库，看到8000多吨黄澄澄"蔚为壮观"的黄金储备时，我们就对美国经济、对美国未来放心了。一语道破天机，美国真是"老谋深算"啊。所以，美国人确实是万分不情愿我们"乘人之危"介入到它的实业中，不情愿我们打它的黄金主意。大国交往，礼仪和友谊是架子，生意和利益才是根本。做生意吗，卖者"漫天要价"，买者"坐地还钱"。当前，我们不借着美国这只老虎羸弱多病之时"趁火打劫"一番，不借着它还有求于我们之机多索些筹码，不借着它想"买"之际要个高价，将来等他养好了，我们还会有机会吗？如果在大国利益博弈时，看不到机会存在，不知道要价几何，那就真是愚蠢和遗憾啦！夏斌说："有些要求，我知道美国是不会答应的，但必须把道理、真相告诉天下人，让大家都知道。"同时夏斌也指出，"我们应该在（购买优质资产而非美国国债）这方面坚持做些要求，做些努力，尽可能打开这个缺口，哪怕买一点点，这是从长计议，是有战略意义的。"夏斌正是思深忧远，家国于心！

9

金融创新与监管协调

解"猫鼠关系"

　　创新，在经济范畴中是指生产要素的新组合，是生产函数的变动。创新是效率的源泉，发展的动力。社会和经济的活力与进步在很大程度上取决于其创新能力。"金融创新，是金融领域内各种要素进行重新组合和变革所引发的金融制度和金融机构行为的变化。由此，从广泛意义上说，中国自1978年以来的金融改革，从名为银行实为计划经济下财政配角的'大一统'的中国人民银行——准银行改革开始，就是在不断地创新金融组织架构，创新金融工具产品，创新金融调控制度，在摸着石头过河思路下不断进行的制度创新之探索。可以说，中国30多年的金融改革史本身就是一部金融制度创新史。"这是夏斌对中国金融创新的深刻体会。

　　经过30多年制度创新的积累，一个初步适应市场经济发展需要的中国金融组织体系、金融市场体系和金融调控与监管体系已具雏形。回顾这30年的金融创新史，我们发现长期以来，中国的金融创新是在政府有关部门阶段性的金融改革方案设想下，以文件形式推动的创新，是自上而下的创新。但近几年，随着各类金融企业法人地位和盈利动机的真正确立，此局面已明显被打破。大量的创新活动，开始由市场推动和呼吁，再由主管部门组织进行试点，或者监管部门改变游戏规则，放开或降低一些传统上有争议的金融业务口子和门槛，肯定已经存在但当时仍然无法可依的经营行为，通过放松管制来引导市场创新。创新的过程更多是自下而上而不是自上而下，在这种新的环境下，金融企业和监管者之间的关系就发生了变化。夏斌将这对关系形象地比喻为"猫鼠关系"。那么进一步如何解决追求市场稳健的监管部门和不断追逐利润的微观企业这一对矛盾体呢？

我们知道创新就是一把"双刃剑"，利用得好，能防范风险；利用不好，就会导致新的金融风险。金融监管和风险管理制度跟不上，创新本身就会带来一定的风险。但如果因此而不创新，也难以进一步改善整个金融体系的安全运行与效率。金融创新不仅直接关系到单个金融机构的盈利与安全，同时也直接关系到进一步提高我国金融资源有效配置的问题，进而关系到我国的经济发展问题。

"因此，对待金融创新，监管者的正确态度应该是：一方面，对于在当前极易引发大规模金融风险的新业务，要坚决制止；对于尚未建立风险控制措施的新业务，同样要坚决制止。另一方面，对于有利于增强金融机构盈利能力但稍有风险，只要措施得当，风险能够控制的新业务，要坚决支持；对于有利于直接改善风险控制的新业务，更要坚决支持。"

夏斌认为，在这种金融企业主导型的创新局面下，为进一步鼓励创新，光有上述态度只是基础，监管部门关键是要切实提高对创新与违规的识别能力。任何一项创新活动都不可能与原有制度严丝合缝，而原有制度安排的出发点往往是为了防范风险和防止违规。因此，在严格要求金融机构遵纪守法的同时，对金融机构提出的每一项新动议、新业务方案，监管部门不能简单拿现行制度进行衡量。只要符合市场经济的发展方向，体现帕累托改进效应，又基本符合金融稳定的原则，就要及时修订原有的监管制度，积极予以扶持。如果确实由于监管经验、部门间协调或时间等原因，一时看不准或难以普遍推行，只要条件许可，可允许其先进行局部试点。总之，简单的反对和放任不管的默认态度都是错误的。

而要提高对创新和违规的识别能力，夏斌强调，就必须把以下几点做好。

首先必须尽快建立"猫鼠对话"机制。夏斌把金融机构比作老鼠，而将监管机构比作猫。目前面对"鼠种"和"鼠群"的不断扩大

（各种新的组织架构），以及老鼠行为的多样化、新奇化（金融机构各种新的业务），作为行使监管功能的"猫"，其行动略显得不合拍。监管政策的不协调，使得金融机构在创新过程中无所适从，直接妨碍了创新活动向深层次发展。在最为典型的委托理财市场上，监管银行、证券和信托机构的政策一度各不相同，不断出现"叫停"局面。当市场出现 MBO（管理层收购）等大量新组织架构和新业务现象时，与这些业务紧密相关的法规却迟迟难以出台，现有法规对此又没有解释，在没有规定就是不允许的习惯逻辑下，金融机构只能在"灰色地带"偷偷摸摸。更常见的现象是，有的监管部门对有些创新不予明确说法，只是想保留对其进一步采取行动的主动权。

既然猫鼠之间不协调，那么我们就需要搭建猫鼠对话平台。夏斌认为，首先应该废除官办行业协会的模式，发挥金融机构行业协会本来的功能。行业协会目前至少应该从四方面为创新服务：建立与主管部门的对话平台，向监管部门反映行业创新的要求和呼声；为本行业金融机构提供必要的基础性行业数据，供金融机构发展和创新研发所用；提供外国同行业经营管理经验，与其他相关行业展开合作；制定本行业自律性规定，协助监管部门惩处害群之马。所谓"猫不仅要监管老鼠，同时要善于倾听老鼠的诉说，了解老鼠的苦恼"。

其次需要提高监管水平，我们要采取一定的措施，培养一批有实务操作经验的人员以充实监管队伍。

再次，一些金融监管政策、措施的出台，应广泛征求业内人士、相关监管部门以及律师等中介机构的意见，以避免决策失误。与此同时，还应完善金融创新的审查制度，提高金融创新的鼓励效率。

要想正确判断一项创新活动是不是市场发展所急需的，需要丰富的专业知识、市场第一线的职业操作经验和宏观管理经验。在政府机构和市场都有着多年从业经历的夏斌深切感受到，目前金融创新分工越来越细，专业性越来越强，监管部门缺乏既有专业知识，又有一线操作经验的人才。同时，一项金融创新方案在部门间低效率转圈，久拖不决的现象屡见不鲜。的确需要一个"置身事外"的机构提供咨询，监督协调。因此，2005年春节前，夏斌曾提出由国务院出面从社会上筛选若干懂理论、有经验、原则性强的专家，组成"金融决策咨询工作小组"，并将有关此建议的详细报告，递到了国家发改委前主任马凯和人民银行行长周小川等宏观决策部门领导者的手中。他希望该机构能以超脱部门利益的姿态，对金融决策提供咨询。

根据这份名为《成立金融决策咨询机构，改善金融创新审批制度》报告的设想，"金融决策咨询工作小组"是直接对国务院负责，充当监督和咨询角色；调研方案和讨论议案直接上报国务院，为国务院决策层提供决策咨询。该报告还提议，小组成员由若干专家组成，不搞官本位，不设行政级别，纯粹负责政策咨询。政府只赋予一定的议事职能，金融决策咨询工作小组可以说是与"一行三会"同步议事的咨询机构。

具体的情形，夏斌描述道："比如说一项金融产品出来，监管部门研究讨论，对该小组不保密，小组同步进行调研，并形成独立的专家意见，直接上报国务院，这个意见可能和监管部门一致也可能不一致。"

不少学者也提出了不同意见。中国社会科学院学者易宪容表示，金融创新和金融监管本来就是一个博弈过程，监管部门修改监管政策和讨论金融创新可以直接通过网络公开讨论或组织专家调研讨论。易宪容表示担心，若按夏斌的方案，将来是否会出现决策咨询小组与监管部门"合谋"或者被"收买"的情况？对此夏斌表示，网络形式的泛泛讨论，会影响决策效率，并且更容易被监管部门操纵。现阶段仅依靠专家自身的品牌和信誉软约束的确不够，当然应该还有相关的约束机制。虽然夏斌这一提案的可操作性可能有待改善，但是它毕竟引起了决策层对这一问题的重视，促使问题朝着被解决的方向向前一步。

事实上，在金融领域成立一个比较超脱的决策咨询机构一直在高层设想之中。2004年初，央行方面曾吹风，表示有意设立金融战略委员会，以"进一步整合人民银行各个司（局）在经济金融决策方面的技术储备，充分吸收社会有关专家在经济金融改革方面的意见"。根据当时的设想，金融战略委员会将被作为经济金融决策的咨询、调研、推介、规划机构，而非央行的决策机构。

而早在 2003 年 9 月，银监会、证监会、保监会就召开了第一次监管联席会议。2004 年 6 月，这三家监管机构还签署了《三大金融监管机构金融监管分工合作备忘录》，在明确各自职责分工的基础上，建立了定期信息交流制度、经常联系机制及联席会议机制。但联席会议机制在三大部委间没有硬约束，仅是金融体系内各行业监管部门的一种信息沟通，更多的是部门利益博弈的机制。因此，如夏斌所言，建立独立的咨询机构进行统筹、监督和襄助决策，显然比较超脱，更利于打破部门间的职能冲突和提高决策能力。

就在中国如火如荼地学习西方先进的金融业务、制度构架和管理方式，憧憬着不久的将来金融创新将带给我们翻天覆地变化时，美国次贷危机却给我们敲响了警钟，让我们不再把美国等西方国家的金融理念奉为圭臬，更有甚者提出要全面叫停相关的诸如资产证券化等一系列金融创新产品。其实我们不必因噎废食，正是这次危机让我们静下心来反思自己到底应该怎么做，应该如何认识金融创新这把"双刃剑"。

有学者认为是过度混乱的证券化、各种繁杂的金融创新产品导致了风险从最初的次级贷款市场蔓延到整个美国乃至世界的金融市场，进而侵蚀到实体经济。而在这其中评级机构的不尽职行为起到了推波助澜的作用，正是由于他们给予的超高评级让人们对这些证券化产品的实际风险缺少警觉。但是夏斌认为这仅仅是市场的表象，滚雪球似的证券化、高杠杆确实是催化、放大了美国的次贷危机，但这毕竟是技术层面的原因，不是这次美国金融危机现象背后的真正原因。从理论上分析，高杠杆是撬动、放大金融产品信用倍数的工具，但如果在一个信用可控并愿意控制信用总量的国度内，政府自动愿意控制信用总量，也就是不轻易降低利率甚至反而是提高利率，杠杆效应自然会降低，信用总量难以突破。信用总量如果突破不了，最多是出现不同信用工具市场份额的变化。美国危机的关键是，美联储的宏观政策有问题。2001 年以后不断降低利率，听任信用工具不断放大信用倍数，而证券监管部门到了 2004 年又主动放弃高杠杆化的限制，这才是问题的实质。用"猫鼠关系"的比喻来说，就是在老鼠的行为日益猖獗的时候，猫不但没有尽到自己的本职工作，反而纵容老鼠的行为，最后导致世界大乱。

因此，不能因为本次金融危机的发生就盲目地排斥金融创新，简单拒绝证券化金融产品。金融创新并非是这次危机发生的罪魁祸首，就像夏斌指出的："各种金融工具、金融产品就其实质来讲都是技术性的、中性的工具，关键要看如何运用。"我们不应该因噎废食，而是应在借鉴美国经验教训的基础上规范我国的金融创新并完善我国的金融监管制度，在进一步发挥金融创新对金融发展的促进作用的同时，规避金融创新对金融安全的冲击。

金融创新是中国金融这 30 多年发展的动力，金融创新同样是中国金融下一个 30 年发展的动力。我们创新什么？何时创新？不是简单模仿当今世界最前沿的、最新的金融技术和金融工具，而是应该处理好金融创新与金融监管的关系，一方面鼓励金融创新，另一方面又要对其进行严格监管，避免造成金融动乱。前 30 年中国改革开放正反两方面的经验教训是什么？就像夏斌早在 20 多年前的 1988 年《艰难的开拓——中国金融市场十年总结》一文中就讲过的，"每个时期金融市场体系发展什么，要坚持从解决现实矛盾的原则出发"，"改革者的口号应该是：当前能干什么而不是应该干什么"。

监管协调的下一步

　　伴随着金融改革，我国的分业、混业以及相关监管模式的调整也一直没有中断过，这其中反反复复，有不少耐人寻味的故事很值得我们回味。下面让我们沿着时间的长廊回顾一下我国金融业这一段分分合合的历史。在这其中，夏斌有发现、有参与、有创造，充分体现着一名经济学人的价值关怀。

1. 1984～1992 年的混业经营和统一监管

　　20 世纪 80 年代中期，金融改革的难点、焦点和热点是，把银行办成真正的银行，即银行企业化或今天说的商业银行化，打破纵向的、强化的信贷体制，实现业务交叉、竞争。在这一指导思想下，我国工、农、中、建四大专业银行都开办了证券、信托、租赁、房地产、对外投资等业务，进行的是实际意义上的混业经营。与之相对应，这一时期对金融的监管统一由中国人民银行负责。1986 年国务院颁布《中华人民共和国银行管理暂行条例》，第一次从法规层面上明确了人民银行对专业银行、农村信用社、城市信用社以及信托投资公司等金融机构的监管地位。

　　当时由于证券业务刚刚兴起，人们更多关注的不是分业和混业经营问题。1986 年发布的《银行管理暂行条例》中就既没提分业经营，也没提混业经营。1987 年 9 月，深圳特区证券公司在深圳成立，这是改革开放后中国的第一家证券公司。1988 年，中国人民银行又陆续批准成立了 33 家证券公司，中国的证券业应运而生。随后人民银行为加强对金融市场的管理，正式提出"实行银行业和证券业分业管理"，但如何分业管理，并没有今人看来具体的政策制度。

1991 年 9 月，在钱学森建议下，国务院成立了国民经济和社会发展总体研究协调小组。夏斌在其中一个子课题报告——《中国：90 年代的货币政策》中，就曾提出了后来在 90 年代中后期在付出巨大改革代价后才坚定采取的原则：分业管理原则。当时夏斌提出的具体政策措施是：严格管理货币市场，防止资金从货币市场流向证券市场和房地产市场。

但是由于金融改革初期，一方面缺乏监管经验，另一方面当时考虑更多的是采取什么样的措施尽快发展证券市场，在僵化的行政指令分配资金的管理体制夹缝中，让证券市场幼苗尽快成长，分业经营并没有得到人们的重视，也正是这一疏忽让我们后来付出了不小的代价。

2. 1992～1998 年由混业走向分业经营，统一监管也随之转为分业监管

1992 年下半年开始的泡沫经济，使银行大量资金通过国债回购、同业拆借进入证券市场，金融秩序极度混乱。意识到这一形势后，中央采取了一系列措施。1992 年 5 月，中国人民银行为加强对证券市场的管理，成立了证券管理办公室，负责对证券经营机构的监管。同年 10 月国务院成立了国务院证券委员会以及其执行机构中国证券监督管理委员会。证券委和证监会的成立标志着我国迈出了金融业"分业经营、分业监管"的第一步。

随后 1993 年中央在《中共中央关于建立社会主义市场经济体制若干问题的决定》中，明确提出银行业与证券业实行分业管理。然而在接下来的 3 年中，分业经营和管理的原则在金融业并没有得到彻底的贯彻。最典型的例子是国债回购市场。当时 700 多亿元规模的国债回购市场，无人管理。一纸协议，可以做假回购、真拆借，大量银行资金通过回购市场进入股票市场；开国库券假保管单，把社保基金、企业生产资金、居民存款等骗入股票市场，操纵股价；史无前例的"出

租席位"，诈骗资金，携款潜逃，案件丛生，至今大量的官司久久难断。这一切，最终导致银行资金、居民钱财血本无归。这样的混业经营如果没有 1997 年以至后来的分业经营、分业管理的严厉措施，后果将不堪设想。

伴随着亚洲金融危机等一系列问题的发生，中央加深了现阶段必须进行分业经营和管理的认识。1997 年银行间债券市场的建立标志着中央分业的决心，通过这一举措很好地遏制住了银行违规资金流入股市。随后在 1997 年 11 月召开的全国金融工作会议上，中央明确要求对我国金融机构实行分业监管，此后的国务院机构改革过程中也贯彻了分业监管的原则，缩小了中国人民银行的监管范围，扩大了证监会的职能并组建了保监会。以 1998 年保监会成立为标志，我国形成了人民银行、证监会、保监会明确分工，分别对银行业、证券业和保险业进行监管的分业监管模式。银行间债券市场是在夏斌的建议之下作为"整治混业经营混乱局面"的一时之策而出现的，夏斌对于我国债券市场的发展一直有着重要的影响力。这里作些插叙。

3. 国债市场的发展与银行间债券市场的成立

1981 年 1 月，我国政府为了弥补 1979 年和 1980 年连续两年出现的财政预算赤字，同时也为了控制这两年国民经济运行中出现的较为严重的通货膨胀问题，决定重新发行国债。从 1982 年开始，国债发行收入直接作为财政预算收入，如果出现预算赤字，由财政部向中央银行透支和借款予以解决。从 1982~1987 年，这一时期国债发行采取行政分配方式，并且不允许流通。但是伴随而来的是每年新国库券摊派发行的困难重重以及国库券黑市流通价格的惊人。

1984 年从日本学成归来的夏斌看到这一问题，想到了我们可以借鉴日本的经验。他为此深入探讨了日本国债的市场化问题，试图为我国国库券发行机制的改善和发展提供重要的参考。夏斌通过分析日本的国债史，指出发行的国债从非流通到流通变化的必然趋势以及这一趋势对经济和金融体制可能带来的影响。

随后愈来愈多的人意识到这一问题的严重性，人民银行总行内部也开始多次呼吁、研究要开放国库券流通市场。这一讨论在1987年达到高潮，然而部分领导一直担忧国库券一旦流通就会跌破票面值，从而影响国家的信誉。为此，夏斌赶写了一份报告以打消一些人的疑虑，主标题很直白——"请有关领导消除一个顾虑"，副标题为"开放国库券流通市场，其价格不会猛跌"。夏斌认为，黑市价格惊人的主要原因在于没有官方组织的公开的流通市场与其竞争。偷偷摸摸，双方供求达不到一定规模，反倒使某些国库券收购者牟取暴利。若国库券市场公开化，买卖价格肯定会上升（夏斌几乎是当时国内最早计算、宣传收益率公式的学者），绝不会出现目前黑市的七五折、打对折现象。其道理犹如集市贸易一放开，自然消除了个别小贩哄抬物价的现象。而且夏斌认为，既然要运用证券工具，就要尊重证券市场的客观经济规律——缺乏一个活跃的流通市场，发行市场的规模是无论如何也难以做大的。

经过一段时间的运筹帷幄，1988年我国开始尝试通过商业银行和邮政储蓄的柜台销售方式，向广大城乡居民发行实物国债，从而出现了国债一级市场。同年也率先在沈阳、上海、武汉、广州等7个城市开始实行柜台市场的国债流通，出现了二级市场（夏斌当时直接负责广州、深圳两城市的试点工作，宣讲收益率如何计算，联系公安警察维护稳定）。后来伴随着1990年底上海、深圳证券交易所的成立，交易所国债市场也逐渐形成。

历史的时针移到了上世纪90年代后期，银行资金不断流入股市，金融秩序混乱。如何整顿金融，防范违规资金入股市？是当时主管金融的副总理朱镕基心头烦恼之事。当时央行行长戴相龙找到了时任央行政研室负责人的夏斌，让他想想办法。刚卸任深交所总经理不久、深谙市场门道的夏斌，迅即写出了《违规资金入股市的八条渠道》一文，摆在了朱总理的案头。夏斌向戴相龙提议，针对当时实际情况，央行不能管证券公司，但监管银行可以命令各银行从交易所市场撤出。最快捷最有效扼住银行资金违规流入交易所市场的方法就是在货币市场和资本市场之间建立一道"防火墙"，分隔开两个市场。在夏斌建议下，1997年6月，中国人民银行发出通知，要求所有商业银行全部退出交易所国债市场，同时依托中国外汇交易中心技术设施，建立全国银行间债券市场，商业银行将其所持有的国债、融资券和政策性金融债统一托管于中央国债登记结算公司，并可进行债券回购和现券买卖。银行间债券市场就此启动。从当时的情况看来，这既是为了防止商业银行资金通过国债回购及现券交易进入股票市场，也是贯彻商业银行、证券公司实行"分业经营、分业管理"的需要。这一举措也收到了立竿见影的效果，违规资金入股市的状况立即得到了有效遏制。

4. 交易所债市与银行间债市的统一

1997年全国银行间债券市场成立后，随着其后几年市场交易主体不断增加，交易规则进一步完善，交易品种逐渐增多，银行间债券市场在解决投融资、合理配置资金、活跃货币和资本市场等方面起到了越来越重要的作用。同时，银行间债券市场的发展也为人民银行进行货币政策操作奠定了良好的基础，保证了货币政策有效传导。

但是中国债券市场就此形成两市分立的状态，而且受发行政策调整的影响，两个市场发展极不协调。交易所债券市场严重萎靡，而银行间债券市场渐渐演变成中国债券市场的主导力量。交易所市场容量远远落后于银行间市场。统计显示，截至2008年11月底，交易所债券市场的债券托管量为3200亿元，而银行间市场的托管量则高达13.72万亿元。在2008年，银行间债券市场交易金额达63万亿元，占全国债券交易金额的96.9%。

为解决因特殊历史问题而出现的中国债券市场割裂问题却日益显现出来，并开始阻碍中国债券市场的进一步发展。由于银行间债券交易市场与交易所市场严重分割，导致同一种类的国债现券和国债回购在两个市场上居然以不同的价格交易。债券市场的分割扭曲了国债收益率、降低了债券流动性、浪费了市场资源，也不利于统一利率的形成，阻碍了利率市场化的发展。

怎么办？此时正准备从央行调任国务院发展研究中心的夏斌认为，当时分割两个债券市场是整顿混乱金融秩序的不得已办法。事到如今，应该再合并。在这方面，央行要大度。统一债券的平台不会影响央行公开市场操作的需要。2001年以后，财政部、中国人民银行和中国证监会等主管部门开始悄悄加速交易所债券市场和银行间债券市场的统一、互联工作。

首先为保证两个市场的协调发展，国家在国债发行中注意逐步向交易所市场注入更多新增现券量。其次是两个市场的参与机构的统一。随着银行间交易主体的不断扩大，保险公司、证券公司、证券投资基金、财务公司、非金融机构、企业年金基金的不断加入，两市场的投资主体开始融合。再次是财政部开始尝试发行跨市场国债。2002年财政部首次同时面向银行间、交易所以及商业银行柜台市场发行可以转托管的记账式国债。2005年记账式国债全部跨市场发行，并取消了柜台发行额度限制。2009年1月，中国证监会和银监会联合下发《关于开展上市商业银行在证券交易所参与债券交易试点有关问题的通知》，规定已经在证券交易所上市的商业银行，经银监会核准后，可以向证券交易所申请从事债券交易，这正式宣告了银行参与交易所债市的回归。

虽然银行此次返回交易所国债市场尚属试探性质，只能在固定收益平台交易，暂不能进行现券撮合交易和回购交易，对债券市场短期影响尚不明显，但长期战略意义重大。债券市场分割这一长期阻碍我国金融市场深入发展的一块坚冰被突破，银行等金融机构及企业的债务投、融资渠道将更加畅通，债券定价将更加合理连贯，金融市场也将更加有效，利率在经济活动中的传导作用也将随之逐渐增强。

如此看来，夏斌预言的两市统一只不过是时间问题。

5.1998 年以后的"分业经营、分业监管"

就在中央痛定思痛决定要分业经营、分业监管时,世界各国混业经营的浪潮却越来越盛。事实上从 20 世纪 80 年代中期开始,美国等国已跃跃欲试,逐步采取金融自由化措施,不断推出打混业经营"擦边球"的金融产品。1999 年,美国国会正式通过《金融现代化法案》,标志着美国金融业混业经营模式的开始。一时间,中国金融学界、实务界甚至有些部长级领导也提出要学美国,混业经营舆论浓浓。时任中国人民银行非银行金融机构监管司司长的夏斌有点按捺不住,就此特意接受《中国证券报》采访,立场明确、态度坚决,重申了他的观点:现阶段中国混业经营时机尚不成熟,我们必须历史地看国际上的混业趋势,中国在一个阶段内必须坚持分业经营的原则不能动摇。并希望藉由媒体引起政策层面的重视。

夏斌在采访中清晰地指出:从发展方向看,混业经营、统一监管的确是趋势。但现在,分业经营的原则不会变,也不应该变。从美国金融业的发展过程看,它从分业经营过渡到混业经营,历经 60 多年,其间银行、证券、保险监管当局对各自领域的监管已相当成熟、有效。而且美国的混业是通过银行持股公司或金融控股公司拥有分别从事不同业务的子公司来实现的,各子公司在法律上和经营上是相对独立的法人实体。而我国现有金融监管法规尚不健全,即使是分业监管都无法可依,更别提混业监管了。并且金融经营者素质有待提高和金融机构内部风险控制机制不完善,不少金融机构(包括银行、证券和保险公司)对"内控"的概念、内容和手段不甚清楚,缺乏制度约束。再者,金融监管体制和监管水平还远未达到混业监管的要求。所以现阶段必须进一步明确分业经营、分业管理的原则,只有把分业监管研究透,建立严密的风险防范措施,以后混业经营的路才能走得更快、更好。后来,夏斌又进一步建言:分业经营的原则不能变,但可以通过设立金融控股公司间接实现混业经营的功能。

　　以后多年的中央政策如读者所了解，还是如夏斌所言，选择了维持现况。但是在金融全球化、金融创新和金融混业经营趋势的"合力"冲击下，分业监管、机构监管遇到了越来越多的挑战，功能监管理念开始盛行。机构监管通常指金融监管针对特定类型的金融机构（即针对银行、证券公司、保险公司等不同金融机构）实施监管。在分业经营或者金融业子行业界限比较清晰的条件下，银行、证券、保险性质差异明显，不同金融机构从事不同金融业务，按机构进行监管实际上等同于按业务进行监管和按功能进行监管。但是当金融创新模糊了不同金融机构所提供的产品和服务的界限，不同金融机构的业务互相交叉、功能趋于一致时，按机构监管就不能发挥应有的作用了。功能监管强调金融产品所实现的基本功能，以金融业务而非金融机构来确定相应的监管机构和监管规则，同时对"边界性"金融业务亦明确监管主体，并强化不同监管主体间协调与合作的监管法律体系。它可以实施跨产品、跨机构、跨市场的协调，这不仅能够减少监管职能的冲突、交叉重叠和监管盲区，而且基于相对稳定的金融功能所设计的监管体制也相对更为稳定和连续，有利于金融机构形成稳定的监管预期。

　　为了适应这种新的金融形势，2000年9月，中国人民银行、证监会、保监会建立了三方监管联席会议制度，是谋求向功能型监管转变的一个尝试，但受制于现有的各种行政障碍，此方案没有得到有效执行，收效甚微。这之后有关如何改进监管以适应金融新发展的探讨也越来越多。

6. 2003年以后进一步调整监管机构设置，构建监管协调体制

（1）人行"分家"之议

　　2002年前后，有关央行货币政策职能与银行监管职能的矛盾导致监管效率低下的议论越来越多，作为这一争议下的产物——银监会，也必然有其曲折撩人的故事。夏斌也是故事中人。

2002 年 1 月 18 日，中国人民银行主管的《金融时报》刊登了题为《发挥中央银行的监管优势》一文。这篇看似并不起眼的文章，却耐人寻味。当时正值中央金融工作会议召开期间，关于央行货币政策职能与银行监管职能分离的各种讨论异常热烈。对于"分家"政策，反对者认为，央行在执行货币政策时，必须对宏观和微观经济状况有充分了解，而银行作为全社会的重要金融中介，其资金流动和经营状况是央行了解信息的重要渠道。尤其是央行作为最后贷款人，同样具有维持社会金融稳定的职责。夏斌持此观点，他通过研究各国的银行监管实践后认为，由于银行监管与货币政策具有很强的相关性，中央银行承担银行监管职能具有明显优势。

而支持"分家"政策者认为，一个部门承担货币政策和银行监管的双重职能可能会存在利益冲突。比如，央行确定利率政策时，可能会因为商业银行经营状况会因此受负面影响，而放弃最优的政策转而迁就银行，或形成"倒逼"。此外，央行身兼二任，为不使银行倒闭，有可能滥用最后贷款人权利和不恰当的货币政策。事实上，当年的中央金融工作会议并未决定调整央行职能。而接下来的 2003 年十届全国人大一次会议才通过了分离中国人民银行对存款类金融机构监管职能的方案，决定成立银监会负责监督管理银行、金融资产管理公司、信托投资公司以及其他存款类金融机构。

银监会的"出生"相比证监会、保监会是更加曲折得多，银监会的成立中间因而更有故事，争议也更多。

成立银监会并使其承担银行监管职能，这一提议的倡导方及研究者是国务院发展研究中心的某一部门。2000 年底其在一份内部研究报告中建议：一要加强中央银行的独立性；二要货币政策职能与银行监管职能相分离；三是银行监管、证券监管与保险监管走向统合监管。

2001 年，中央金融工作会议筹备小组委托该部门研究有关中国加入 WTO 以后的金融监管部门之间协调与合作关系的问题。于是，该机构在提交的一份报告中提出了货币政策职能与银行监管职能适度分离的建议，并就分离方式提出了左、中、右三种方案，即所谓金融部（委）、银监会和银监局三种分离模式。该研究部门虽然主张中间方案，即银监会方案，但也客观地比较了三种方案的利弊得失。这份报告的建议在2002年的中央金融工作会议上引起了广泛的讨论。在讨论中，由于时机不成熟，金融部（委）的方案率先被否定，讨论的重点主要集中在是采取"银监局"还是"银监会"哪种方案上。当时夏斌认为单独成立一家银行监管机构，并不是一个明智的做法。关键不在分，在协调。但是中央关于分设银监会的意见最终占到了大多数，2003年1月22日，人民银行全国分行长会议召开，纷纷扬扬近一年多的内部讨论宣告结束，会上正式宣布成立银监会。就在会议当天，夏斌尽管知道大局难逆，但仍着急让《中国经济时报》记者把载有《银监会成立后的监管协调制度安排》一文的报纸送到会场。夏斌在文章中指出：尽管已大势所趋，但他仍然坚持认为大量不良贷款的形成，是有多方面原因的，绝不是简单的监管体制问题。况且当前银行监管的首要问题不是体制问题，而是监管水平问题，是人的问题。不管分拆不分拆，首先最重要的还是要提高监管水平。

夏斌认为，分拆采取"证监会、保监会"模式，肯定是有利又有弊。利的方面是可以集中人力，扩充人力，使监管队伍职业化，集中精力、聚精会神抓监管。而且，随着市场化进程的加快，交叉产品不断推出，混业进程的加快，待条件成熟，成立国家金融监管委或金融监管部比较容易水到渠成。弊的方面是会大幅度增加银监会和人民银行的摩擦成本和协调成本，也必然增加国务院进行协调的时间，弄不好反而会降低监管效率。即使分拆，夏斌主张，采取"外管局模式"较为稳妥。外管局的一把手是人民银行的党组成员，兼任人行副行长，副部级，但工作独立。采用"外管局模式"成立"银监局"，既可以达到专业化监管和充实监管力量这两个目的，又可减少局外人意想不到的"协调成本"。所谓"局外人意想不到的协调成本"，只有在央行内工作并干过监管实践的人才有感觉。不说现在的协调成本，仅从宣布银监会成立到实际操作，出现监管"真空"竟一年之久。

银监会成立后，人民银行将主要负责货币政策调控等一系列非直接监管金融机构的任务，但是货币政策的调控和利率的变动会影响银行等金融机构的头寸及其经营，因此需要及时了解金融机构的经营状况，所以必须保证人民银行能及时从成立后的银监会取得相关信息。此外，人民银行若要维护我国支付清算系统的正常运行，就必须密切注视、监督各金融机构的运行。而且一国金融体系中难免产生突发事件，为正确、及时发挥中央银行"最后贷款人"作用而不是"临阵磨枪"，人民银行也必须对金融机构的日常经营有跟踪和连续的观察。另外，一些中小金融机构的风险正在化解过程中，在人民银行和新成立的银监会机构变动的过渡期内，许多未竟事项也需要两机构协调解决。

所以，鉴于人民银行与银监会分别承担的职责之间有着交叉、互补的关系，为了确保我国金融体系能继续稳定运行，银监会成立后，夏斌认为应尽快在原人民银行与其他两大监管部门（证监会和保监会）季度定期磋商的基础上，充实有关内容，确立具体的金融监管协调机制。

夏斌主张以下几条建议：

一、对目前中小金融机构风险的化解工作要落实正式的文件。目前的做法是，如果某金融机构出现支付危机，需人民银行贷款解决的，先由人民银行内部相关司局起草、会签文件，行长签发后报国务院，均一事一报，个案处理。人民银行和银监会应共同起草一个文件，就人民银行目前已掌握、尚未处置又准备处置的中小金融机构风险，明确今后的处置程序，报经国务院同意后执行，以提高监管效率，减轻地方政府维护社会稳定的压力。

二、建立双边或多边的紧急磋商制度。若今后银行、证券、保险监管部门监管的金融机构出现支付危机，涉及需人民银行贷款"紧急救助"的，视风险涉及的领域范围，应建立由人民银行与被救助机构的监管部门举行的双边或多边紧急磋商制度。经紧急磋商，提出解决方案报国务院。以防止因部门间协调效率低下爆发不应产生的群体性事件。

三、尽快落实对金融控股公司的监管协调制度。尽管我国任何一部法律、法规均未涉及金融控股公司，但我国已经存在多家无金融控股公司之名行金融控股公司之实的机构（有些经国务院批准，有些没有）。如果对这些机构不加以正确引导、监管，难免今后不出大风险。我国近20年金融改革中此类教训不少，必须早加防范。为此，应借机构分设之机，明确金融控股公司的主监管部门，尽快建立对金融控股公司的监管制度。

四、建立金融监管部门与人民银行的监管信息定期送达制度。显然今后人民银行不负责金融监管，但人民银行仍承担金融体系稳定和最后贷款人的责任。为此，银行、证券、保险三个监管部门，不仅需要向人行送达为政府信息公开所需的金融机构一般性的资产负债表等统计资料，还应该及时、定期将本部门所监管机构的现场、非现场监管信息资料以及其他相关的实质性分析报告送达人行。

五、协调好两部门有关金融机构市场准入的批准权限。根据已定的金融机构有关设立条件，银监会自然负责新金融机构的设立审批。一旦金融机构批准设立后，经营一段时期，金融机构资产状况必然发生变化。为了维护货币市场的稳定发展，其同业拆借市场、债券回购市场的市场准入，自然会有一定的要求，为此，此市场准入，人民银行仍应负有一定的审查责任。犹如孩子的出生，需准生证接生。孩子长大后上什么学校，是重点学校还是普通学校，仍需有条件的限制。

六、新机构、新工具的开创要有充分的协调。随着金融改革的不断深化以及金融全球一体化进程的加快，现金融体系中不存在的新的金融机构的产生是必然的，新的金融工具的开创以及原有业务范围的突破，也是必然的。新机构、新工具以及新业务的发展，特别是涉及跨行业业务的发展，在当前分业经营、分业监管的模式下，为保证金融改革的深化不影响金融秩序的稳定，三个监管部门与人民银行之间的充分协调，以及三个监管部门之间的充分协调，必须事先要有一定的制度安排，要提供充分协商的平台。

七、人民银行除此之外还主要承担现金管理、反洗钱等管理职能。由此而来，银监会在必要时，应配合、协调人民银行组织的对金融机构进行的相应检查、监督事务。

2003年4月银监会成立以后，通过大量扩充人员和资金，工作分工的更加专业化，近几年我国在监管理念、监管目标、监管制度、监管手段等监管水平上的确有了很大提高，对中国银行业的稳定运行起了相当大的推动作用。但是如果不是成立银监会而是成立外管局模式的银监部门，同时同样大量扩充相应的干部、人员与资金，配备好干部队伍，监管水平也会有很大提高。由此来看，银监会的成立是否达到了效率最大化难以衡量。然而社会科学不同于自然科学，对与错的结果无法在实验室里论衡，更多的只能让后人去研究、去评判，让后人去吸取经验教训、去完善。从哲学意义上讲，永远不可能"推倒重来"、"重新开始"，都是"否定之否定"地螺旋式上升发展。但是不管如何，夏斌提出的上述七项建议在几个监管部门协调工作中可经常觅得踪影。

（2）重在协调——夏斌之言

2003年4月银监会成立后，有关分业监管的框架也更加清晰，但是以前存在的有关分业监管难以适应金融业发展趋势的问题依旧没有得到改善。事实上我国在2003年12月就将央行应当与金融监管机构建立监管信息共享机制写入"人行法"修正案新增条文。这个目前为止唯一写入金融法律文件的金融协调机制，实际上却一直未真正建立起来。

有关尝试也有不少，但这些尝试并没有按照"人行法"的指引引入央行的参与，效果也都不尽如人意。银监会成立后，2003年9月银监会、证监会、保监会召开了第一次监管联席会议。2004年6月三会签订了《三方在金融监管方面分工合作的备忘录》，进一步明确了各自的职责分工、信息收集与交流机制并决定将已建立的"监管联席会议机制"保持下去。

但此后几年联席会议鲜有召开，信息交流和合作也没有得到彻底的贯彻执行，对金融控股公司的监管只有原则性框架而实际上处于真空状态，没有可以具体操作的详细制度，监管漏洞不断。社会上和业界对金融监管部门协调不力的不满呼声越来越高，议论颇多。

2005年10月，夏斌发表《综合经营下的金融机构监管协调》一文，对金融机构逐渐展开的以"金融控股公司"和"代客理财"为特点的综合经营风险及其监管协调问题作了全面论述。根据金融机构综合经营状况和金融市场的进一步发展趋势，夏斌认为，此时总的监管思路应该是："在坚持分业监管原则的同时，实现部分业务逐步向功能性综合监管的过渡"。

他分析：我国现实经济生活中已经存在由大量金融机构综合经营所累积的巨额风险。只是每当单个金融机构出了事，基于分别监管的原则，分别处置风险，无人统计与计算因集团控股导致的总体风险量和风险的相互传递量。因此，当务之急是在我国短期内根本改变分业经营、分业监管原则条件还不充分成熟的条件下，尽快建立对金融集团控股的有效监管措施，建立适合我国当前状况的金融监管协调机制。

为此，夏斌建议：第一，应明确对于目前银行、证券、保险机构的三大传统基本业务，各类金融机构仍应严格遵守"分业经营"的原则。虽然我国已经出现金融控股公司以及金融机构之间相互投资的现象，但这仍然还仅限于股权投资，是一种跨行业的投资，并不是严格意义上的三大业务的融合与混业，因此分业监管仍能基本适应当前我国金融业的发展需求。第二，从国际经验看，加强行业监管是综合监管的基础。我国目前金融监管的能力仍然较低，有必要坚持一个时期的分业监管，从而进一步提高监管部门对各行业的监管能力。第三，目前中国金融机构的综合经营主要体现为金融集团控股下的间接综合经营和三大传统金融业务之外的资产管理业务。此两大特征不仅是中国金融业发展与深化的必然，而且也是当前尽快解决中国金融机构经营压力，提升民族金融业竞争力的急迫需求。因此，有关部门应顺应这个发展趋势，在风险可控的前提下，鼓励金融机构创新，通过渐进方式逐步实现综合经营。与此相对应，我国的金融监管制度安排也应做出相应的调整。在坚持分业监管的前提下，视金融业务的发展情况，局部择机走向功能性综合监管。

本文中夏斌主要提出了三点监管建议：第一点，"制定对金融控股公司监管的相关制度"；第二点，"对当前蓬勃发展的各类金融机构资产管理业务，应尽快统一游戏规则"，此两点在前面相关章节中已经作过介绍；第三点建议是"尽快建立分层次的监管协调平台"：当前有关监管部门已经建立的协调平台，一是从关闭金融机构需求出发而设立的，二是更多地侧重于信息交流的联席会议制度。但是，随着金融机构各种综合经营业务的拓展，综合经营与分业监管的矛盾将日益突出，为防止金融监管制度出现阶段性的不适应金融业发展的问题出现，有必要确立具有长效的分层次的监管协调制度，以确保分业监管向功能性综合监管的逐步过渡。具体包括：

一、建立金融危机处置协调机制。金融机构综合经营后，大量的风险通过金融集团内对冲分散后，有时可表现为金融集团经营更加稳定。但一旦风险爆发，其突然性、破坏性又往往比未实现综合经营更为严重。为了应对这种突发、巨大的金融危机，有必要在国务院层面建立金融危机处置协调机制。可由分管金融的副总理挂帅，人民银行、财政部、银监会、证监会、保监会参加，必要时公、检、法、宣传部等部门共同参与，建立金融危机处置协调小组，处置突发性的金融危机。眼下主要负责处置历史积累的高风险金融机构问题。

二、建立金融业务、产品创新协调机制。通过渐进方式推进金融机构的综合经营，必然涉及大量突破原有法律、法规和规章的金融业务和金融产品的创新。为了支持金融机构的创新，同时协调各监管部门在业务、产品创新方面的监管，有必要建立业务、产品创新协调机制。如各类金融机构均开展的功能相同且不涉及三大传统业务的资产管理业务。该协调可由国务院副秘书长牵头，人民银行、银监会、证监会、保监会参加，及时会商，共同制定基本管理原则，以国务院法规形式颁布。各相关部门可根据此法规制定具体细则。对于突破重大法律的业务、产品创新，报国务院审阅后由人大审议。

三、建立信息共享机制。在当前季度联席会议的基础上，各监管部门、中央银行之间形成3＋1的信息共享机制。各监管部门、中央银行应与金融控股集团监管部门共享对该集团内各金融机构现场、非现场监管信息以及各种监管处罚信息。建立信息共享机制时，应综合考虑成本收益，各部门不能各行其是，重复设置信息管道，收集信息，增加政府开支，同时给被监管者增加过多成本。在实现共享信息时，可设置部门间保密墙，确定各种信息的阅读权限。

（3）先找"盾"，后选"矛"

在中国金融开放步伐逐步加快、利率汇率更加市场化的背景下，相对于外资机构，我国金融机构金融产品及衍生产品的研发、定价能力低下，市场开发能力弱、速度慢，压力已经相当大，若再加上监管协调问题如长期得不到解决，产品审批程序复杂又耗时，将对中国金融业的发展形成致命打击。因为WTO过渡期结束后，金融业的竞争明显白热化，最具兴奋点的竞争，可以说就是金融新产品的竞争。所以在2006年金融业开放的五年过渡期即将结束之时，"一行三会"金融监管协调又成为了2006年中央金融工作会议的重要议题之一。对于这个问题一直有深入思考的夏斌，在《综合经营下的金融机构监管协调》一文基础上，又有了进一步的论述。面对社会上喋喋不休的争论，他明确提出：我们一直强调要进行监管协调，但首先要搞清楚"需要协调什么？具体的协调内容指什么"。只有研究清楚是什么样的"盾"，才好决定选择什么样的"矛"。由于我国仍处于金融改革时期，因此我国的监管协调相对于其他国家包括的内涵可能更广。

首先，在处理历史遗留问题、关闭破产金融机构中，有的需要政府"买单"，由此引起的央行与"三会"之间以及"三会"之间大量的公文来往、扯皮的协调问题。

其次，为了提高中国金融业的经营效率和竞争力，适应混业经营的大趋势，我们现在采取了既坚持分业经营框架原则，但又逐步允许银行、证券、保险、信托、财务公司、租赁等跨行业投资控股，走上了分业经营下通过金融控股公司形式实现混业经营的间接道路。由此产生了金融控股公司或集团由谁监管，监管部门间如何协调监管的问题。由于在此问题上至今协调不清，对中国金融事业的进一步发展构成了许多不利的因素。

最后，随着金融市场的不断深化，各类金融机构创新活动日益增多，新工具、新产品踊跃出现，不断挑战现有分业监管的模式。特别是各类金融机构除继续维持各自的传统金融业务之外，都看中了委托理财、资产管理业务的"大蛋糕"，抢中高端客户，不断推出新产品。这些产品中的绝大多数具有委托理财的性质，打"混业经营"的"擦边球"。在开发这些产品和其他新产品中，监管部门间"公文"旅游过程长，扯皮现象多，审批时间长，监管与创新矛盾明显突出。这是对我国当前分业监管模式的重大挑战，也是各监管部门需要加快协调解决的重大内容。

针对上述描述现象，夏斌建议，在讲监管协调时应区别对待，分别考虑。

对于在处理历史遗留、关闭破产金融机构和政府出钱"买单"问题上，特别是关闭金融机构（包括证券公司）问题上，要认识这是改革深化中一段历史时期的特殊现象。特殊在：一是要处理的机构量大；二是存款者、投资者利益保护制度未建立；三是政府"买单"如何买，买多少，尚缺经验。因此，涉及的监管协调应该说是一个集中突出的短期现象。随着时间的推移，这些矛盾慢慢会弱化。解决这个问题只需要有关部门在国务院领导下，在总结经验教训的基础上，明确若干原则、制度规定，以后各有关部门依法办事，就不会再存在像过去那样，动不动需要国务院领导亲自出面，进行日常大量协调磋商的情况。除非若干原则、规定的边界制定得还不清楚。

对于跨行业投资产生的金融控股公司或者集团的监管协调问题，本质上是制度建设问题。制度安排好了，以后也不会涉及大量变化多端需临时协调的内容。制度建设中较难处理明显的问题，一是"一行三会"中哪个部门为牵头监管部门？是由管全国支付清算系统和承担最后贷款人角色的人行来牵头，还是由控股公司中最大规模子公司的监管部门来牵头？这需要定夺。二是对金融控股公司监管什么？哪几个内容和环节需重点监管？三是最关键的，也就是明确了谁牵头监管、监管什么之后，如何落实监管？"一行三会"间相关的监管信息如何传递？传递什么？一旦出事，各监管部门各自的责任是什么？相对主监管权归谁的问题，如何明确监管责任，可能更是困难。所以，在金融控股公司监管问题上，重点应放在讨论清楚监管什么、如何监管上。在此基础上，再制定出详细、可操作的监管办法，如果能做到这一步，那日常协调问题也就解决百分之七八十了。

以上两项需协调的内容，如果制定了一定的制度规范，就此意义讲，未必一定还需成立什么"超监管部门"机构，关键按制度办事就可以。

但是随着金融市场深化和各类金融机构竞争加剧，各类机构推出的各种金融产品，有些是很难清晰界定由哪一个部门监管为好，因为往往涉及好几个部门的业务。比如说资产证券化产品，目前我国资产证券化产品的监管是割裂的。银行的资产证券化业务是在人民银行主管下发行和交易，其监管是由银监会进行。企业资产证券化业务是在交易所的大额商品交易市场进行，其监管是由证监会负责。银行的资产证券化产品和企业的资产证券化产品在本质上是同一产品，因此，监管机构应该是统一的。这就需要不同监管部门间加强沟通，从而统一资产证券化产品的监管标准。而且，新产品的推出经常不断，内容也是经常变化。因此事先再怎么样认真研究监管制度，仍可能出现跟不上快速发展的市场需求的问题。在中国金融改革开放过程中，市场越深化，必然会使分业监管、机构监管与金融创新的矛盾越来越尖锐。这是必然的，也是中国金融事业发展中的好事。解决的办法在于，坚持分业监管基本原则的基础上，通过制定新的制度，逐步体现机构监管向功能监管的转化、过渡，重点在金融产品和金融工具上实现功能监管。

（4）"金融监管协调工作小组"

社会上有人提出再成立一个"超监管部门"的机构，或者成立一个级别更高一些的协调机构。这样的"盖楼"办法，夏斌认为不是不可以。他认为，找比正部级干部职位高的副总理、国务委员当协调主持人，当然可以。但这与现在国务院负责人通过主持召开行政会议进行协调，有什么差异吗？如果不是这样，找正部级级别的人士当协调主持人，除非其不兼任"一行三会"的负责人，或授予其一定的特别权力，否则，恐怕也难以协调或者协调效率很低，其中道理大家很容易明白。（由于政治、文化的影响，在我国行政级别对权威性具有决定性影响，由于人民银行、银监会、证监会、保监会这"一行三会"在法律上相互独立、主体平等，不存在从属关系，在没有有效约束的情况下，在监管活动中协调行动难度较大）就是采取后者，即授予一定的特别权力进行协调，要真正有效地做好协调工作，仅靠新设机构、增大权力、扩充人员也是不够的，还是需要有具体的协调操作规程进行约束与操作的。

夏斌认为，为了更好地监管不断推陈出新的金融产品，最重要的思路是要通过制定一定的制度，约束部级以及部以下级别公务员，使他们具备充分协调的习惯与行为。

不管要不要成立一个"超监管部门"协调单位，急需的是应成立"一行三会"司局级金融监管协调工作小组（视情况也可以吸收发改委、财政部参加），并将这项制度认真贯彻执行好，不要再出现过去像三会"监管联席会议机制"那样雷声大、雨点小的情况。这个金融监管协调工作小组的重点任务或主要职责，就是对新产品开发和功能监管进行协调。

由于夏斌是监管部门出身，具体如何协调监管，所提建议条条可操作。他建议，针对涉及多部门监管的金融产品，必须先签发文件给其他部门，同时限定其他部门必须在一周或两周内有明确的反馈意见。这一点很关键。当前金融监管矛盾较多，就是有的部门批准新产品，不征求其他部门意见；有的部门对其他部门的会签文件一拖再拖，消极对待。如果会签文件，必须制定限时约束——部门对另一部门征求意见文件的反馈时间规定。

在征求意见过程中，如果各部门意见不一致，限定一周或两周内，先召开司局级金融监管协调工作小组会议。协调不通，召开部级干部参加的协调会议，并可吸收国务院相关研究机构或其他机构派人参加，当面讨论磋商。若各部门仍坚持不同意见，再把如实反映各部门不同意见的报告上报。此时由国务院通过行政会议形式讨论解决，还是通过成立一个专门的更高级别的协调机构解决，形式已不重要了。因为实质性的磋商内容已做完了，矛盾的焦点也明确了。

上述有时间约束的分层次监管协调程序，应以国务院的名义或其他权威形式的名义发文明确，要求各部门必须照章办事。

其实这些协调监管制度的安排重点不是落脚于事无巨细都由国务院出面，而是落脚于在司局级、部级层面展开充分的讨论磋商，充分吸纳、反映各部门意见。这样做就间接要求各部门求大同、顾大局，不要动不动充当部门利益的代言人。相信如果有这样的制度安排，并有制度的监督，来回实践多次，金融监管协调的效率肯定会提高。

夏斌的建言具体细致，说明他关心切切，真下了一番工夫，而不是像许多学者那样夸夸其谈，做表面功夫。更重要的是，这些政策措施充分考虑了实际，旁人读来都感觉非常有操作性和信心。

然而从2006年开始的有关监管协调的反复讨论在接下来的几年迟

迟没有实际的行动。直到此次席卷全球的美国次贷危机所引起的对美国金融监管的诟病才又引起了业界对监管模式的探讨。

国际上在反思过去的监管模式与内容，美国也推出了新的监管方案。在我国，2008 年 8 月，国务院批准的关于央行的新"三定"（定机构、定职能、定人员）方案明确要求，央行要会同银监会、证监会和保监会建立金融监管协调机制，以部际联席会议制度的形式，加强货币政策与监管政策间以及监管政策、法规间的协调，建立金融信息共享制度，防范、化解金融风险，维护国家金融安全。新"三定"方案还将"负责会同金融监管部门制定金融控股公司的监管规则和交叉性金融业务的标准、规范，负责金融控股公司和交叉性金融工具的监测"作为央行的主要职责列入其中。这一制度设计是央行更多参与宏观金融监管的回归，有利于突出发挥央行的宏观调控职能，提高金融调控的效率，避免类似美国此次金融危机中，由于不同监管机构之间很难采取高效率的联合行动来解决整体金融市场稳定的问题。

回顾我国有关金融监管协调的讨论，我们不难发现，不管是以前"三会备忘录"到"央行新三定方案"，还是后来召开旬会制度，解决监管中的问题，都是对监管协调的良好尝试。夏斌的诸多主张和建议，更是可谓已进一步引起人们的深层思考：有些好建议为什么在实际工作中皆没有获得很好的贯彻执行？夏斌很早提出的《关于金融控股公司暂行管理办法》，时隔七八年，经公务员组团几次出国考察，研究了这么多年，还在讨论起草，为何如此难"分娩"？深入思考这些原因，也许更具有推动意义。

10

不断求解金融改革"绊石"

金融改革方向是什么

我国的金融体制改革从 1978 年真正开始。回顾 30 多年来的金融改革，我们会发现它主要遵循了一个以市场为取向、渐进式的改革逻辑。改革的巨大成就体现在我们从整体上突破了传统的计划金融体制模式，转变成了一个符合现代市场经济要求的市场金融体制模式，基本建立起了一个由健康的金融机构、广泛的金融市场与稳健的金融调控三大支柱构成的金融体系。

但是在上世纪 80 年代中期，中央对金融改革的大思路还很模糊，到底我们需要构建一个怎样的金融体系，大家都在"摸石头过河"，都在思索。

1984 年 10 月，中共十二届三中全会通过了《中共中央关于经济体制改革的决定》，中国的经济体制开始走向整体改革。国务院为此成立了金融体制改革研究小组，由刘鸿儒担任组长，成员中还有几位年轻人，包括周小川、楼继伟、吴晓灵等人。大家深入实地调查，听取了包括外国专家在内的各方面意见，形成了初步方案。

伴随着中国的金融改革，这些当时的年轻人开始成长并且成了今天有着重要影响力的金融大员。夏斌也是其中之一，夏斌曾经感慨自己与金融业有着不解的缘分。从北京大学毕业后，夏斌放弃了很好的留校机会，选择去看一看外面的世界，随后机缘巧合地被分到财政部工作。然而大学读政治经济学的他，对许多金融术语都搞不懂，"不懂就得学"，好学的夏斌利用工作空闲不断学习，不出几个月就已经能将工作上的事情处理得有条不紊，很得领导的赏识。不多久财政部和人民银行分家，领导征求夏斌的意见想去哪边，在人生的又一个岔路口，夏斌觉得有一股神奇的力量指引着他来揭开金融业神秘的面纱。"其实初衷很简单，就是认为自己对金融行业的东西了解得太少，才决定一头栽进来探个究竟"，这也是夏斌喜欢挑战性格的一个体现吧！

然而来到人民银行，夏斌并没有如愿到他梦寐以求的业务部门工作，而是因为党员身份，被分到了政治部宣传处，后又受器重被调到了干部教育处，打算作为后备力量培养。但是一心想去业务部门的他，为此跟领导提过多次要求，始终未成。后来中国人民银行研究生部招生，夏斌想借此加深自己在金融领域的知识打算报考，主管领导却不同意。领导再次嘱咐他，因为想培养他，并不想让他走。夏斌"不领情"地说："我不要提拔，我就想读书。"为此，29岁的夏斌当时还掉了眼泪。最终所有的一切都无法阻止他心中的梦想，夏斌破釜沉舟，于1981年以优异的成绩考上中国人民银行金融研究所研究生部，成为第一届硕士生。

又一次进入金融学术大门的夏斌更加如饥似渴地吸收新知识，意识到中国与世界差距的他，产生了要去国外看一看的愿望和决心。借着研究生阶段争取来的公派日本留学的机会，夏斌看到了国外更加先进的金融理论和实践，因而视野变得更加开阔。1984年底从日本野村证券研修回来的夏斌，经努力工作后出任中国人民银行金融研究所应用理论研究室副主任，并开始对金融体制改革进行了更深入的思索。正当大家都在开始实践金融改革、思索金融改革总体方向之初，夏斌经反复研究，参照国外金融体系，在1985年第一次把中国金融体制改革的方向明确用简明的六字方案概括，就是"企业、市场、控制"，即要实现银行的企业化，逐步形成具有中国特色的金融市场，落实中央银行对各项金融活动的调节和控制。并解释这三者的关系是：银行企业化是我国金融体制改革的关键内容，形成完善的金融市场是改革的最终目标，能否实现对金融市场的调控是我国金融体制改革最后成败的标志。其后的十几年内，中国金融改革历程跌宕起伏，有关改革方向的探索文献更是不计其数。到了亚洲金融危机爆发期间，吸取亚洲危机的教训和我国自身近 20 年的金融改革经验教训，中央在 1997年中央金融工作会议文件中，第一次明确提出中国金融改革的方向与内容是：多类型的金融机构组织体系、有效的金融市场体系和央行调控监管体系三部分。由此可以看出十几年前夏斌提出的"企业、市场、控制"六个字具有充分的前瞻性。

1984 年，从中国人民银行研究生部第一届走出来的一些年轻人提出"开放金融市场是我国金融体制改革的突破口"的命题，一时间引起了西方国家主要经济媒体的相继报道，也在国内掀起了不小的波澜。要知道这是在当时的社会主义阵营中，第一次公开提出要开放社会主义经济中的金融市场。国内不少学者也认为，此命题作为口号提提还可以，要作为实际问题来研究，还甚为遥远；他们认为当时要抓紧的应是研究金融体系的改革、信用工具的改革以及利率的改革而不是开放什么金融市场。可正因为"初生牛犊不怕虎"，才不会有那么多有关姓资姓社的顾虑，才能想前人所不敢想、做前人所不敢做。也正因为这股冲劲，中国的金融改革才能破除陈规，博采众长，走出一片广阔天地。拥有海外留学经历、深谙国外金融市场化运作的夏斌也是这一观点的支持者。他认为，研究金融体制改革问题，说到底是要在我国原有的大一统的僵化金融模式中引入市场机制，适应有计划的商品经济发展的需要，搞活资金融通，提高资金使用效益。但是，在已形成的中央银行体系制度下，引入市场机制，研究货币供应的方式、金融机构的改革、信用方式的活跃、利率的改革及中央银行的宏观控制等问题，这些本身就是金融市场所要研究的问题。

夏斌当时作为中国金融学会金融市场专题委员会一位最年轻的副主任（主任为盛慕杰老先生，与薛暮桥同辈，已故），主要负责为金融市场建议出谋划策。在此期间写了不少妙笔佳文，为促进中国金融市场的发展贡献了不少智慧。

1985 年 11 月，为实现第七个五年计划制定的有关全国金融系统的发展目标——在中国人民银行的指导和管理下，运用多种金融工具积极发展横向的资金融通，促进资本市场（金融市场当时的叫法）的逐步形成，夏斌对此进行了详细的研究。针对当时一些人不赞成、不承认中国已经产生金融市场萌芽，反对发展金融市场的观点，夏斌给予了反驳。他认为：从1984年石家庄全国银行会议以来，已允许银行间实行资金同业拆借，拆放利率由供求双方确定；从1985年4月开始全国商业票据贴现业务开始推广；近几年来，股票、债券也已经进入我国广大城乡，银行系统开始发行金融债券，直接融资活动甚为活跃；除此之外，活跃于广大城乡经济活动中的商业信用、信托业务、补偿贸易、资金的联合经营、特别是某些地区十分活跃的民间自由借贷活动等等，都表明我国已经存在形成金融市场的许多基础性因素。但是目前也存在一些根本性问题，如金融体系外的企业未真正企业化，金融市场体系内金融机构未真正自主经营、自负盈亏。因此，利率关系未理顺之前，"七五"期间我国金融市场的发展目标只能是"逐步形成一个初步具有中国特色的金融市场"。他还系统地阐述了有关金融市场的一系列热点问题："金融市场具体在中国如何开放？开放什么内容？具体要达到什么目标？一个成熟的、较为健全的金融市场要有哪些金融中介？从金融交易工具来看，货币市场和资本市场中各子市场如何建设？市场开放后，相对于中央银行宏观调控的'传导媒介'，利率体系如何改革与建立？这一切具备后，中央银行如何实现对金融市场的调控？"

夏斌当时在其描述的系统图中对此作出一一详尽的描述，对我国金融改革的进程作出了很有意义的讨论和推动。

当时夏斌认为，学术界讨论的金融市场和现实经济所允许的金融市场内容，只能称得上是低层次的金融市场，中国金融体制改革目标所追求建立的金融市场是高层次的金融市场。现在回过头去看，今天我们倡导的建立多层次的金融市场这一主题，早在十四五年前就被夏斌言中。

如何反思亚洲金融危机

　　伴随着 2006 年底中国加入 WTO 五年过渡期的结束——中国金融业走向了对外资机构的全面开放。2007 年 1 月，第三次全国金融工作会议召开，会议研究："在新环境下金融改革如何迈上新的台阶，金融如何进一步对外开放，如何更好地维护金融秩序？" 2007 年夏斌提出了自己对中国金融开放的新思考。他认为，中国金融开放应坚持 "以我为主、循序渐进、安全可控、竞争合作、互利共赢" 这 20 个字，其中最重要的是要继续坚持 "以我为主" 的金融开放战略，适度逐步地开放，这也是我们的筹码，要用好这一筹码。至于为什么要坚持金融开放的渐进性，夏斌认为因为我们内部的金融体系不健全。在这方面社会舆论、媒体报道和呼吁很多，但是政府有关部门的动作仍然较慢，所以目前必须充分认识到金融业对内开放的紧迫性，内外开放必须步调一致，否则就会不可控制，严重影响我国的金融安全。

　　2007 年 4 月，在 "关于亚洲危机十周年的反思与回顾" 的论坛上，夏斌更是明确了他对中国金融开放的认识，提出中国应有一个金融弱国的思维。

　　他开宗明义地指出，我们应该从什么角度反思十年前的亚洲金融危机。对亚洲金融危机问题的看法，仁者见仁，智者见智，反思的角度也并不一样。夏斌认为从经济学理论上反思的意义不大，我们要反思的是政策经济学，而不是理论经济学。哈佛大学著名经济学教授曼昆曾经这样总结过："世界上有两种宏观经济学家，一类是应用工程，一类更倾向于科学。工程师更关注的是解决问题，从现实的角度来思考；而科学家们的目标是阐述世界运作的规律，属于理论派。宏观经济学的科学和工程这两个部门存在的巨大鸿沟，对所有从业者而言都是令人沮丧的事实。最近以来有关商业周期的理论，无论是来自新古典学派，还是新凯恩斯学派，对实际政策操作的影响都几乎为零。美联储梅尔耶关于经济政策和波动的分析非常深刻而精巧，但是丝毫没有现代宏观经济学理论的痕迹。"夏斌就是采取了这种思维，并进而思考亚洲金融危机对于中国而言有什么经验和教训值得学习。

他认为：首先，东亚30年的发展有很多我们能够借鉴的地方，不能因为发生了亚洲金融危机就把一切努力和成果抹杀。无论我们是否称之为奇迹，事实上仅30年来这个地区生活水平的改善之快是全世界前所未有的。资本主义总是受经济波动，包括金融恐慌的困扰，东亚虽然经历了1997年的金融危机，但是在过去的30年中除此之外几乎很少经历危机，其中两个国家（地区）没有出现过一年的负增长，两个国家（地区）只有一年的衰退，这个纪录远远好于任何应该是更为先进、管理得更好的OECD国家。危机只是轻微淡化了东亚创造的成绩。

东亚的成功很大程度上是政府和产业政策的作用，方法之一就是干预了金融市场，集聚大量资金推进了增长战略。30年中只有两年的危机，或者说长期增长中间遇到了一些曲折，应该说是政府充分发挥作用的结果。但是随着经济发展，同样也可以看到正是政府在干预中间，由于改革不彻底，也出现了一些负面效应，所以危机不可避免。政府作用有积极的一面，30年干得很漂亮。但是应该清醒认识到，在发展过程中，改革不能及时跟上，也要出事。亚洲的危机只有两年，1999年马上复苏，世界对此又是刮目相看，这又与各国政府积极主动推动有关方面的改革相关。所以对于我们而言，也必须重视政府的作用，始终要保持政策与时代的协调一致。否则不仅促进不了发展反而会阻碍我们前进的步伐。

中国1997年没有发生金融危机，根本原因很简单，就是门关着。国际金融组织和我们自己其实都认为，如果开门，可能也会卷入危机。

正因为我们的门是关着的，所以才没有出太大问题，这意味着我们是不折不扣的金融弱国。那么到底什么是金融强国？什么是金融弱国呢？一般而言，可从以下指标来看：一国货币的国际化程度，汇率的自由化程度，国际比较下一国的资本市场规模及融资能力，金融服务收入占 GDP 的比例，对外金融资产的规模，金融市场的弹性以及风险消化能力。如果从这些指标来看，我们就能够概括出，一些国家很强，有的国家很弱。但是若仅仅按照这些指标来分析，有一些国家的指标很好，照样在 1997 年遇到了危机，这又是为什么？这还需要更深入的分析。

10 年过去了，虽然当前的经济整体看好，但是仔细分析，我们仍是金融弱国。看清楚自己怎么样，这是第一步，也是最重要的，所谓人贵有自知之明，一个国家也是如此。只有认识到自己与金融强国的差距才能不断赶上而不是"讳疾忌医"。

第二步，需要明确的是，弱国转强国是一个过程，在这个过程的不同阶段应该有不同的开放思维。回忆一下，世界经济近 130 多年来，已历经两次经济全球化。第一次是 1870～1914 年这 45 年。之后 30 年被两次世界大战所耽误。第二次就是 1945 年二战结束，到现在的 60 年。而上世纪后 25 年，就是 1975 年开始，全球化速度加快。各种资料表明，经济全球化导致了国与国不平衡加剧，差距加大。从常理出发，可以想象，一个很强的国家、一个很弱的国家，两个打仗，用一个共同的游戏规则来打行吗？不行。所以我们想崛起，就必须有不同的思维，绝对不是按照已有的游戏规则来做。不平衡下的金融弱国，用同一个游戏规则竞争，是不可能转变成强国的。

夏斌认为：在弱国转强国的过程中，特别是在全球化的背景下发展经济既要遵守一般规律，同时你要赶超，就一定要有赶超时期特殊的制度安排。而这种特殊安排，又要及时适应本国经济参与国际化的程度，不断调整，如果不调整就会出事，调整才能避免。在这个过程中，金融开放与保护、金融开放与经济安全，这是必然要考虑的重大问题。从历史看，英国在抗衡荷兰、西班牙的过程中，是采取了民族保护政策。美元帝国在抗衡英镑帝国过程中，同样采取了民族保护政策。1816年制定了第一个保护性关税条例的德国，在18世纪崛起过程中更是明显。哈佛大学专门从事发展问题研究的罗德里克教授研究了世界各国几十年的发展数据，结果表明，第二次世界大战以来发展比较好的国家，通常是那些能够制定出有效的国内投资战略推动增长的国家，是那些能够建立适宜体制来克服外部负面冲击的国家，而不是那些解除贸易和资本流动限制的国家。跌入深渊的国家并不是开放不充分的国家，反而是那些未能很好管理开放进程的国家。

第三点需要明确，现阶段中国应该有怎样的开放思维呢？"应该在保护经济安全的前提下，寻求不断的开放"，夏斌根据国情作出了积极的思考与建议。

从大的方向来看，在继续对外开放中，肯定还将面临长期的人民币升值压力和"去美元化"问题。既然现在有"人口红利"的重大机遇，就要抓紧发展，再过10～15年就不可能发展这么快了。因此目前贸易顺差是一个难点，但也是一个机会，既要利用贸易顺差赚钱，同时又要调控矛盾。另外也要看到今后的30～50年，美元体系的矛盾肯定会逐步尖锐，以后国际货币体系绝对不是单极世界，而是多极世界。在这样的情况下，美国政策肯定要为它的经济利益服务，不断的交替玩升值与贬值，我们应该怎么办？（编者注：此时美国金融危机还未爆发，夏斌已警示美国主导的国际货币体系矛盾不可调和）

他进而指出，我们在对外贸易中可不可以不用美元，而用欧元或者其他货币？这些都可以考虑。在与周边国家的贸易中，比如说缅甸、越南，已经在使用人民币了，香港也在大量地使用人民币来消费。钱出去了，什么渠道回来？在人民币资本项目坚持逐步开放前提下，能不能建立人民币债券市场？能不能做大？又如何做大？这是我们能控制住的。要不要建立亚元？亚洲货币应该怎样合作，实现自己的目标？理论上说应该有亚元，但是一切都应该在中国长期发展利益的前提下

来思考？（编者注：从这一系列设问中可以看出，人民币国际化、区域化的思索在夏斌头脑中早已在成形的思考）

在一些微观问题上，比方说在证券机构和外汇资金的进入问题上，夏斌认为外国银行的进入和外资证券机构的进入还是有差异的，证券公司是可以控制的，进来只是赚资本金的钱，只要不让他带境外游资进入，就没有太大问题。当然我们也必须扶植自己的证券机构尽快壮大。

又比如说在银行持股比例上，要不要有"抓大放小"战略？若"放小"，那么比方说广发行的持股比例，放多少为好？这又如何作为政治、外交的谈判筹码？这些问题要通盘考虑。

我们不能太简单化地看一些问题，认为似乎金融就是金融工作，跟政治、外交没有关系。比如有些高官认为微观金融搞好了，宏观金融就安全了。是这样吗？微观金融搞好了，不见得宏观经济就安全了。金融是现代经济的核心，金融是全社会资源配置的中枢。贷款指向哪儿，物资就流向哪儿。目前民主政治还在逐步改革过程中，两极分化也很严重，不稳定因素很多，从这个角度看，就不能简单地从教科书理论出发探讨银行的持股比例问题。要不要把全社会资源配置的中枢让出去？这些都是不能纯从经济角度来考虑的（编者注：以上这些既通俗又深刻的思想，在当时夏斌一说出，尽管媒体网络纷纷转载，但有些领导未免难接受。今天美国危机后，一些自己民族银行几乎丧失的中东欧国家经济大衰退的教训表明，夏斌的警言具有何等的前瞻性）。

2007 年当大家刚刚反思完亚洲金融危机 10 周年教训时，一场影响更为深远的金融海啸席卷全球，并且，谁也没有想到它会蔓延得那么快，势头会那么猛。

关于这次危机，需要人们思考的东西很多，全世界经济学家们孜孜以求，反思危机的根源，探讨拯救的良方。夏斌亦是，本着一贯的严谨态度，他从国际货币体系的制度根源，到美国货币政策的"有意"失误，到美国对信用放大监管的缺失等，都给出了深刻剖析。并且，他认为此次危机也给中国带来了"参与国际货币体系改革"和"加速国内经济结构调整"两大历史性机遇。对于有关次贷危机的内容，我们将在"货币政策"、"外汇储备管理"和"国际货币体系改革"等相关篇章详细展现夏斌的为国为学态度，展示一位经济学家的思想光芒。

坎坷前行的城商行

2004 年，国有银行的改革正如火如荼地进行着。最先迈上改革征途的中行、建行已经悄然发生转变，各项指标都有了明显好转。然而，对四大银行的关注，掩盖了中国银行体系中另一个棘手的问题，这就是城市商业银行。截至 2004 年，除信用社以外，城商行的数量达到一百多家，在所有存款机构中占比达 1/3，但这一百多家城商行却问题重重，情况比之四大银行甚至有过之而无不及，其中许多银行已经是资不抵债，从技术上讲早已破产。只是由于主管部门要求的信息披露不足以及对四大银行关注而转移了注意力，才使这个问题一直没有成为社会关注的焦点。

城商行的前身是城市信用社，这是上个世纪 80 年代我国特殊经济金融环境下的一个有趣产物。当时城信社的成立不仅是为了给中小企业提供资金，也是为了解决子女的就业问题。因此，开办城信社的主体十分庞杂，区政府、街道办事处、商业银行、民间团体，甚至个人都能开办城市信用社。这个特殊机构倒也的确为解决一时的融资问题和就业问题贡献了不小的力量，导致全国上下一度掀起了一股"城信社热"。然而，城信社却存在许多先天不足，无论从体制到管理水平再到人员素质都无法与一般的商业银行相媲美。随着城信社的不断增加和规模膨胀，风险也不断扩大。到 1995 年，全国有 5200 家城市信用社，它们中大多数管理混乱，经营不善，不良资产高筑，被形容为 5200 个"定时炸弹"。为了化解城信社的金融风险，1995 年，国务院决定在全国三十多个城市城信社的基础上陆续组建城市商业银行，由此，诞生了第一批城市商业银行。

可以说城市商业银行是在一堆"烂摊子"上组建而成的，这注定了它的发展绝不可能一帆风顺。城商行开始时提出的发展战略是"保支付、防挤兑、稳过度"，现在想起，着实颇为无奈。从成立伊始，一系列问题就与城商行如影相伴：资本金不足、不良资产比率高、经营区域受限等等。由于存在诸多限制条件，上市和发行次级债对于绝大多数城商行来说都不太现实，所以城商行要想补充资本金只能靠盈余留存和增资扩股，而城商行的财务状况长期不佳，对于投资者缺乏吸引力，这些原因都导致了城商行的资本金状况捉襟见肘。再看不良贷款，城商行的不良贷款比率在最高时曾达到 34.32%，并且如果按照不良贷款五级分类法来估算的话，甚至可能超过 50%，情况之恶劣远在四大国有银行之上。除此之外，城商行从成立至 2004 年末，其经营一直被限制在所在城市内，这也是它缺乏竞争力的一个重要方面。单一城市经营不仅使城商行的风险难以分散，贷款的行业集中度和客户集中度过高，还导致了城商行在跨地区业务上难以和其他银行竞争。总而言之，城商行可谓问题重重。

早在四大国有银行改革之初的 2004 年 4 月，夏斌率先指出，城商行已经危机重重，面临着被边缘化的危险，必须马上开始改革，背水一战。所谓被"边缘化"，夏斌是指城商行正受到三大压力的挑战。第一是其他商业银行的挑战。近年来，国有银行和股份制商业银行改革步伐加快，经营情况有明显好转，无论在人才、管理、资金、网络上都远胜于城商行，再加上外资银行不断加快进入中国的脚步，城商行在夹缝中求生的压力越来越大。夏斌分析说，现在世界跨国投资的中心已经从投资中国、印度的制造业转向金融业，并且随着2006年银行业全面开放的到来，中资银行将面临越来越激烈的竞争。第二个挑战是来自金融市场发展和金融制度创新的挑战。随着越来越多的银行向国际先进银行看齐，现有的资产负债结构将会发生很大变化，利差收入不断降低，中间业务收入不断提高。而城商行产品开发、资本金实力及吸储能力都较弱，在面临竞争时将处于十分被动的境地。夏斌总结的第三个挑战是，宏观政策调整和金融监管严厉的挑战。城商行负债中20%来自非存款性负债，是货币市场的主要拆入方，很容易受到央行紧缩银根的影响。并且随着监管日益严厉，中小银行的诸多问题将更快地暴露出来，影响其信誉，进一步制约其业务的发展。

发现问题后重要的是要解决问题。夏斌随之提出了城商行"背水一战、奋力直追"的六点建议，包括城商行要放弃"地方金融观念"，地方政府要让银行"为我所用却不为我所有"，要能让出股权；要主动设法寻求债务重组，解决不良资产的问题，不能"等、靠、要"，不能寄希望于国家出面解决；要严格按照银监会的七项考核指标严格要求自己，不盲目追求扩张；要研究创新业务，努力形成自己的特色和品牌，允许达到监管要求的城商行可以跨区域经营；要有长远目标，不要急功近利，见利就分；要争当信息披露先锋，不怕露丑。

2004年7月8日，前身为浙江商业银行的浙商银行重组后，悄然亮相，成为第12家全国性股份制商业银行。浙商银行因为引进民营资本而在即将拉开的城商行改革浪潮中成为"标兵"。其中，万向集团、轻纺城、广厦集团、吉利集团都是其股东，民营总股本占到85%。

2004年11月银监会发布了《城市商业银行监管与发展纲要》，正式明确了城商行的发展方向是重组改造和联合，并计划允许达到监管要求的城商行跨区域经营。又是无独有偶，夏斌关于城商行改革的政策思想——体现在政府部门的政策制度和改革实践的轨迹中。

2005年12月银监会批准安徽省辖内6家城市商业银行和7家城市

信用社联合重组为徽商银行，徽商银行成为全国第一家由省内地方金融机构重组而成的省级商业银行，由此拉开了城商行联合重组的序幕。紧随其后，江苏银行、吉林银行等省级股份制银行纷纷成立。

2007 年，青岛市商业银行成功引入意大利联合圣保罗银行、重庆银行则引入香港大新银行、成都市商业银行引入马来西亚丰隆银行，从而使城市商业银行群体中引入外资的城商行数量达到 12 家。2007 年 7 月，南京银行、宁波银行分别登陆沪深股市。

到今天，虽然城商行仍然存在着很多问题，譬如行业内差距大、人才匮乏、治理结构有待完善等等，但不能否认，从改革至今，城商行取得了丰硕的成果。他们并没有"等、靠、要"，而是靠着自己的力量，攻克难关，涌现出了一批极具竞争力的优秀银行。而夏斌关于城商行的很多建议，包括要主动设法寻求重组、地方政府要让出股权、要研究创新业务等等，都是后来城商行在改革过程中所实际采用的措施。相信随着我国金融业的发展，城商行也将继续大步前行。

邮政储蓄与邮政体制：联动改革

1986 年，为了充分发挥邮政部门的网络优势，筹措资金，以发挥央行当时"第二财政"的职能，缓解高速增长的工业对国家财政资金巨额需求的压力，国务院批准让邮政部门恢复办理储蓄业务。20 多年以来，作为邮政系统的一个组成部分，邮政储蓄不断发展壮大。从最初的为人民银行代办储蓄业务，人民银行支付代办费的方式，发展到1990 年以后的自办模式，吸存的储蓄资金转存人民银行，取得转存利率。截至 2002 年末，邮储余额达 7359 亿元，市场占有率 8.48%，仅次于四大国有银行。

邮储从诞生之初，就有与众不同之处。它可以吸收存款，但却不同于一般的银行那样可以放款赚取利息。邮储没有贷款业务，主要的利润依靠其央行转存利息与支付给储户存款利息间的高额利差。自1996～2002年，央行连续八次降息，但邮储在央行的转存利率仍高于同期商业银行的准备金利率，让其他银行艳羡不已。仅2002年一年，邮储就从央行获得了180亿没有丝毫风险的利息收入。

在邮储大占无风险利差这个"便宜"的时候，邮政系统的主营邮政业务却面临着严峻的挑战。从1998年邮政与电信分离之后，邮政难改政企不分、机构臃肿、人浮于事的问题。低劣的服务与经营效率使中国邮政体制难以抗衡外资公司的竞争。在外资快递公司大举进入中国的背景下，中国邮政的市场占有率迅速降低。在部分沿海地区，大约90%的市场份额已经被外资公司抢去。除此之外，邮政服务还存在区域差距极大的问题。许多偏远地区的邮政服务条件恶劣，不仅不能满足老百姓的基本需要，甚至影响了政府政令的畅通。

长期以来邮政一直处于严重亏损的境地，不得不依赖财政的大量补贴。而邮储是其中唯一例外的部分，每年邮储从央行获得的巨额无风险利息收入，成为邮政系统的主要利润来源。然而，邮储对邮政系统的巨额隐形补贴，不仅不利于邮政业务的独立核算，也不利于邮政部门发展主营的邮政业务，导致很多基层机构只注重大力发展储蓄，而邮政应有的业务能力和规模都相对萎缩。在山西某地，当地两个乡8000多人共用一个邮电所，所里只有一名员工，办公条件十分恶劣。

多年来，有关部门多次酝酿改革。1999年以后，推行"八五三一"计划，即逐步降低财政对邮政部门的补贴，从1999年的80亿元逐年下滑至之后三年的50亿、30亿、10亿元。此外，央行也曾设计了单独成立邮政储蓄的改革方案。但这些方案都缺乏可操作性，无果而终。

2003年9月1日，央行提出以2003年8月1日为界，对邮政储蓄实行新老划断。新增的邮储存款，除仍不准放贷获利以外，可以由国家邮政储汇局自主运作，新增存款若转存人民银行，则执行金融机构准备金利率。由于当时存款准备金利率为1.89%，低于一年期存款利率，这就意味着邮储必须想方设法为自己的新增存款寻找出路，而不是像从前一样坐收无风险利差。至此，央行对邮储的"包养"宣告结束。

然而，邮储的问题还远未画上句号。一方面，邮储缺乏健全独立的法人治理结构、完善的内控机制和风险防范机制，经营风险与日俱增。另一方面，邮储不是真正意义上的金融机构，不仅在资金运用上受到很多限制，而且由于长期以来都未纳入金融监管体系，基层机构违规行为时有发生，影响了地方金融秩序不说，还带来了巨大的金融隐患。正因此，社会各界都翘首期待邮储或者邮政的进一步改革方案。

2003年对于夏斌来说的确是忙碌的一年，在拿出了"化解四大国有银行风险的一揽子建议"之后，夏斌又一次站在众人之先，带领金融研究所"邮政储蓄体制改革研究"课题组，提出了一份邮政储蓄改革的完整方案。

在该方案中，夏斌客观地指出，邮政储蓄必须与邮政体制联动改革。不仅因为邮政体制自身存在很多弊端，更因为夏斌认为以前有些部门采取的那些"单兵突进式"改革方案并不能解决邮政系统和邮政储蓄的实质问题。一方面，从已经实施的单方面改革所取得的成效来看，虽然国家财政对邮政的补助逐年减少，但邮政并没有扭转亏损局面，只是通过不断扩大储蓄业务的规模来赚取利差，填补亏损，而央行是亏损的最终承担者。对于国家来说，邮政的负担并没有降低，只是形式上从财政补贴转为了央行的隐形补贴。夏斌形象地把这种情况说成"按住了左边衣袋，却又不得不从右边衣袋掏钱"。另一方面，夏斌尖锐地指出单独改革邮政储蓄，而不对邮政进行补偿的方案在现实中不具备可操作性。因为其未考虑邮政体制的现实困难和资金缺口。目前邮政系统总收入的1/3来自邮储，而且越是基层比重越高。据统计，在一些农村支局，邮政储蓄的收入占比高达90%，一旦将邮储从邮政系统分离而又没有补偿措施的话，这些邮政的营业网点将立刻垮掉。因此，这样方案也必然会遭到邮政部门的抵制，难以实施下去。就这样，夏斌准确地点出了邮储改革中不得不解决的首要问题：财政必须对邮政系统提供资金和政策支持。

夏斌给出了改革的整体思路后，具体阐述了邮政改革的两大步骤。第一步改革的目标是将通商类业务（其中包括邮储）与通民类和通政类业务分离开来，准确核算各类业务的收入和成本等。通商类业务指的是为企业和公众提供商业性服务，包括集邮、快递、代理收费、汇兑、邮储等，这类业务通常是盈利的，不需要政府补贴。通政类业务指的是保证中央声音的及时传递和政令的畅通，包括党报党刊、机要文件的传递、边防官兵信函的邮递等。这类业务亏损需财政的支持。通民类业务，是保证公民的通信权利，为公众提供公共服务，也属政府职责应由政府承担。

第二步改革的目标是实现通商类业务的市场化运行。在这一阶段，通商类业务与邮政体制完全脱离，自主进行市场化运作。并且，这两个步骤还要有一系列政策的支持，包括对邮政服务中已划清的公共服务部分给予减免税；允许通商类业务适度扩大业务范围，如开办简易养老保险、代办养老金发放等，按夏斌估计，开办这些业务，每年能提供大约数十亿的盈利；适当放松面向邮政业务的价格管制；在政企分开的基础上，将邮政局设为国务院直属机构并赋予其执法权，监管邮政行业。

而对于邮储改革，夏斌认为从邮储性质来看，邮储不应该变成普通的商业银行。一方面邮储当前不具备对贷款风险的识别和控制能力，另一方面，把邮储建成商业银行模式必定会使农村资金进一步流向城市，有悖扶持"三农"的政策和农村金融改革的特殊需要。因此夏斌提议：邮储应当主要从事批发业务，比如进入银行间市场参与债券买卖；与中资商业银行、农信社办理大额协议存款；与政策性银行进行业务合作，申请成为国债、政策性金融债券承销成员；委托有关金融机构运用其资金获取高于央行存款的利息收入；以邮政储蓄资金成立国有银行改革重组基金，长期投资于国有银行，在获取稳定、长期投资回报的同时，解决国有银行资本金不足而国家无力注资的问题；开办农村简易人寿保险业务；以及利用网络优势，大力发展中间业务等等。

夏斌的这篇报告可谓深刻而富有可操作性，他再一次在改革急需的关头，前瞻地给出了一份漂亮的答卷。这时候，距离邮储真正的破冰改革还有两年时间。两年后，我们又一次看到，改革的最终方案与夏斌这篇报告有那么多的相似之处。

2005 年 7 月 20 日，国务院常务会议讨论并通过了《邮政体制改革方案》。根据该方案，中国邮政一分为三：一是国家邮政局，作为国家邮政监管机构；二是组建中国邮政集团公司，经营各类邮政业务；三是成立邮政储蓄银行，实现金融业务规范化经营。酝酿多年的邮政改革终于破冰，迈出了实质性的一步。

这次被概括为"一分开、两改革、四措施"的改革方案，核心就是围绕政企分开。国家邮政局设立为监管机构，邮政主业和邮政储蓄同时进行改革，分别成立了邮政集团公司和邮政储蓄银行。并提出要建立普遍服务机制、完善特殊服务机制、强化安全保障机制、改革价格形成机制。这些正是夏斌提出的联动改革的思路。

但我们也要看到，邮政的这次改革方案中，仍然没有把邮政中的业务类型进行具体的区分，普遍服务业务和竞争性业务并没有分开。许多舆论认为，这才是邮政系统改革的最大难题。而夏斌也在一次采访中强调说，邮政改革中操作的复杂程度不容乐观，邮政的补偿机制必须要建立起来，而要建立起这种补偿机制，首先就需要把邮政业务中具有非通商性质的不可盈利部分进行独立核算，把通商业务和其他业务逐步分开。

2008 年初，中国邮政储蓄银行江苏省、湖北省、青海省、西藏、新疆、青岛分行分别成立。至此，经银监会批准的中国邮政储蓄银行全国 36 家省级分行全部成功挂牌。我国邮储网络体系初步形成，意味着邮储改革的基本完成。邮储至此已成为全国最大的覆盖城乡二元经济的金融机构，其服务网络 2/3 以上分布在县及县以下农村地区，在服务"三农"上发挥了重要的作用。

应该说，几年来的邮政改革已取得了一定的成果。但任何一个改革都不可能一蹴而就，邮政系统要想真正实现改颜换面，依然还有很长路要走。

11

中国房市应以消费为主

"吾家有女初长成"

　　中国的房地产市场自1988年在海南起步。1988年8月，有着天涯海角之称的海南岛从广东省脱离。一夜之间，这个人口不过160万的小岛成为了全国各地淘金者心目中的"理想国"。鼎盛时期，海南的房地产公司数目达到了2万家，伴随着地产公司数目一起凯歌高唱的是海南房价，1988年海南房地产平均价格为1350元/平方米，短短五年间，在1993年上半年达到了顶峰，7500元/平方米。每80人便有一家房地产公司，谁也不知道房屋究竟为谁而建。所有的人都在玩一个古老的游戏——击鼓传花，只是人们总是乐观地相信自己能在哨响之前，花落他家，而泡沫在传递中越吹越大。1993年6月，时任国务院副总理的朱镕基到海南视察，发现海南的房地产市场已经失控，一声令下：停止银行贷款。海南房地产热浪应声而落，95%的开发商关门倒闭，数千家开发商卷款逃离，留下了600多栋"烂尾楼"、18834公顷闲置土地和800亿元积压资金，仅四大国有商业银行的坏账就高达300亿元。有个故事，后来一位外地银行官员去海南处置不良资产，被带到海边，他纳闷地问：抵押的土地在哪里？向导告诉他：现在涨潮了，等退潮时地就出来了。恍惚之间，天涯、海角的海南变成了天涯、海角、烂尾楼的海南。这是中国第一次房地产泡沫，它轰轰烈烈地来了，又倏忽破灭，留下满目疮痍，令人感慨无限。

　　海南泡沫后，中国房地产业在紧缩的调控政策下进入了长达5年的低迷期。1998年，面对亚洲金融危机的影响，政府采取了种种催热房地产市场以拉动内需的措施，房地产业延续五年的颓势就此得以扭转。1998年5月，人民银行出台《个人住房贷款管理办法》，并安排

1000 亿元的贷款指导性计划，倡导贷款买房。7 月，国务院正式宣布停止住房收入分配，逐步实行住房分配货币化。同时，"建立和完善以经济适用住房为主的多层次城镇住房供应体系"被确定为基本方向。当年全国完成房地产开发投资 3623 亿元，比上年增加 13.79%，房地产开发投资负增长态势就此改变。而其政策效应持续了 10 多年，成就了房地产业在中国经济发展中的支柱地位。中国新的住房制度雏形由此建立。1998 ~ 2000 年间，是中国房地产业的一个相对平稳的发展期，又被称为中国房地产的"零售年代"。面对逐步深化的住房制度改革，个人购房比例持续上升，房贷成为银行追逐的热门生意。在政策及利润的双重刺激下住房贷款总量不断增长，贷款门槛越降越低，甚至出现"零首付"情况。而 2001 年的成功申奥和入世，更是极大地刺激了中国房地产业的发展，全国主要城市的房屋价格迅速上涨，"温州炒房团"成为当年热门词，进入了人们视野。这一年的福布斯中国富豪榜上，房地产开发商占据 28 人。自此，福布斯中国富豪榜单上，中国房地产商开始了其叱咤风云的时代。不论是人数，还是排名都在榜单上占据了显著位置。这是一个地产大佬的时代。然而面对着如火如荼的中国房地产市场，以及商业银行日益升高的住房贷款不良贷款率，人民银行冷静地意识到了风险。2001 年 6 月央行发布《关于规范住房金融业务的通知》，通知规定：贷款额与抵押物实际价值的比例（抵借比）最高不得超过 80%，严禁对借款人发放"零首付"个人住房贷款。尽管人民银行禁止银行"零首付"住房贷款的小小"警告"难敌房地产发展热潮，但是，从防范风险的角度来说，这一次出手是及时必要的。

2003 年是中国房地产业名副其实的政策年，这一年政策与房地产的关系，波澜起伏，到达了历史的顶峰。2003 年上半年，当举国上下笼罩在 SARS 的阴影之下，央行 6 月 13 日的一纸 121 号文件《关于进一步加强房地产信贷业务管理的通知》，对高档房和个人商业用房贷款进行了严格限制。通知规定：开发企业申请银行贷款其自有资金应不低于开发项目总投资的 30%，商业银行只能对购买主体结构已经封顶住房的个人发放住房贷款。好若"当头一棒"，121号文件打在了房地产业最脆弱的那根神经上。房地产业面临重创，甚至有人宣称中国房地产业正在步入"寒冬"。企业开始奔走于主管部门之间。8月12日，建设部公告了国务院18号文件《国务院关于促进房地产市场持续健康发展的通知》，通知要求"加强房地产贷款监管"的同时，"对符合条件的房地产开发企业和房地产项目，要继续加大信贷支持力度"。121号文件引起的轩然大波最终被18号文件所安抚，房地产业在国民经济中的支柱产业地位得到了进一步明确。2003年的冬天并不真正寒冷，在还没有真正降临前中国房地产业的"寒冬"就已过去。

伴随着通货紧缩退去，经济过热和流动性过剩转而成为焦点，以及2003年政策与市场博弈的失败，2004～2007年，国内房价快速上涨，中国房地产业进入了一个高速发展时期。房地产发展的热潮开始从北京、上海这些一线城市转向二线城市，房地产企业的全国化经营发展迅猛。与此同时，全国各地房价节节攀高。2005年一季度全国房价平均上涨9.8%，对此，央行宣布上调商业银行自营性个人住房贷款利率，提高个人住房贷款最低首付款比例，公开表态要"通过此举打击炒房者"。"国八条"、"新八条"也清晰传达了政府对房价上涨过快的忧虑。在高密度的调控文件中，"保证中小套型住房供应"、"打击炒地"、"期房禁止转让"等，成为此轮房地产新政的关键词。在一系列"重拳"之下，中国房地产价格稍许放慢了前进的步子，2005年全国房价平均上涨7.6%，比上年回落2.2个百分点。

"青春躁动期的少年"

　　"居者有其屋"应是一个公民社会崇尚但非可望而不可即的理想。"无恒产者无恒心",贫民窟往往都是滋生罪恶的温床。因此,完善的住房供给制度是社会稳定的基础。美国前总统胡佛说过:"没有什么东西比住房对人民的幸福和社会的安定更加重要。""安得广厦千万间,大庇天下寒士俱欢颜",国民衣食住行是每一位"以天下为己任"的知识分子的关心所在,拳拳之心的夏斌亦是。2005年8月,夏斌在参加"21世纪房地产论坛"时,正值社会上对房市"热"与"不热"争执不一。他研究生涯中第一次有关房市的演讲——"青春躁动期的中国房地产业"就另辟视角,高屋建瓴地指出了中国房市在摸索中存在的问题和发展方向。他生动地将房地产业形容为"从一个蹒跚起步的孩子成长为一个处在青春躁动期的少年"。夏斌说:"与农业、制造业相比,它们的经营模式、行业标准、技术水平等都相对比较成熟,是成年人。而房地产业从1988年开始算起,从这个意义上讲,绝对是一个未成年人,还不成熟。如果从生理角度观察,这个时期荷尔蒙分泌多,躁动,可塑性强。青春躁动期的青少年一个明显特征是有逆反心理,不服管,而其实家长心情往往是望子成龙。比喻为政企关系,政府调控房市,绝不是压抑这一支柱产业,而是期望其茁壮成长,但企业往往不理解。"

　　夏斌进而分析了此时房地产业的第二个特征。他认为:"青春发育期的少年又恰逢'文化大革命'。青春期的少年荷尔蒙分泌旺盛,而'文化大革命'的特征却是停课闹革命,不要知识,专搞革命,而家长期望的是孩子德、智、体、美全面发展。因此,遇到'文化大革命'环境是令家长们最挠头的一个问题。"这比喻为什么呢？当时正遇到国际房地产业产生泡沫。从 1995～2006 年，美国、英国、澳大利亚三国的房地产价格平均上涨幅度超过了 230%，这个涨幅已经高于日本典型泡沫时期的 200%，而欧洲主要国家的房地产价格上涨幅度也普遍超过了 80%。国际房价飙升的背后是，自上世纪 90 年代以来，各主要发达国家纷纷采取了相对宽松的货币政策，尽管在其中的不同阶段，为了减轻通货膨胀压力，各国央行采取过缩紧银根的措施，但从总体来看，相对宽松的货币环境与投资银行家们花样繁多的金融创新，把流动性源源不断的注入到了房地产市场，更使得许多原本并无购房能力的人通过贷款的方式买了住房，推高了房地产价格。在全球流动性过剩的背景下，人民币升值，国内房价看涨，引致国际热钱进出对房地产市场起到了助涨助跌的作用，非常不利于尚处于"青春期"的中国房地产业的稳定健康发展。夏斌当时一针见血指出："政府对待房地产应该像家长对待孩子的态度，就是九个字：保护好、引导好、发挥好。要从德、智、体、美四个方面全面发展。因此政府调控的方向，要更多的强调全方位的制度建设，而不仅仅是资金，不仅仅是利率。应当围绕土地供应制度、财政税收制度、投融资制度、商品房买卖制度以及保障性住房供应制度等全面展开。像广受诟病的地方政府'卖地财政'，就需要从中央与地方的财权设置、土地收入的支出、土地资源规划等基础层面上统筹和改善。"也就是强调房地产市场的健康发展，一定要"德、智、体、美"全面发展，即不仅仅是信贷政策，土地、税收、保障性住房等制度都要健全。

不仅如此，夏斌还形容当时中国房市的第三个特征是："青春躁动期的青少年又遇到了独生子女的家长。"此话从何而言？"独生子女的家长，只生一个孩子，从未有家教经验。比喻为房市调控，'国八条'、'新八条'等，经常出台房市调控政策，说明政府在调控房市上也没有经验，也在慢慢摸索，大家要理解。"

生动的语言、独特的视角、全面的分析，夏斌并没像一般学者就房价谈房价。有关"德、智、体、美全面发展"的论点深刻揭示了中国房市初创阶段需要急迫进行全面制度建设的重要性。房市讨论一直是社会的热点。时隔两年在大连的一次会议上，他进一步明确指出："当前中国房地产调控应该在死守两条底线的前提下，放开经济手段和市场手段。底线是什么？一是保障中国人基本生存的耕地必须保证；二是必须保证最低收入者有房子住。这是两个底线，为此我认为政府应该有强制性的规定，在确保农用耕地需要的前提下，加大土地供应，通过各种相关政策来增加经济适用房、廉租房等的建设和供给。剩下的就是市场调控、经济手段调控。政府的归政府，市场的归市场。当然，在市场发挥作用的领域，即对于市场供给的商品房，也应该给予一定的行政指导，尽可能将房地产行业的利润控制在稍稍高于其他行业利润水平之上。现在连方便面调价都要上报核准，与民生休戚相关的房地产业更需要考虑。"

纵观中国房地产业的发展历程，政府在调控过程中采取了种种行政手段及市场手段。面对宏观经济形势的变化，尽管央行明确表示货币政策并不针对资产价格，但在央行货币政策工具的运用过程中，利率、存款准备金率的变化仍然间接影响着房地产市场的资金流向。夏斌表示：货币政策承担的是整个宏观经济的长期平稳发展，而政策对房价的调控，应该居于次要的位置，更重要的是依靠市场当中的一些内在稳定器，即通过一系列制度的建立，使房地产业得到规范。在调控的力度方面，他认为应该尽量避免大起大落。要防止泡沫，但金融创新要加快，要支持正常发展的房地产企业，不能因噎废食。局部存有泡沫，也不要一下子捅破，而应该慢慢地让它漏气。商品房的房价，稳步上升是趋势，而且是好事，作为调控部门来说，只要能够将其利润控制在稍稍高于其他行业利润之上，就是比较恰当的调控力度。

疯狂的背后——路在何方

让我们看看 2005 年之后我国房地产业的发展状况。2006 年房价
上涨愈演愈烈。面对调控，中国房地产价格始终没有放慢前进的脚步。
国务院总理温家宝在《政府工作报告》中明确提出，要继续解决部分
城市房地产投资规模过大和房价上涨过快的问题。然而不论是央行利
率的上调还是"国六条"、"十五条"的颁布，密集的调控政策难以撼
动房价高攀。这一年里北京住宅平均销售价格达 8050 元/平方米，比
去年上涨了 20%。2007 年伊始，房地产市场愈加疯狂，房价完成了在
这一轮中国经济景气周期中的冲顶表演，各大房地产商竞相圈地和上
市筹资。房地产价格疯涨之势从一线城市向二线城市扩展蔓延，已然
形成席卷全国之势。各地"地王"不断涌现，屡创新高的土地竞拍价
一次又一次冲击着消费者越来越脆弱的神经。土地增值税清算、加息、
查处土地违规出让、扩大供给经济适用房和廉租房、限缩房产信贷
……国家接二连三祭出降温政策和调控手段，试图拉住这匹脱缰的野
马，但似乎收效甚微。

"上帝欲其毁灭，必先使其疯狂"，各大房地产开发商还在疯狂叫
嚣房价会继续上涨的同时，从下半年开始，此前屡屡收效甚微的宏观
调控开始让这只停不下来的舞鞋放慢了节奏，市场观望情绪渐趋浓厚，
开始恐惧，房价开始回落。2008 年，国家调控政策的效用进一步显
现，股市泡沫的迅速破灭，美国次贷危机引发金融海啸的冲击……房
地产商在这一年似乎一下子从天堂掉到地狱，再看不到什么好消息。
从珠三角发端，到长三角，到渤海湾，直至全国各地，开发商变着花
样明折暗降也无力阻止成交量的持续下跌，各地业主冲击开发商的新

闻频频现于报端，不久前屡创天价的"地王"一下子也变成了烫手山芋，像地瓜般被放弃也不再是什么新闻。房市的"寒冬"似乎真的来了。

然而，中国的房地产业总是让人有点把不清脉，摸不着头脑。进入2009年，本来"山雨欲来风满楼"、摇摇欲坠的房市，突然间"柳暗花明又一村"，不但在金融海啸余波未了、国内经济形势尚未企稳好转时，率先站住了脚跟，而且开始了新一轮的向上冲刺。地价、房价背离市场回暖的节奏突发高烧。2009年上半年，全国商品房累计销售面积为3.4亿平方米，同比增长31.7%，增速超过2007年的历史同期最高水平。6月份，全国70个大中城市房屋销售价格同比上涨0.2%，是自2008年12月以来的首次正增长；环比上涨0.8%，涨幅比上月扩大0.2个百分点，连续四个月正增长。在全国70个大中城市中，6月份新建住宅销售价格环比上涨城市达63个，二手住宅销售价格环比上涨城市达57个。对比2008年的冷落和惨淡，就连开发商自己也觉得"幸福来得太突然了"。房价上涨里面有多种原因：政策上类似1998年，低迷的宏观经济形势需要启动房地产市场拉动内需；过剩的流动性供应带来通胀预期，导致房地产投资需求强烈；刚性的住房需求在前期低价位的集中释放等等。大部分的经济学家、行业分析师、房地产商以及居民已经预期此后一段时间住房价格还会上涨，至少不会跌。中国的房地产业，正如夏斌的贴切比喻，现在就像一个处于青春躁动期的少年，虽然也迭经挫折，但身高、力量等各方面总在向上蹿，有点不可遏止！对于当前房地产形势，夏斌深忧于心。2009年7月7日在温总理召集的经济学家座谈会上，他直言提醒："如果一个市场主要依据未来价格上涨预期，而不是依据未来收益预期或实际需求来交易时，说明市场在开始积聚泡沫。5月以来各种迹象表明，在购房需求的快速上升中，相当部分并不是自住性和改善性需求，而是保值投资、投机需求趋势在加快形成。在全球流动性充裕情况下，一些国际资金也在加快流入中国房市。"

俗话说："小孩子乖三岁、恨九年、十二三鸡狗嫌。"中国"青春期"的房地产业热热闹闹，虚火却很盛，最突出的是大部分人买不起房。美国建筑面积在 200 ~ 300 平方米的房子售价多在 20 万 ~ 30 万美元，对比一下国内，北京、上海、深圳等地，每套住房 20 万美元（约合人民币 140 万元）以上的价格早已成为市场主流。即使从绝对值上来看，中国的房价与美国的房价也已很接近。对于年收入五六万美元的美国中产阶级，他们只需要五六年的收入就可以买下一套房子。这对于绝大多数中国人来说，不敢想象。中国的房价之高堪称世界之最。支撑房价的力量源于住房的两种核心价值，即居住、投资。当房屋作为居住需求即消费需求时，决定房价的是居民的实际消费能力，通常用房价与家庭可支配收入比来表示。这一指标，北京、上海、深圳等城市，已经超出了世界银行标准的 3 倍。当房屋作为投资需求时，决定房价的力量是房屋租金，国际上通常用租售比来表示。而现在不少人所购买的房屋如果用于出租，租金远不足以偿还银行利息，甚至在房屋报废时还不能收回投资。

一直以来，房地产开发商都竭力把自己打扮成"无辜者"甚至"为民谋利者"，从任志强的"白菜论"可见一斑。他们坚决否认房地产"暴利"，把房地产价格高企的原因归于土地成本高。2009 年"两会"期间，全国工商联的一项调查表示，土地成本占到房地产开发成本的 58.2%。潘石屹说，根据他们在一线开发房地产的经验，这些数据都是真实可靠的。广东恒大地产董事长许家印透露，目前我国各城市土地成本占房价的平均比已达 30% 左右，高达一百多项的税费成本加起来要占到房价的 30% ~ 40%，剩下的 30% 左右才是房地产开发的直接成本。面对全国上下的愕然和责难，政府部门急忙撇清关系。6 月 23 日，国土资源部发布统计数据，显示地价占房价比例较小，目前中国地价占房价 15% ~ 30%，平均为 23.2%，远低于美、英、日等发达国家，并认为"地价推高房价"这种说法没有道理。房价居高不下，到底是政府要负主要责任，还是开发商在捣鬼？这其中的因由利害，百姓小民暂时也无法确知，但对两者都报以怀疑的眼光应该是无疑的。

中国房市路在何方？

路在脚下——文定方向

2009 年 9 月，夏斌在《21 世纪经济报道》上发表文章：《房地产调控应坚持宏观视野与渐进原则》，有些报刊与网络对此文章标题更是直截了当：中国房市的调控方向应以消费为主导。此文对于当前我国房地产业的发展与规范具有方向性的指导意义。夏斌在文中主要讨论了三个基础性的问题。

一是关于民生与市场的问题。调控房市，首先必须基本保障每个公民有最起码的居住权，需要对一部分收入水平较低的家庭，以非市场化的廉租房形式予以保障。在此前提下，才谈得上对除廉租房性质之外的一切住房，从宏观经济变量间平衡的角度出发予以市场化调控。因此，基于中国人均收入水平仍处于较低阶段的特点，基于国民福利水平的提高是个渐进过程的特点，在调控中，只要是确保了宏观经济的基本平衡，即使面对居民改善性住房及其他房价的上升，舆论上的引导也不能给居民购买改善性住房和大学生毕业没几年就可以按揭买房，以更高的期望值。同样，在调控中，面对改善性住房及其他房价的下跌，也不必惊慌失措，应尽量由市场规律发生作用。作此分析后，夏斌建议：对民生与市场问题，要有清晰的区别政策，不能含糊不清。在保民生的廉租房建设上，要把政策用足。从土地、资金供应，到城市交通规划、租金补贴等方面，政府应予以充分的政策倾斜。只有在基本确保民生和社会稳定之后，政府才能有充分的、更大的空间调控房市，才能在调控中减少各种顾虑。

二是关于支柱产业与虚拟资产问题。夏斌研究发现，凡是将房市作为消费市场的，一国经济周期波动就比较小，如德国等。凡是将房市作为投资市场的，一国经济周期波动就比较大，如美国、日本、西班牙等。他认为：在这方面，中国要吸取世界各国发展房地产市场中的经验与教训。毫无疑问，房地产市场已是我国重要的支柱产业。当前的中国，买房既可作为消费，又可作为投资，这也是一个现实。因此，基于宏观调控的长期政策考虑，第一，应想尽办法消除房市中虚拟资产因素对宏观经济周期波动的负面影响；第二，即使作为支柱产业也不是鼓励其做得越大越好。对一个支柱产业同样应在宏观经济总量保持平衡的前提下，考虑其在增长与物价诸平衡间的取舍问题。特别是在当今流动性过多、存在资产价格上升压力的情况下，且房市本身诸多制度还不完善、调控房市的政策尚处摸索阶段时，更要关注其虚拟资产因素对宏观经济的负面影响。所以，中共十七大文件提出，要提高老百姓的财产收入，应鼓励老百姓从投资实体经济中获得更多的财产收入（资本回报），而不是鼓励老百姓从投资虚拟资产中获得不稳定的财产收入（靠资产价格上涨）。

关于第二点，关于国有资本、境外资本等对国内房市的"趋之若鹜"，夏斌强调必须长期运用税收、金融等手段，减弱房地产市场中的虚拟资产市场因素。为此，他给出了以下针对性措施：首先，应该扩大国有控股企业资本分红的范围与比例，扩大国有控股企业（包括非上市企业）国有股有计划减持套现，在充实财政预算扩大居民消费、鼓励居民私人投资替换国企投资的同时，减少国有大企业"资金充裕——投资房市——赚钱——再扩大投资房市"，不断出现国企中标"地王"，助推虚拟资产市场膨胀和进一步恶化经济结构的现象。其次，应尽快调整政策，不鼓励甚至限制外资投资中国房地产行业，减弱其对中国经济周期波动的助推作用。另外，先易后难，通过税收手段，加大对投资房而非自住房的拥房成本，如征收物业税等。

　　三是关于跨期消费与信用膨胀的问题。扩大消费是当今宏观经济政策调整中的核心内容。由此出发，鼓励居民利用金融功能进行跨期消费是题中之义。但是，跨期消费应该有个"度"。这同样必须从居民可支配收入增长与宏观经济稳定发展的平衡角度进行思考。相对于房价的持续、快速上涨，如果居民可支配收入增长较慢，适逢宏观经济周期波动较大而出现利率水平的频繁调整，原按揭利率水平较低的贷款或首付比例较低的贷款，有可能出现贷款偿付风险，或者出现信用膨胀的宏观风险。基于此分析原因，夏斌认为：只要是涉及金融放大功能的，一定要坚持必要的监管限制政策。对居民改善性住房和第二套住房，要坚持严格的首付按揭制度；对房地产开发企业要坚持严格的自有资本金制度。调控中国当前的房地产市场，不能把焦点仅仅集中在金融政策上。不能将调整购房首付比例像调整利率那样，作为日常短期调控手段进行经常性的调整，或者给予微观企业一定的浮动自主权。除廉租房外，对居民购买、流通第二套房的界定统计、按揭首付、按揭利率、出售纳税等涉及投资的一系列行为予以法律意义上的硬约束，不能给予政府主管部门、微观企业经常变动的、市场性的调整权。

　　夏斌提醒：当前舆论上认为金融政策是决定房地产冷热的舆论，是不正确的、危险的，要加以正确引导。在影响经济周期的因素中，此行业发展得快或慢，有着与其他支柱行业相同的影响因素，又有着与其他支柱行业不同的影响因素。因此，越是在宏观经济周期波动较大或者在周期的转折关头，越要警惕过分运用货币政策，防止货币政策助推、夸大房地产市场本身的虚拟资产市场的作用。一定意义上说，房地产市场是一个资产市场。在运用金融功能支持房地产企业进行跨期生产，以及支持居民跨期消费时，都不能仅仅看到其实体经济意义上的投资与消费的作用，而忽视其资本市场上的宏观风险。

　　最后，他总结：有些调控政策在短期内加以纠偏、调整有一定的难度，但从中长期看，以上三点必须毫不动摇予以明确坚持。只要解决好房市中的民生问题，并将房市按消费品市场进行一定风险度控制的制度约束，中国的房市自然会出现一个稳定发展的走势，政府的宏观调控也不会因房市过度波动而带来烦恼与被动。目前，上述政策的调整，也许会影响房地产行业，进而影响经济复苏中的投资。对此，可采的取调整策略：第一，坚持渐变、先易后难、逐步衔接的原则；第二，保持清醒认识，对于短期内投资下降的问题，绝不采取简单的饮鸩止渴政策，不迁就从长期看早应解决的制度问题，通过改善其他方面的宏观经济政策和投资消费政策予以弥补。

"民生与市场、消费品与投资品、宏观调控与行业发展"等内容，可谓摸到了"七寸"，厘清了长期以来众说纷纭、"头痛医头、脚痛医脚"、难现灼见的房市发展的根本性方向问题。夏斌作为宏观经济学家，关于房地产业的发言相对不多，但皆精辟、透彻之语，见问题于水落，呈良策以备咨议。

12

直指国际货币体系改革

探本溯源——金融"海啸"深层次原因

　　2008 年 11 月，连绵的乌云已经掩在 2002 ~ 2007 年"高增长、低通胀"的世界经济头顶，由美国金融危机引发的全球性经济危机隆隆入耳、强势而来。一时之间，"黑云压城城欲摧"。此际，夏斌"忧时忧国"，探本溯源，寻求破题之道，深深思索后写下了《从全球通胀到美国金融危机——这一轮世界经济周期的发展逻辑及中国对策》一文，转载于各大报刊、网站，上宽当局之决策，下助百姓所明情。

　　夏斌在文中认为："从长期来看，危中有'机'，当前存在两大历史性机遇：第一大机遇是指，中国经济开始出现迈向成熟经济体经济结构的重要机遇。我国的经济结构很不合理，是高储蓄、低消费。而这次危机恰恰给我们创造了改变这种状况的历史性机遇。第二大机遇是指，在中国复兴的关键时期，世界给予了我们参与重建国际货币体系的历史性机遇。"有关夏斌对转变经济发展模式的第一大历史性机遇的思考，我们在本书货币政策部分作过细致介绍，这里不再另述。夏斌认为当前国际货币体系的内在缺陷是造成这一次金融危机和世界性经济危机的深层次原因，危机同样赋予了我们在大国间重构国际金融新秩序过程中积极谋求民族利益的绝佳机会。夏斌讲："在建国后的第一个 30 年中，中国金融是世界金融市场中的弃儿。第二个 30 年，中国金融可以说是世界金融棋盘上的一枚棋子，但是是在不自觉地下棋。下一个 30 年中国金融怎么走，我们原来并不清楚，认识是模糊的。但是，以美国金融危机为转折，中国金融下一个 30 年的开始，正好与世界金融从布雷顿森林体系以来约 60 年开始走衰的周期相重叠，60 多年来积累的矛盾和问题到今天已暴露无遗，已经让全球更多的人懂得了世界经济不太平的制度根源是什么。"

国际货币体系是世界大国为适应国际贸易与国际支付的需要，对货币在国际范围内发挥世界货币职能所确定的原则、采取的措施和建立的组织形式的总称。在世界经济进入全球化发展的过程中，国际货币体系先后经历了金本位制、布雷顿森林体系和牙买加体系。

国际金本位制（可包括金块、金汇兑本位制）存在于 19 世纪 70 年代至 1944 年，主要特点是：黄金充当世界货币，自由输出入；各国货币可以兑换黄金，汇率以含金量之比为基础，波动不超过黄金输送点；"价格—铸币流动机制"自动调节国际收支。实际上当时英镑代替黄金执行国际货币的各种职能，英镑的持有人可以随时向英格兰银行兑换黄金，所以有的经济学者把第二次世界大战前的国际金本位制度称作英镑本位制。金本位制退出历史舞台的主要原因是黄金供应不能满足日益扩大的世界商品流通需要，桎梏了世界经济的发展速度。

布雷顿森林国际货币体系存在于 1944～1971 年，主要特点是：以黄金为基础，以美元作为主要国际储备货币；美元与黄金挂钩，1 盎司黄金等于 35 美元，其他货币与美元挂钩，实行可调整的固定汇率制；国际货币基金组织（IMF）为成员国短期国际收支逆差提供信贷支持。布雷顿森林体系存在制度性缺陷——特里芬悖论：若美国国际收支保持顺差，则国际金融市场上美元短缺，势必影响全球经济的正常发展；若美国国际收支持续逆差，虽可满足国际间对美元作为支付手段和储备手段的增长性需求，但逆差的扩大意味着美元的泛滥、国际间对美元信心的下降乃至瓦解，布雷顿森林体系的基础（美元与黄金保持固定比价）必将动摇。事实上，也正是这一内在缺陷从根本上导致了布雷顿森林体系的瓦解。

当前的国际货币制度被称为"牙买加体系"或者"后布雷顿森林体系"，从布雷顿森林体系解体后逐渐确立。其主要特点有：黄金非货币化，美元是实质的世界本位货币，即美元在全球像个别货币在个别国家内部一样发挥货币职能。世界汇率体系以浮动汇率为主，美元、欧元、日元、英镑、瑞士法郎等世界主要货币实行浮动汇率制度，汇率主要由外汇市场的本外币供求决定，政府在认为必要时进行一定的调节；其他非主要货币一般实行固定汇率制，通常与某一主要货币或者货币篮子保持稳定的关系。假定汇率自由浮动具有自动调节国际收支的功能，当一国国际收支顺差时，外汇市场上外币供给增加，本币升值，净出口减少，国际收支趋向平衡，逆差时则正相反。现实中，很少有国家主要通过汇率的自由浮动、升值贬值来实现对国际收支的调节。

　　一国货币作为世界本位货币，即使不是没有成本，那也是"一本万利"。作为国际货币本位国，最重要的收益是"铸币税"，即该国实际上具有了一种获得国际资源的手段，一种变相负债的权利，同时，也对国际资源的配置有了相当的影响力。通俗地说，美国仅仅通过一台印钞机，而不需要其他实质财富，就可以获取他国的商品和资源。此外，国际货币被广泛用于国际间的计价支付和结算，国际货币本位国企业使用本国货币进行对外贸易和投资，汇率风险大大降低，同时也减少了国家为应对贸易赤字、货币投机所需要的外汇储备。这些对任何国家来说都是不可估量的经济利益。所以，历史上19世纪至一战前的英国，1944年及以后的美国，在取得世界经济、政治霸权后都积极追求和维护本国货币的国际货币地位。1944年的往昔日不落帝国——英国如果不是战争创伤累累，"日薄西山"，实在无力与大发战争财的美国竞争，是万万不会放弃英镑的"老大"地位。换句话说，一旦坐在世界货币的宝座上，只要他人没有能力驱赶下来，不是竞争失败、被世界抛弃，任何国家都绝对不会主动下台。在国际货币体系的游戏规则中，永远是实力第一，强者说话。

　　夏斌很早就察觉和指出了"美元垄断"的国际货币体系以及美国"唯我独尊"的货币政策对世界经济均衡健康发展的危害性。2006年格林斯潘刚卸任的时候，世界各国媒体包括中国电视、报纸等媒体都在大唱赞歌，歌功颂德他功劳多大、多么伟大，是"史上最成功的美联储主席"。此时，针对当时全球经济失衡状况，夏斌毫不客气地说：
"格林斯潘 18 年执政的政策遗产，对美国国民和美国经济来说可能是
一个功劳，但是对全球经济来说，是福是祸，应该好好研究。"这是
2006 年 2 月夏斌与诺贝尔经济学奖得主蒙代尔共同参加在人民大会堂
举行的"中美经济合作论坛"，发表专题演讲《解决全球经济失衡，
美国应负起大国责任》时阐述的论点。他指出："目前全球经济失衡
下（编者注：美国巨额外贸逆差，以东亚地区为代表的世界其他国家
巨额外贸顺差）各发展中国家积蓄较多的外汇储备，是前十年间频频
爆发的金融危机带来的教训，为此一些国家已经付出了沉痛的代价，
是当前国际货币体系下金融弱国的不得已行为。"当前国际货币体系
以浮动汇率制为主导，浮动汇率制度下国际游资的冲击和国际收支协
调机制的缺乏造成了新兴市场国家对储备资产的"恐惧性饥渴"。主
张浮动汇率制的经济学家认为在真正的自由浮动汇率制度下，汇率升
值、贬值会自动调节国际收支，外汇储备会消失。现实的情况是，外
汇储备需求一点也没有减退，反而大幅增加。正如夏斌在另一篇演讲
文中所说："1948～1970 年的 22 年间，全球外汇储备仅从 478 亿美元
增长到 932 亿美元，增长不到 500 亿美元。1971 年布雷顿森林体系解
体以后外汇储备快速增长，近些年上升得更快。2002 年全球的外汇储
备还是 2.5 万亿美元，到了 2007 年已达到 6.5 万亿元，增加了一倍半
多，其中，美元外汇储备占比达 63.9%。"面对国际投机资本巨大的
能量，各国都不可能坐视汇率的大幅自由波动，而必然选择积累外汇
储备，对汇率波动予以调节。亚洲各国在经过金融危机后，就普遍采
取了大幅储蓄和出口以增加外汇储备的做法，将美元储备的多少作为
国家货币信用的支持和阻吓游资冲击的手段。同时，由于浮动汇率制
缺乏必要的有纪律性的宏观协调机制，经过危机冲击的大部分新兴市
场国家一旦在国际收支和国际储备账户出现下降趋势或外来威胁时，
必然非常容易陷入"以邻为壑"的竞相贬值来刺激出口、增加储备。
总之，在浮动汇率制造成世界大部分地区对美元储备需求大大增加的

情况下，美国政策失误导致的巨大贸易逆差自然不可避免（当然，美国人"高消费、低储蓄"的生活模式也是重要原因），全球经济失衡得以形成。

美元是世界货币，美国通过发行美元向全球征收铸币税，长期无偿占有他国的商品和资源，而美联储却不愿从全球福利的角度考虑其货币政策，只是囿于其一国一民的利益得失，陷世界人民于不利。夏斌在 2006 年 2 月的发言中强调：

"全球经济失衡之所以存在，并得以持续发展的制度因素和主导因素，原因在于美国政府掌控美元发行的局面下，以美元为国际主要支付手段的国际货币体系和美国经济在世界经济中的主导地位，而不是一些发展中国家发自内心的自愿。进一步就货币因素分析可以了解，从 1998 年以来，美元货币 M2 的增长速度连续 6 年高于其 GDP 与平减指数的增长速度。作为世界货币的美元，其发行数量主要服务于美国国内的经济需求，美联储根据美国经济自身利益的需要调控利率目标，维持长期的低利率政策，放弃对世界货币美元供应目标的控制。由此形成世界范围内超额的美元发行为金融弱势国家持有并转投向美国。对此，美联储已深刻看到目前美国经济中资产泡沫是美国多年来扩张的货币政策所导致，是美国自身政策原因的结果。但又不想捅破此泡沫，于是一方面通过不断加息的预警信号'微调'美国经济，消化历史包袱；另一方面仍然利用全球流动性过剩的局面，与欧元、日元进行利率博弈，抢夺国际资金流入，以抵消、消化美国利率上升对美国经济的负面作用。由此，我们也不难理解，为什么近几年世界范围内出现此起彼伏的商品和资产价格的暴涨，从美国股市、房地产泡沫到世界范围的石油、黄金、贵金属以及目前森林资源的价格异常波动。近期，尽管美联储似乎出现了继续加息的减弱信号，但是仍丝毫看不出多年积累过多的全球流动性对世界商业与各种资产价格的冲击出现明显减弱甚至结束的迹象。个人判断，全球流动性过多的问题或可能形成的冲击，在今后的时间内只是以新的内容和新的特点出现而已。"

如此尖锐、深刻的分析！在美国金融危机后的今天再阅读夏斌三年前的此番话，仍对理解美国金融危机的产生根源大有裨益。夏斌在这里（2006 年初）似乎依稀看到了美国次贷危机的"前世今生"，让人们不由得佩服他深刻的经济洞察力。他觉察了美国繁荣背后的资产泡沫，预告了 2007 年开始的全球物价普涨和美联储为应对通货膨胀压力进入加息周期因而触发了次贷危机——这是他判断的美国及全球流动性过剩以新内容、新特点展现的问题和冲击。"2001 年，美国网络股泡沫破灭，美联储为了本国利益、刺激经济增长，从 2001 年 1 月份开始不断降息，从 1 月份的 6.5% 连续降息 13 次，降到 2003 年 6 月份的 1% 历史最低水平，并维持了一年多时间，由此创造了大量的流动性，孕育了美国房地产市场和金融市场的泡沫化发展。对美国这样一个金融市场很成熟的国家来说，货币政策调控主要是调利率。经济冷了，以降息来刺激经济。降息，放松信贷，货币乘数放大，自然货币供应量就增多。经济热了，就提高利率，收紧银根。货币紧缩，整个经济增长就会往下走。"（编者注：这是夏斌在一篇文章中对美国货币政策调控的描述语）。美国这一轮不断地降息，就是为了刺激经济上行。但是，美国在"开闸放水"浇自家地以增产的时候，经常是不顾外部效应而淹了涝了别国邻居的庄稼。"从历史数据看，美国经常项目赤字（世界货币美元的输出途径）占其 GDP 约 2% 时，世界经济和美国经济比较稳定。但是此比例若超过 2%，这个世界肯定不太平。2006 年底美国 GDP 占世界 GDP 约 1/4，此比例却高达历史上罕见的 6% 以上。"当前国际货币体系下对世界货币本位国美国的国际收支失衡毫无限制和对事实上的世界中央银行——美联储的货币政策溢出效应毫无约束，造成了最近一轮世界经济衰退之前的全球通胀现象，也为美次贷危机及全球性经济危机埋下了伏笔。

始于斯，终于斯。随着美国经济的复苏，通货膨胀压力开始显现。2004 年 6 月以后美联储变更了利率政策，将调控方向转到缩小流动性上，此后 17 个月连续加息，至 2007 年 1 月利率达到 5.25%。由于高利率的次级抵押贷款用户因无法承受不断增长的利息，同时美国房价也出现下跌，导致次级抵押贷款用户即使出售房地产也偿还不了本息，因此，违约率开始上升，这成为次贷危机的导火线。2008年9月，"房利美"和"房地美"被美国政府接管，雷曼投行破产等金融奇观标志着次贷危机深化，并开始向实体经济蔓延，美国及世界经济衰退已是不可避免。此时，人们不禁要问，危机是如何酿成？为何有如此的破坏力？面对这被称为"百年一遇"的金融危机，中国应该如何应对？对于这些重要问题，夏斌在《从全球通胀到美国金融危机——这一轮世界经济周期的发展逻辑及中国对策》这篇及时之作中都作了深刻切实的回答，像"全球物价上涨中的美元化现象"、"美国金融危机对中国海外金融资产的影响及对策"、"美国金融危机对中国实体经济的影响及对策"、"中国要抓住重大的历史机遇"等，都对决策层了解危机、应对危机、借鉴危机提供了宝贵的视角和建议。这些我们在货币政策、外汇储备等相关篇章也有所展示，这里仅主要介绍夏斌关于中国在国际货币体系改革的大国博弈中利益诉求的真知灼见。

夏斌认为，此次美国危机是"美国政府有意无意地利用了国际货币体系的缺陷和亚洲国家经济结构没有调整到位前的毛病，采取宽松货币政策，主动供应大量美元，以刺激美国经济增长，同时也推动了这一轮世界经济的高增长。在这过程中，先是暴露了通胀问题，后是暴露了金融危机问题。说美国是'有意无意'，也可以说是美国掌握了世界货币的发行权，但对这一轮全球化并没有做好准备，弄巧成拙，最后惹成了自己的后院着火"。在这篇报告中，夏斌简练而准确地描述了次贷危机的发生过程：

"在美联储降息过程中，今天看来美国又有明显的教训。从现在披露的信息看，在美联储的支持下，华尔街在各种利益的诱惑下，进行了大量的金融创新，开创了五花八门的金融衍生品，其实质是扩大信用。简单说，先是改变过去银行谨慎放贷的传统，开始对没有还款能力的人发放不需要首付的房屋按揭贷款，也就是次级贷款。放款额由 2000 年的 2000 亿美元，迅速增加到 2006 年 1.5 万亿美元左右。接着，发放次级贷款的银行把这些贷款作为抵押打包发债券，进一步筹资发放按揭贷款。这叫房贷抵押债券，即 MBS。在这基础上，一些机构对不同的 MBS 进行信用评估，分等级后再发各种新的证券筹资，即 CDO（担保债务凭证），也就是再一次进行抵押。至此，华尔街还不罢休。面对这些不同信用等级的债券，当最初房屋贷款人面临利率上升、付不起房贷时，后面衍生出的各种债券可能会有信用风险，为此，华尔街创设了信用违约互换产品，即 CDS，就是对债务的违约进行保险。也就是一个金融机构向另一个机构承保，并收取一定保费，以市场上的某一企业债券，也可以是某国的政府债券作为承保标的物，如这个债券偿还违约或价格下跌，收保费的机构就要承担损失。理论上说是再一次转移风险，说穿了，就像投机，像四个人打麻将时第五个人在边上'买码'。而且这种交易是在柜台上做，没有集中交易、清算，信用链复杂，因此发展到最后，谁也说不清具体的交易情况。整个规模 2006 年膨胀到 62 万亿美元。不要忘记，这些衍生品最基础的是次级贷款，才 1.5 万亿美元左右。2004 年美联储又主动放松了对金融机构高杠杆的限制，目的是让信用放大得倍数更大，钱转得更快。这样，在一系列金融创新中，降低利率拼命扩张信用，在扩张信用中推动、刺激房价的不断上升。房价上升中按揭贷款人拿了涨价的房子再去抵押又能融到钱进行消费，或者说卖掉房子就赚钱，产生财富效应，扩大消费。美国 GDP 中 70% 是消费，消费的增长自然推动了美国经济的增长。反过来可以说，美国消费是如何推动的？是靠房产增值产生的财富效应。而房价上升泡沫是怎么吹大的？是靠美联储不断降息、扩大信用来刺激的，也就是通俗讲的发行美元来刺激的。在房价上涨时，次贷链条很完美，很诱人，次级贷款的发放者、购买者、次贷衍生品的创造者（投行等）、购买者（对冲基金等）、保险机构、评级机构等利益均沾，收获颇丰；但当房价持续下跌时，次级贷款的违约率大幅上升，风险转过来转过去，还是在整个市场中，从而波及各市场主体。至于说，华尔街高管薪酬刺激等一些问题，只是浅层次的技术层面的原因。国际货币体系的内在缺陷才是先是全球经济失衡后是全球通胀，最后金融经济危机的深层次原因。"

在分析当前国际货币体系存在的问题时，夏斌还提到了一个令人深思的历史现象。自美国1971年宣布美元不兑换黄金为界（布雷顿森林国际货币体系解体的标志，当前牙买加体系建立的开始），这之前，世界经济和金融非常稳定。用世界银行的统计来说，1971年之前的27年间（布雷顿体系时期），世界上几乎没有金融危机发生。而从1971年到现在的38年间，危机层出不穷，而且时间越来越短、频率越来越高。从上个世纪70年代后期到上个世纪末，也就是20多年时间里，共有93个国家先后爆发了112次系统性的银行危机，有46个国家发生了50余次准危机。夏斌对此补充说，过去的危机大都发生在穷国、小国；今天，危机恰恰发生在世界最富裕、最强大的国家——美国；这些不得不引发人们对当前国际货币体系的深刻反思。

冷静务实——中国"要什么"

危机当道！一时之间，有关国际货币体系改革的主张和讨论风生水起，蔚为大观。上至国家元首与经济金融高官，下至民间学者与财经媒体，都以此为谈资和主题。2008年9月，次贷危机扩大化后，法国总统萨科齐、英国首相布朗、欧洲央行行长特里谢等欧洲重量级领导人和诺贝尔经济学奖得主斯蒂格利茨等经济学家都建议：重建布雷顿森林体系。"欧元之父"蒙代尔主张"建立世界统一货币，作为美元的替代"。国内经济学家余永定认为，当前国际货币体系改革应该努力促成削弱美元的独大地位，让人民币等更多货币分享国际货币地位，建立一个更具竞争性的、多元化的国际货币体系。国内有位年轻经济学者甚至给出了五种改革方案，然后又划掉了两种，说其他三种都有很大可能。

早在 1989 年，夏斌在《中国金融市场十年总结》一文中认为："改革者的口号应该是：当前能干什么而不是应该干什么。当然，要明确能干什么离不开应该干什么的大前提。"夏斌这句务实之语放在这里同样合适不过。

黄金产量在 20 世纪初就已不能满足世界经济发展的货币黄金需求，更遑论"翻天覆地"变化了的 21 世纪初；且当前黄金格局的核心缺陷，是黄金储备的极端不平衡和欧美对黄金的单方面控制，比如中国官方只有 600 多吨黄金储备；所以一些人呼吁恢复国际金本位制非常不具有现实性。欧洲属意的回归布雷顿森林体系同样缺乏技术操作性，黄金很难再回归到货币体系中，而浮动汇率制度又很难改变。其实，在国际货币体系改革这个问题上，最关键的还不是国际货币制度方案设计得多么尽善尽美，是否现实可行，而是美国对改革的认可程度，新方案对其现有格局下的利益是添加还是损减。毕竟此次危机对美国来说只是"重感冒"，而不是绝症，它绝不容许他国在这种情况下谋求继承权和遗产分配。世界各国能做的也只是"乘人之危"、"趁火打劫"一番，借危机之名争取一些现实利益，当然不排除各国放出一些根本性变革方案作为谈判博弈的手段。正所谓"大国争先，虚虚实实"。

2008 年 11 月 15 日，全球 20 国集团金融峰会在华盛顿举行，平时龃龉多端的世界大国在危机面前终于可以在一个槽里吃饭了，商讨协调共同应对金融危机的政策措施。非美国家和人士，特别是发展中国家，对此次峰会能对国际货币体系改革大谈期盼甚高的"子鼠寅卯"，但夏斌却不以为然。在华盛顿峰会前，他说："可以肯定的是，各国会对当前货币体系提出不少改进、不少完善的建议和呼吁。但是，我相信在 21 世纪的前 10 年要彻底解决、要出现像 1944 年那样一种国际金融体系大变革（布雷顿森林体系）所定的东西不可能。所以不要对世界金融峰会抱有太大希望。"峰会之前，美国外交关系研究专家马拉贝在接受《第一财经日报》采访时指出："布什政府正在试图避免一种对重塑国际货币体系的过高期待。这次峰会将局限在对金融监管的讨论，而非像1944年那样的协调汇率制度的核心议题。"事实的确如此，11月15日的峰会上，有关货币体系改革的声音大多出现在外围讨论，核心会谈中则很少涉及。

　　古语云："清谈误国，实干兴邦。"注重实效和策略的可行性是一名国之谋士的杰出素质。在《从全球通胀到美国金融危机——这一轮世界经济周期的发展逻辑及中国对策》报告中，夏斌全面阐述了他关于国际货币体系改革的思考，并给出了中国相关利益诉求的建言献策，充分体现了他务实的宝贵品质。夏斌认为：

　　"目前，法、德等国领导人竭力'忽悠'我们跳出来挑战美国霸持的货币制度，呼吁改革国际货币体系。对此，我的判断是，在相当长时间内，其他主要货币对国际货币主导权的争夺会日趋激烈，美元地位在部分区域和领域也会受到些侵蚀，会出现多种货币的'战国时代'，但在可预见的10年、15年内，仍难以改变美元的主导地位。当然，美国在各方压力下，国际社会会就国际金融机构和跨境资本监管等方面进行磋商，会有所进展。原因有三：一是当前国际货币体系并不是由历史上友好协商达成的某个国际协议形成的，而是市场竞争的结果，是美国经济霸权在货币金融领域的必然实现。虽然目前次贷危机引发了全球的经济衰退，美国的经济金融实力受到巨大损害，世界领导地位也受到一些削弱，但冷静分析，这场金融危机对世界经济、金融版图格局的影响还不是颠覆性的。二是从历史看，美元取代英镑成为国际主要货币，是经历了漫长时间。国际货币的选择需要以综合国力为支撑，并具有规模效应，有一定的习惯黏性。其实美国经济实力在19世纪末已与英国相当，但英镑当时仍是世界主要的国际货币。只是在经历了两次世界大战，美国持有世界黄金储备高达60%，英国欠了美国一屁股债之后，而且在美国工业产值、贸易总额等多种指标遥遥领先英国几十年后，英国才被迫同意布雷顿森林体系，允许美元完全取代英镑成为世界主导货币。但是在今天，我们还看不出世界上有哪个国家综合国力能与美国相比，还看不到像1944年前后能取代英国地位的美国那样的国家已经出现。日本经济政治上对美国依赖性太强，日元肯定不行；欧元是缺乏政治统一体的货币，没有信贷扩张权，也不能全面挑战美元的霸主地位；人民币在国际化方面还有很长的路要走，很多制度性建设根本没准备好。第三，目前欧洲热衷推动国际货币体系改革，更多的是从危机本身考虑，法国总统更多的是从个人政治角度考虑。美国回应国际货币体系改革呼声，则更多的是迫于世界各方压力，并不自愿。近期，美国放任美元强劲反弹，在一定意义上仍然存在维护美元国际地位的考虑。由于欧美领导人各怀想法，莫衷一是，国际货币体系改革短期内肯定难有实质性、根本性的成果。"

夏斌在华盛顿峰会前直递国家领导人的一份内部报告中以"11·15峰会中国政府的利益诉求是什么"为题，对"国际金融事务的中国应有态度"、对"我们中国'要什么'"这些问题考虑得精微细致、切实可行。他建议：

"第一，首先应该要求国际货币基金组织（IMF）对全球汇率的相对稳定予以协调。因为1971年布雷顿森林体系解体后，客观上已造成了各国金融危机不断。我们应呼吁IMF要协调美元、欧元、日元三大主要货币间的汇率波动，将必要的汇率协调和干预合理化。从长期看，目的主要还是为我国争取有利于经济平稳增长的汇率环境。同时借美元、欧元等货币汇率大幅波动事实上已给世界经济造成的严重影响，应该强烈要求IMF修改针对中国汇率评估的第四条款规定，以消除IMF今后对我国人民币汇率的可能干预。"2007年6月，在美国的压力下，IMF调整国际汇率监管政策，新增了所谓"第四原则"条款，即要求成员国确保其汇率政策不会引发"外部不稳定"。尽管IMF反复强调此项政策调整并非针对某一国，但政治经济分析人士大多认为，近年来随着中国对美欧等国的贸易顺差不断创新高而出现较大的外部保护主义"噪音"，IMF此举可能会给中国的汇率政策带来更大压力（人民币升值压力）。这里，夏斌"以子之矛，攻子之盾"，深悉大国博弈的精髓。其后，胡锦涛总书记在一次出访欧洲演讲中，首先谈到的中国利益诉求，要求主要国家货币间的汇率稳定。

"第二，我们可以适当支持IMF的筹资行为，逐步减弱美国对IMF拥有的绝对控制权，要求改革IMF的投票权分配、援助贷款的确定机制等。同时我们要冷静，要拖住美国对IMF的支持，因为IMF今后能否在国际社会上发挥作用，与美国的支持密切相关。如果架空美国在IMF的地位，美国可能抛弃IMF直接与各国央行发生联系，向各国央行贷款取代IMF的地位，成为'央行的央行'，更不好控制它滥发美元的行为了。最近美联储继与英国、欧元区、日本央行搞了货币互换协定后，又与韩国、新加坡、巴西、墨西哥签了货币互换协定，这个动向要警惕。所以，在一个历史时期内，我们要傍着美国这个'大款'，同时要韬光养晦，埋头发展。"这么看来，夏斌在为国谋利上有点"狡猾"得"可爱"了。

"第三，IMF是商品贸易时代的产物，缺乏对国际资本跨境流动的管理。这轮IMF改革中，一方面可顺应法、英等国呼吁，要求IMF制定有利于我国利益的对跨国资本流动、跨国金融机构的监管。另一方面应倡议IMF要尊重各国根据自身国情状况，决定资本账户开放的节奏、秩序和内容，国际组织和有关国家不得以各种方式予以干预，这正是防止新金融危机产生的好措施。"短期国际投机资本的冲击，对世界各国特别是发展中国家来说可谓"洪水猛兽"。人民币升值以来，国外游资对中国虎视眈眈，央行和外管局对此"严防死守"，不敢稍有懈怠，但还是有大量热钱通过各种非法途径"偷渡"中国，加剧了国内的流动性过剩和宏观经济过热态势，推动了股市、房地产等资产价格的过快上涨，增加了当局宏观调控的复杂性和难度。"志得意满"之后，或者危机来临，热钱集中出境，又对国民经济造成了反向冲击。

夏斌的此项建议可谓很有针对性，且借他人之力，收自己之功——若能实现，对中国一定时期内必需的资本管制政策大有裨益。

"第四，顺应相关国家对主权财富基金透明监管的呼吁，同时鉴于美国金融危机教训，特别要求对各种金融衍生产品也要实行透明监管，对私人投资部门中的对冲基金、私募股权基金应同主权财富基金一样，对其应有共同的透明度要求。要呼吁，主权财富基金是解决世界经济发展不平衡的必要手段，各国政府不得采取过度的保护主义，特别是大国，要尊重市场原则。"中国自己的主权财富基金——中投公司自成立以来，在海外投资活动中频繁遭到美欧等发达国家的诸多非议和百般阻挠，其中不乏政治有色眼光和"遏制中国"的考量。夏斌如此建议，则是为了扫除中国巨额外汇储备海外"捕鲸"的现实障碍。

"第五，为防止美国救市中无限注资，美元长期贬值对世界经济稳定带来的冲击，要求修改、提高各国央行售金协议上限，并要求美国救市资金的获取，应以适当出售黄金替代发售国债（目前美联储储备资产中黄金占比75%，中国不足2%），同时可减少美国财政赤字。"黄金在历史上是危机中信用度最高的储备，"乘人之危"，要求美国出售黄金筹措救市资金，一方面可以减少中国持有大量美元资产而在未来遭受美元贬值损失的风险，另一方面可以为从长远实施人民币国际化战略作准备。

"第六，大力呼吁世界各地区的金融区域合作，形成解决世界经济不稳定的舆论环境。在推动亚洲金融合作过程中，推动我国与产油国之间贸易货币的'去美元化'，这也应该是我国经济崛起的长期方针。作为国际上负责任的中国，对产油国、原料国当前面临困境时，应以真诚的态度，在对方自愿、双赢的基础上，以一定的外汇支持对方，换取中国在能源、原材料供应等方面的利益。"

2009年2月，中俄两国签署能源协议，中国将向俄罗斯提供总计250亿美元的长期贷款，俄罗斯以石油作抵押，以供油偿还贷款，从

2011～2030 年按照每年 1500 万吨的规模向中国供应总计 3 亿吨石油。中俄两国互利共赢，各取所需。中国获得了长期可靠的石油供应保障。并且美元在美国经济衰退之后的贬值风险更加突出，20 年期的贬值趋势则尤为明显，因此，现在就设法花掉手中的美元，而且花在最需要的能源储备方面，当然是最值得的。

夏斌还认为："国际金融危机为人民币走出国门创造了大好机会。当前一些发展中国家、新兴国家经济衰退、资金缺乏，我们可以尝试人民币海外贷款（编者注：后来国内学者大谈人民币'马歇尔计划'。这里，夏斌务实的策略建议中丝毫不提'马歇尔计划'五个字，但也许早已存在'马歇尔计划'的思想影子）。同时在国内，应抓紧研究人民币逐步区域化所涉及的各方面问题，如人民币与非大国货币间的货币互换，如贸易对方国持有人民币后的货币互换、流通、投资与增值等问题。"2009 年一季度末，中国已与韩国、马来西亚、白俄罗斯、印度尼西亚、阿根廷等国家签署了总计高达 6500 亿元人民币的双边货币互换协议。2009 年 4 月，国务院决定在上海、广州、深圳、珠海、东莞五城市开展跨境贸易人民币结算试点，此举有利于规避汇率风险，推动我国与周边地区经贸关系发展，也是人民币国际化征程的重要一步。

2009 年 4 月 2 日全球 20 国集团金融峰会第二次会议在伦敦召开，会议推出了 1.1 万亿美元经济刺激计划，通过了加强国际金融监管、国际货币基金组织（IMF）增资等改革方案。在这之前，3 月 26 日，中国人民银行行长周小川在人民银行网站上发表署名文章《关于改革国际货币体系的思考》，建议加强国际货币基金组织"特别提款权"的作用，呼吁创建超国家主权的国际储备货币，被称为"中国挑战美元霸主地位的檄文"。美总统奥巴马次日回应说，他不认为有必要设立新的全球货币。美财长盖特纳由于起初表示对这一提议持"开放"态度，引发美元汇率下挫，因此不得不急忙改口。夏斌评论：周小川行长一文，一是对之前 3 月 19 日美联储宣布"开动印钞机"直接购买国债、向亚洲尤其是中国转嫁损失（美元供应过多，贬值可能性越大，美元储备资产损失的风险越大）行为的一种警告——太过分，就不陪你美国玩了；二是在 G20 金融峰会召开前夕，在大国的生意场中"讨价要价"，从而让中国在伦敦峰会上拥有更强的制衡力量，在全球经济金融政策的制定和执行中拥有更大的发言权。3 月 27 日，国务院副总理王岐山在英国《泰晤士报》上发表署名文章认为，国际社会应大力推进国际金融体系改革，提高发展中国家的代表性和发言权，伦敦金融峰会应就此制定明确的改革目标、时间表和路线图；中国在确保资金安全和合理收益的前提下支持 IMF 增资，可以考虑认购 IMF 债券。

4 月 2 日的 G20 金融峰会取得了一些重要成果：向国际货币基金组织和世界银行等多边金融机构注资 1.1 万亿美元；设立不少于 2500 亿美元的贸易融资基金；今后两年向贫穷国家提供至少价值 3000 亿美元援助；将抵制保护主义的承诺延长至 2010 年；把对冲基金置于金融监管之下等等。但在国际货币体系改革方面没有任何实质性进展，美元依然故我。中国对这次峰会多番谋划，伺机而作，也有所收获。在 IMF5000 亿美元的增资计划中，欧盟和日本各出资 1000 亿美元，中国承诺出资 400 亿美元，这将使中国从出资份额的提高和组织机构的内部改革两个层面上受益。这次峰会的结果，基本上与夏斌几个月前在《从全球通胀到美国金融危机——这一轮世界经济周期的发展逻辑及中国对策》报告中的分析与建议一致，从国际货币制度改革的长期性，到适当支持 IMF 的筹资行为，还有加强全球对跨境资本流动、对冲基金的监管等，无不体现着夏斌敏锐的眼光和高超的政策建言能力。

人民币区域化路线图

4月11日，在"第五届中国金融改革高层论坛"上，夏斌作了"G20后的中国路线图"主题发言，"有关人民币区域化的最后路线图、时间表是由政府决定，我只是从研究的角度谈谈'路线图'应是什么样"。夏斌首先强调了人民币"走出去"的两方面意义："要明确，如果是成功的路线图，必须对今后的国际金融、货币环境有正确的判断和展望。在未来可预见的10年、20年内，国际货币体系应该仍然是'一极多元'的体系，欧元、日元、英镑，再加上人民币等，在美元'一极'衰落中的'多元'发展，整个国际金融体系仍然以浮动汇率为主。在这样的背景下，对人民币国际化首位的利益诉求，我认为不是铸币税，铸币税是人民币走出去的结果之一，但不是要走出去的初衷。而人民币汇率保持相对稳定，为中国经济、金融发展创造一个良好的外部环境是至关重要。另外，中国人均资源少，随着GDP不断增长，对资源需求越来越大。而目前一些大宗商品、资源却都不以人民币定价，价格也不由中国的商品期货市场决定，这非常不利于中国经济的稳定发展。所以，拥有更多大宗商品、资源的定价权，也是人民币'走出去'的重要目的"。

"千里之行，始于足下"。夏斌认为，要人民币国际化，必须脚踏实地地做好人民币区域化，核心是要解决人民币既"走出去"，也要"走进来"的问题。如果人民币出不去，就谈不上区域化。如果"走出去"的境外人民币不能"走进来"，享受中国经济高速增长的成果，那么人民币也出不去。这是作为国际货币需要实现的计价结算、流通、投资增值等基本功能。他给出了包括人民币贸易融资、香港人民币离岸市场（境外从事人民币金融活动的市场）、金融基础设施建设在内的十项发展措施，一片蓝图，受到国务院领导的充分重视。简单介绍如下：

"第一，扩大贸易项下人民币跨境结算试点。这是人民币区域化最基础的工作。日前，国务院决定在五个城市进行试点，重点是上海和珠三角地区。应该说，这些试点远远不够。有关部门应抓紧扩大试点的准备工作，包括云南、广西、内蒙古等的一些边贸城市。

第二，应逐步放宽境内自然人到境外以消费、旅游、教育等为目的的支付额度。让人民币在有所控制的前提下，多往外流动一些。

第三，应鼓励私人部门对主要采购境内商品、原材料的周边国家和企业，进行人民币投资，发放人民币贷款。人民币'走出去'之后，让他们使用人民币到中国市场采购。因为，特别是在中国周边一些国家，人民币已基本是硬通货、'第二美元'和储备货币，存在实实在在的使用需求。

第四，作为路线图中的重要一环，应逐步扩大双边货币互换协议的国家范围。原来签订货币互换协议是不自觉的，是为了防范有些国家与地区的支付危机。今后应该从'不自觉'到'自觉'，从防范国家间的支付危机，主动转向'阿根廷协议'模式，即约定人民币可直接用来进口中国商品。在这方面，不仅应自觉扩大互签协定的国家范围，并且可以结合银行人民币贸易融资，增加互换额度，不断续期互换协定，发挥作为人民币'走出去'的重要支点作用。

第五，在与国际组织、地区金融组织和个别国家与地区，提供贸易融资、放大贸易融资额度的基础上，逐步扩大到非国家层面上的商业银行贸易融资。随着跨境贸易人民币结算的开始，境外企业人民币头寸短缺及贸易融资活动需求随之而来。贸易融资应从国家层面大范围降到商业银行层面，鼓励商业银行在把握风险防范的前提下，围绕贸易项下的交易活动，开展人民币融资。

第六，在商业银行开展人民币贸易融资的基础之上，为了方便境内外银行的资金头寸调剂，顺其自然，逐步推动跨境银行之间的'外汇人民币'同业拆放业务，或者说货币市场业务，这是人民币区域化路线图中又一项需提前准备以期水到渠成的事情。前提是必须让境内外银行先逐步发展人民币贸易融资业务。

第七，为了防范国际金融动荡带来的负面影响，鉴于我国资本项下逐步放开的现状，当贸易项下人民币在境内外交易、流通积累到一定地步时，为了追求人民币进一步区域化的利益，自然需要尽快创建'外汇人民币'离岸市场，主要是满足境外人民币持有者的各种货币功能需求，形成境外人民币资产市场。鼓励中国机构与企业有控制地在离岸市场发行债券，鼓励境外政府、金融机构和企业在离岸市场发行人民币债券，丰富人民币投资产品。当前环境下，选择香港建立人民币离岸市场，不失为中国资本项下从局部开放走向全面开放的过渡选择。

第八，抓紧研究、有控制地推行境外政府、企业在上海金融市场发行人民币债券和股票。

第九，配合香港人民币离岸市场逐渐做大的状况，参照 QFII、QDII 模式，推行境内外'外汇人民币'的投资业务。通过类似可控的 QFII、QDII 渠道，让境外的人民币进入中国资本市场，让境内的人民币更大规模地进入香港，进而进入全球资本市场。同时，上海交易所和香港交易所密切合作（不排除一定的资本合作），不断创设两地交易所互相挂牌的投资产品，包括交易所指数品种和转托管业务。随着上海人民币金融市场的做大，以及人民币资本项下的基本放开，上海的人民币国际金融市场自然将呈现出让人意想不到的广度与深度。届时，香港与上海的地位与分工、港币与联系汇率制度的命运，将以水到渠成的态势而得以解决。

第十，应抓紧围绕人民币区域化的各项金融基础设施的建设。比如，境外人民币跨境贸易结算业务量越做越大，上海作为中国的人民币国际结算中心，各项基础制度的建设与完备。比如，对境外做跨境人民币交易的企业，对方国没有中资银行的分支机构，境外代理行如何选择？如何建立代理业务？又比如，境外的商业银行，随着人民币跨境交易增多，如何同中资银行一样参与中国人民银行的大额清算系统？另外，在人民币区域化的一开始，作为外汇管理部门，如何从制度上明确'外汇人民币'账户的设置以及可能带来的一系列问题等。"

2009 年 7 月 1 日，《跨境贸易人民币结算试点管理办法》公布实施。7 月 3 日，中行上海市分行与 11 家海外代理行签署了《人民币贸易结算清算协议书》，同时为 17 家中行海外分支机构开立了人民币清算账户。7 月 6 日上海电气集团、上海丝绸集团两笔出口贸易货款，已经中国人民银行大额支付系统，从香港分别汇入这两家公司指定的境内结算银行——中行上海分行、交行上海分行的账户内。我国跨境贸易人民币结算试点业务成功完成了首笔交易。这标志人民币在国际贸易结算中的地位已经从计价货币提升至结算货币。9 月 8 日，财政部和香港政府联合发布公告，将于 9 月 28 日在香港发行 60 亿元人民币国债。在香港发行以人民币计价的主权债，是人民币国际化的重要推手，标志着中央政府开始致力于构建离岸人民币金融产品中心。这些举措说明人民币国际化、区域化在政府推动下正有条不紊、方兴未艾地进行着，也都能从夏斌的"G20 后的中国路线图"中找到影子，他又一次成为了"明路人"。

夏斌既"统筹全局"，又"抓重点"。2009 年 9 月，夏斌呼吁："到目前为止，试点项目所产生的跨境贸易人民币结算需求一直较为疲软，很大原因在于境外人民币持有者不能用人民币进行投资或交易。境外机构及个人持有人民币后要能实现投资增值，如此才能让境外投资者愿意持有人民币。因此，当前推进人民币区域化，应该首先抓紧建设人民币离岸市场，想办法让境外人民币运转起来。"他认为，相对而言在香港建立人民币离岸市场，更有利于加快人民币区域化进程。在法律意义上香港一切金融活动不需纳入我国现有的国际收支统计表内，风险相对好控。此外，从国家金融战略的角度考虑，香港是亚洲区内、内地边上现成的美元区，拥有市场的深度和广度，有相当成熟的法律框架和基础设施，只要一推，马上就能和国际接轨，为境外投资者所接受，这点上海在短时间内还有差距。今后上海也可以建设人民币离岸市场，与香港联动发展，充分积累制度、运行经验，逐步实现沪港两地业务接轨，为今后人民币完全可兑换打好基础。

境外人民币市场规模将越来越大，但在汇率改革及资本市场开放尚未完成的情况下，人民币离岸中心的发展意味着境外将出现人民币兑换交易市场，这一市场的汇率和利率体系可能与境内不同。如此差异将产生套汇空间，并诱发人民币跨境流动，为资本管制带来相当大的挑战。因此，夏斌指出，在实现人民币区域化的过程中，必须对现行外汇管理政策作三大调整。首先，在实践中需要明确"居民"和"非居民"，尤其要注意视境内金融机构、企业的境外分支机构为"非居民"，视境外金融机构、企业的境内分支机构为"居民"。第二，在现有外汇账户管理基础上，增加人民币外汇账户，明确规定人民币外汇账户的开列条件、与一般人民币账户的划账规定；允许境内金融机构和企业在境外开列人民币账户。第三，修改现有的外债统计与管理，进出口的核销可使用人民币外汇；此外，还需进一步完善外债管理，特别是加强对属于"居民"的外资企业外债管理等。

夏斌讲："此次美国金融危机预示着世界将开始走上重新完善和建立国际货币体系的新的历史时期。鉴于中国前30年财富的积累和在世界经济格局中地位的变化，世界迫切需要我们参与国际货币体系的重建，而中国经济进一步的发展必然与原来世界经济格局发生冲突和矛盾，要求我们采取与世界现存金融秩序和'华盛顿共识'不完全一样的发展策略，因此，同样也需要有重建国际货币体系的话语权。世界需要我们参与，我们也需要参与世界。我们政治上不当头、不称霸，并不意味经济上无所作为、鼠目寸光，并不意味经济上就不需要培养'经济领袖'的意识。因此抓住参与国际货币体系重建的历史机遇，恰恰是中国经济今后又一个30年健康发展的迫切需要。"中国任重而道远，夏斌与我们每一位热血国人一样将继续探索和耕耘。